普通高等教育"十二五"规划教材

高职高专工商管理类教材系列

配送管理实务

吴 斌 主 编

科 学 出 版 社

北 京

内 容 简 介

　　本书在借鉴和吸收国内外配送管理理论以及最新研究成果的基础上，密切结合我国物流企业在配送管理过程中的实际情况，系统地阐述了配送管理的基本原理、配送过程、配送中心的基本状况、配送中心的作业管理及信息管理、配送成本管理、配送中心经营策略、配送的新趋势等理论与实际操作，并且提供了大量有代表性的配送管理案例。

　　本书综合了相关教材的优点和特色，务实地结合配送生产实际，理论和实际统一，定量分析和定性分析相结合，并且列举了大量的图表和数据，既考虑理论的完整性又突出了高职高专的技能教学要求，兼顾行业标准、操作惯例、岗位知识与技能知识点，体现了全书内容的可操作性。本书每章开头附有学习目标与要求，结尾附有练习题和案例分析。

　　本书适用于高职高专物流管理及其相关专业，也可供企业相关人员作为自学或培训的参考书。

图书在版编目(CIP)数据

配送管理实务/吴斌主编. —北京：科学出版社，2007
（高等职业教育"十一五"规划教材·高职高专工商管理类教材系列）
ISBN 978-7-03-020376-2

Ⅰ.配… Ⅱ.吴… Ⅲ.物流-配送中心-企业管理 Ⅳ.F253

中国版本图书馆 CIP 数据核字（2007）第 157849 号

责任编辑：任锋娟 / 责任校对：柏连海
责任印制：吕春珉 / 封面设计：东方人华平面设计部

科 学 出 版 社 出版
北京东黄城根北街 16 号
邮政编码：100717
http://www.sciencep.com

北京中科印刷有限公司印刷
科学出版社发行　　各地新华书店经销

*

2007 年 11 月第 一 版　　开本：B5（720×1000）
2019 年 7 月第八次印刷　　印张：19
字数：381 000

定价：39.00 元

（如有印装质量问题，我社负责调换〈中科〉）

销售部电话 010-62136131　编辑部电话 010-62138978-8767（VF02）

高职高专工商管理类教材系列
编写委员会

主　任　葛　军

副主任　（按姓氏笔画排序）

周延波　　郑健壮　　徐　刚　　浦震寰

委　员　（按姓氏笔画排序）

王　勇　　王　骏　　王力平　　王根良　　孙守成

刘德武　　李　岩　　张　亚　　吴　斌　　何　璇

汪洪章　　杨昌蓉　　杨海清　　郑克俊　　赵越春

钟　伟　　殷　涛　　谈留芳　　郭爱英　　黄业峰

姬中英　　戴安琨　　魏　超

出 版 说 明

进入 21 世纪，国际竞争日趋激烈，竞争的焦点是人才的竞争，是全民素质的竞争。人力资源在增强国家综合国力方面发挥着越来越重要的作用，而人力资源的状况归根结底取决于教育发展的整体水平。

教育部在《2003～2007 年教育振兴行动计划》中明确了在此 5 年中将进行六大重点工程建设：一是"新世纪素质教育工程"，以进一步全面推进素质教育；二是"职业教育与培训创新工程"，以增强学生的就业、创业能力；三是"高等学校教学质量与教学改革工程"，以进一步深化高等学校的教学改革；四是"教育信息化建设工程"，以加快教育信息化基础设施、教育信息资源建设和人才培养；五是"高校毕业生就业工程"，以建立更加完善的高校毕业生就业信息网络和指导、服务体系；六是"高素质教师和管理队伍建设工程"，以完善教师教育和终身学习体系，进一步深化人事制度改革。

职业教育事业在改革中加速发展，使我国的经济建设和社会发展能力显著增强。各地和各级职业院校坚持以服务为宗旨、以就业为导向，正大力实施"制造业与现代服务业技能型紧缺人才培养培训计划"和"农村劳动力转移培训计划"，并密切与企业、人才、劳务市场的合作，进一步优化资源配置和布局结构，深化管理体制和办学体制改革，使这一事业发展势头良好。

科学出版社本着"高水平、高质量、高层次"的"三高"精神和"严肃、严密、严格"的"三严"作风，集中相关行业专家、各职业院校双师型教师，编写了高职高专层次的基础课、公共课教材，各类紧缺专业、热门专业教材，实训教材，并引进了相关的特色教材，其中包括如下三个部分：

1. 高职高专基础课、公共课教材系列，又分
   （1）基础课教材系列
   （2）公共课教材系列
2. 高职高专专业课教材系列，又分
   （1）紧缺专业教材系列
   ——软件类专业系列教材
   ——数控技术类专业系列教材
   ——护理类专业系列教材
   （2）热门专业教材系列
   ——电子信息类专业系列教材
   ——交通运输类专业系列教材

——财经类专业系列教材

——旅游类专业系列教材

——生物技术类专业系列教材

——食品类专业系列教材

——精细化工类专业系列教材

——艺术设计类专业系列教材

——建筑工程专业系列教材

3. 高职高专特色教材系列，又分

（1）高职高专实训系列教材

（2）国外职业教育优秀系列教材

本套教材建设的宗旨是以学校的选择为依据，以方便教师授课为标准，以理论知识为主体，以应用型职业岗位需求为中心，以素质教育、创新教育为基础，以学生能力培养为本位，力求突出以下特色：

1. 理念创新：秉承"教学改革与学科创新引路，科技进步与教材创新同步"的理念，根据新时代对高等职业教育人才的需求，出版一系列体现教学改革最新理念、内容领先、思路创新、突出实训、成系列配套的高职高专教材。

2. 方法创新：摒弃"借用教材、压缩内容"的滞后方法，专门开发符合高职特点的"对口教材"。在对职业岗位所需求的专业知识和专项能力进行科学分析的基础上，引进国外先进的教材，以确保符合职业教育的特色。

3. 特色创新：加大实训教材的开发力度，填补空白，突出热点，积极开发紧缺专业、热门专业的教材。对于部分教材，提供"课件"、"教学资源支持库"等立体化的教学支持，以方便教师教学与学生学习。对于部分专业，组织编写"双证"教材，注意将教材内容与职业资格、技能证书进行衔接。

4. 内容创新：在教材的编写过程中，力求反映知识更新和科技发展的最新动态，将新知识、新技术、新内容、新工艺、新案例及时反映到教材中，体现了高职教育专业紧密联系生产、建设、服务、管理一线的实际要求。

欢迎广大教师、学生在使用本系列教材时提出宝贵意见，以便我们进一步做好修订工作，出版更多的精品教材。

科学出版社

前　　言

现代物流作为降低企业成本的"第三利润源"，已经成为各国国民经济发展的重要支柱产业之一，在世界舞台上发挥着越来越重要的作用。配送是现代物流的重要组成部分，集装卸、分拣、保管、运输和流通加工等作业于一身，几乎包括了所有的物流功能要素。配送是实现整个物流系统目标的最终作业，物流活动必须通过配送环节才能将商品送达顾客。配送距离顾客最近，接近顾客是经营战略至关重要的内容。美国兰德公司对《幸福》杂志所列的 500 家大公司的一项调查表明，"经营战略和接近顾客至关重要"，证明了配送的重要性。

在网络经济蓬勃兴起的时代，电子商务成为传送信息流和商流的"高速列车"。但是，如果没有一个有效的社会配送系统对实物商品提供低成本、适时、适量的转移服务，将导致配送的成本过高、速度过慢，以致于无法满足顾客的需要，因此可以说配送活动是电子商务成败的关键性因素。

随着我国经济结构的持续调整和市场竞争的加剧，配送活动越来越受到重视。社会的发展对配送提出了更高的要求，迫切需要大量的物流配送人才。为了尽快培养出懂管理、会操作的配送管理人才，就需要密切结合实际、注重技能教育的配送管理专业教材。本书根据高职高专的教学特点，以物质实体流动为主线，对配送和配送中心管理的基本知识和基本技能进行整体规划，全面、系统地阐述了配送的主要环节与业务模式、仓库及仓库机械设备、配送中心作业管理、配送中心规划与建设、配送计划的制定和实施、配送运输管理、配送中心管理信息系统、配送中心成本管理与绩效评估、配送中心经营策略与客户服务，介绍了国内外配送中心的发展现状并展望了趋势。在内容安排上，既有配送管理基础理论的一般表述，又有配送管理实务技能知识点的具体论述。在编写体例上，配备了大量的图表，并在每章开头附有"学习目标与要求"，结尾附有"练习题"和"案例分析"。

本书共分十一章，具体的编写分工如下：第一、七章由四川管理职业学院的吴斌编写，第二章由四川管理职业学院的曾政编写，第三、八章由四川管理职业学院的刘雪梅编写，第四、九章由四川管理职业学院的胡澜编写，第五、十一章由天津工业大学的冯会粉编写，第六、十章由广西生态工程职业技术学院的蒋沁燕编写。

为了方便教师教学，本书还配有电子教案，请需要的教师与科学出版社联系。

本书在编写过程中，参考了国内外有关的著作，在此谨向相关作者致以真诚的谢意。由于编者水平有限，且编写时间仓促，书中难免会有疏漏和不足之处，恳请读者批评指正。

目　　录

第一章 配送概述

学习目标与要求

掌握配送的含义、配送的功能要素、配送的类型等基本知识,理解配送在现代物流中的作用,了解配送的起源和发展趋势。重点是正确理解配送的概念以及配送的功能要素。

第一节 配送的含义

在现代物流的"词典"中,配送是最引人注目的字眼,它极大地改变了传统物流的运作过程,成为现代物流中最重要的环节。

一、配送的定义

"配送"一词是日本引进美国物流科学时,对配送的英文"delivery"的意译,原本只是交货、输送、运送的意思。配送最早广泛使用于日本,《日本工业标准(JIS)物流用语》将其解释为"将货物从物流据点送交给收货人";1991年日本出版的《物流手册》则把从配送中心到顾客之间的物品空间移动称为"配送"。

我国20世纪80年代初开始使用"配送"的概念。2001年《中华人民共和国国家标准物流术语》将配送定义为:在经济合理的区域范围内,根据用户的要求,对物品进行拣选、加工、包装、分割、组配的作业,并按时送达指定地点的物流活动。由此可以看出,配送不是简单地将各个用户的订货商品送到他们指定的地点,而是按照各用户的要求,在备货、配货及其他业务的基础上以确定的组织和明确的供货渠道,在相关的制度保证下进行送货。

相对于传统的送货业务,配送体现的优势十分明显。配送不是消极地送货式的发货,而是把"配"和"送"有机地结合起来,按用户对商品种类、规格、品种搭配、数量、时间、送货地点等各项要求,在物流据点有效地利用分拣、配货、集装、合装整车、车辆调度、路线安排的优化等一系列工作,使送货达到一定的规模,以利用规模优势取得较低的成本。配送的主要目的在于最大限度地压缩流通时间、降低流通费用,实现生产企业少库存甚至"零库存",以降低社会生产的总成本。因此,配送不仅能够促进物流资源的合理配置,有效促进流通的组织化和系列化,也能有效降低物流成本。

正确理解配送的概念必须把握以下几点：

1. 配送活动的产生和发展是社会化分工与社会化大生产发展的要求

配送是一种以社会分工为基础的、综合的、现代化的送货活动。社会分工的细化使企业内部在追求组织机构的优化与重组的同时，开始寻求专业的物流服务，形成对配送服务的需求。同时，配送与社会化大生产发展紧密相连。配送是最终的资源配置，最接近顾客。它一头连接着物流系统的业务环节，一头连接着消费者，直接面对服务对象的各种不同的服务要求。

2. 配送活动是"配"和"送"的有机结合

配送是和当代科技相结合的"配"和"送"的有机结合，属于现代送货。"配"和"送"是配送的两个基本职能：所谓"配"，是指商品的分拣和配货等活动，即把用户所需要的多种不同的商品组合在一起；"送"则是指通过各种送货方式和送货行为，把用户需要的商品以合理的方式送到用户手中。至于这两者哪个为主则视不同情况而定。一般来说在经济发达地区，"配"的比重相对大些，而经济落后、运输不方便地区，"送"的比例则大些。

3. 配送以用户的需要为出发点，同时应该以最合理的方式满足用户需求

所谓"合理地配送"，是指在送货活动之前必须依据顾客需求对其进行合理的组织与计划。只有"有组织有计划"地"配"才能实现现代物流管理中所谓的"低成本、快速度"地"送"，进而有效地满足顾客的需求。一方面，配送的主体在向客户送货的过程中，有确定的组织和比较明确的供货渠道，有相关的制度进行约束；另一方面，配送提供的是物流服务，因此，满足顾客对物流服务的需求是配送的前提。因此，配送是一种建立在备货和配货基础之上、按照用户的要求组织和安排的一种经营活动。配送功能完成的质量及其达到的服务水准，最直观而又具体地反映了物流系统对需求的满足程度。

4. 配送是综合性的、一体化的物流运动

由于在买方市场条件下，顾客的需求是灵活多变的，消费特点是多品种、小批量的，因此从这个意义上说，配送活动绝不是简单的送货活动，一般的配送包括商品备货、储存、拣选、配货、配装、送货、信息收集处理等流程，通过这一系列活动的完成将货物送达目的地。特殊的配送则还要以流通加工等作业为支撑，所以其涵盖的方面更广。

配送的一般流程如图1-1所示。

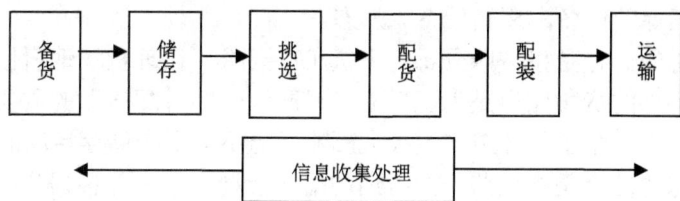

图 1-1 配送的一般流程

5. 配送是在合理区域范围内的送货行为

从经济效益角度考虑，配送不宜在大范围内实施，通常仅局限在一个城市或地区内进行。

比如，在连锁企业的日常经营活动中，连锁超市通过中央采购的商品固然降低了成本，但如何才能让商品尽快到达卖场，从而实现其快速的流通，实现资金的尽快回笼和多次周转呢？这就依赖于配送技术了。美国的零售巨人沃尔玛形成了自己独特的开店理念：在一个城市开新店前，必先建立配送中心，围绕着该配送中心，在运输卡车一天车程的区域内开店。这样，既可保证充足的货源配给，又能实现资源共享，使开设配销中心的费用分摊到各店铺上来，费用降低了，使效益很快得到体现。

二、配送的功能要素

配送作为物流系统中的一个重要子系统，却是"麻雀虽小，五脏俱全"。它具备了物流中的大部分要素，具有与大型物流活动相一致的地方。从宏观上看，配送主要是由备货、储存、理货、流通加工和配送运输五个基本的功能要素组成的，其中每个要素中又包含若干个具体的、细节性的活动。

1. 备货

备货环节也称为进货环节，它既是准备配送商品的系列活动，又是配送的准备工作或基础工作。备货工作包括筹集货源、订货或购货、集货、进货及有关的质量检查、结算、交接等。配送的优势之一，就是可以集中用户的需求进行一定规模的备货。备货必须根据自身能力成长的速度，制定切实合理的购货计划，如果备货成本太高，会直接影响配送的效益。

2. 储存

储存货物是备货活动的延续。在配送活动中，保持一定储备量是非常重要的，其主要原因在于：一旦储备告竭而缺供，会造成所有实现零库存的企业停产，其风险显然比分散库存时大。货物储存有两种表现形态：一种是暂存形态；另一种是储备（包括保险储备和周转储备）形态。

暂存形态的储存是指按照分拣、配货工序要求，在理货场地所做的少量储存准备。这种形态的货物储存是为了适应"日配"、"即时配送"的需要而设置的，其数量多少对下一个工作环节产生很大影响，但不会影响储存活动的总体效益。

储备形态的储存是指按照一定时期的配送活动要求，并根据货源的到货情况（到货周期）有计划地确定的，它是使配送持续运作的资源保证。用于支持配送的货物储备数量比较多，会直接影响配送的整体效益。

3. 理货

理货是指将保管的货物按发货要求分拣出来，放到发货场所的指定位置。理货主要包括货物分拣、配货和包装等作业活动。将所需送货备齐是配送的一项重要内容，是配送不同于其他物流形式的有特点的功能要素，是送货向高级形式发展的必然要求。分拣及配货大大提高了送货服务水平，是决定整个配送系统水平的关键要素。

货物分拣是指采用适当的方式和手段，从储存的货物中分出（或拣选）用户所需要的货物。分拣货物一般采取摘取式和播种式两种方法来操作。

1）摘取式。分拣人员或分拣工具巡回于各个储存点并将客户所需货物取出，完成分拣配货任务。其特点是：货位相对固定，而分拣人员或分拣工具相对运动。这种方式好比农夫背个篓子在果园摘水果，常用于便利店的配送作业。

2）播种式。分拣人员或工具从储存点集中取出各个客户共同需要的货物，然后巡回于各客户的货位之间，将货物按客户需求量放在各用户的货位上。之后，分拣人员再取出下一种共同需求商品，如此反复进行，直至按客户需求将全部货物取出并分放完毕。其特点是：各用户的货位固定，分货人员和工具相对运动。这种方式适用货物易于集中移动且对各用户同一种货物需求量较大的情况。

4. 流通加工

流通加工是指在配送过程中，根据用户要求或配送对象（产品）的特点，有时需要在未配货之前先对货物进行加工（如对超市里农产品进行拣选、清洗），以求提高配送质量，更好地满足用户需求。融合在配送中的流通加工是货物加工的一种特殊形式，其主要目的是使得配送的货物完全适合用户的需求、提高资源的利用率和经济附加值。但是，并不是所有配送产品都需要流通加工。

5. 配送运输

配送运输是理货活动的延伸，也是配送活动的最后环节。日本菊池康在《物流管理》一书中，认为：运输是长距离大量货物的移动，是在据点间的移动，是地区间货物的移动，是卡车一次向一地单独运送；而配送是短距离少量货物的移动,是企业把货物最后交顾客,是地区内部货物的移动,是卡车一次向多处送货,顾客每次只获得少量货物。

因此,配送运输在整个配送活动过程中是短距离的末端运输,与通常所讲的"干线运输"或"支线运输"是有很大区别的,配送中的送货(或运输)需要面对众多的客户,并且要多方向运动,因此在送货过程中,常常要涉及运输方式、运输路线和运输上具的选择。按照配送合理化的要求,必须在全面计划的基础上,制定科学的、距离较短的货运路线,选择经济、迅速、安全的运输方式和适宜的运输工具。

三、配送与传统送货的区别

1. 配送是从物流据点至用户的一种特殊送货形式

在配送活动中,从事送货的是专职流通企业或企业物流部门或公司。在物流的整个环节中,配送属于系统的末端,是直接与店铺相联系的部分。除工厂至用户的货物配送是直达型外,大部分配送是"中转"型送货,即完成从物流据点至用户的送货任务。

2. 配送与传统送货存在着时代的差别

在配送业务中,除了送货,在活动内容中还有"拣选"、"分货"、"包装"、"分割"、"组配"、"配货"等项工作。同时,配送具有经常性和固定性,是一种有确定组织和渠道,有一套装备和管理力量,有一套制度的体制形式。而传统送货通常具有偶然性的特点。在商品经济不发达的国家及历史阶段,很难按用户要求实现配货,要实现广泛的高效率配货就更加困难。因此,要完成配送业务,必须具有发达的商品经济和高超的现代的经营水平。

3. 配送与传统送货的目的不同

传统送货是为销售工作服务,有什么送什么。它只是为提高销售量,通过送货达到多销售产品的目的,体现为生产企业和商品经营企业的一种推销手段。传统送货方式对用户而言只能满足其部分需求。配送则是用户需要什么送什么,以满足顾客需求为目的,配送功能完成的质量及其达到的服务水平,直观而具体地体现了顾客的满足程度。可以说,配送是实现企业战略的重要组成部分,是提升企业竞争力的重要手段。

4. 配送的全过程必须要有现代化技术和装备做保证

配送是送货、分货、配货等许多业务活动有机结合的整体,并且还与订货系统紧密联系。配送的全过程要有现代化技术手段做基础。现代化技术和装备的采用，使配送在规模、水平、效率、速度、质量等方面远远超过以往的送货形式。在配送活动中，由于大量采用各种自动分拣机、各种传输设备等机电装备以及识码、射频、GIS、GPS 等高科技技术，使得整个配送作业像工业生产中广泛应用的流水线，从而实现了一部分流通工作的工厂化。同时，配送必须依赖现代情报信息，建立和完善整个大系统，使其成为一种现代化的作业系统，这也是以往的送货形式所无法比拟的。

美国沃尔玛公司为了满足国内 3400 多个连锁店的配送需要，大力开展自营物流。沃尔玛公司在国内共有近 3 万个大型集装箱挂车，5500 辆大型货运卡车，24小时昼夜不停地工作。公司每年的运输总量达到 77.5 亿箱，总行程 6.5 亿公里。公司的 5500 辆运输卡车，全部装备了卫星定位系统，每辆车在什么位置，装载什么货物，目的地是什么地方，总部一目了然。这样总部就可以合理安排运量和路程，最大限度地发挥运输潜力，避免浪费，降低成本，提高效率。

5. 分工专业化程度不同

配送是一种专业化程度很高的分工方式。配送为客户提供定制化的服务，根据客户的订货要求准确及时地为其提供物资供应保证，在提高服务质量的同时可以通过专业化的规模经营获得单独送货无法得到的低成本。

四、配送的类型

配送的类型可以按以下不同角度进行划分：

（一）按实施配送的主体不同划分

1. 生产企业配送

生产企业配送指配送的组织者是生产企业，尤其是进行多品种生产的生产企业，它们可以直接由本企业进行配送而无需再将产品发运到物流据点进行配送。对于涉及经营区域较窄地方性的产品，生产企业配送应用较多，如就地生产、就地消费的食品、饮料、百货等。在生产资料方面，某些不适于中转的化工产品及地方建材业也采取这种方式。

2. 商店配送

商店配送指配送的组织者是商业或物资的门市网点，它们主要承担商品的零售业务，规模一般不大，但经营品种较齐全。它们网点实力有限，往往只是小量、零星商品的配送，所配送的商品种类繁多，用户需求量不大，有些商品只是偶尔需要，很难与大配送中心建立计划配送关系，所以利用小零星网点从事此项工作。

3. 仓库配送

仓库配送指以一般仓库为据点进行配送的形式。仓库配送规模较小,配送的专业化较差,但可以利用原仓库的储存设施及能力、收发货场地、交通运输线路等,所以是开展中等规模的配送可选择的配送形式,也是较为容易利用现有条件而不需大量投资、上马较快的形式。

4. 配送中心配送

配送中心配送即配送的组织者是专职配送的配送中心。配送中心的规模一般都较大,有的配送中心需要储存各种商品,储存量比较大,也有的配送中心专职于配送,储存量较小,货源靠附近的仓库补充。配送中心配送的设施及工艺流程是根据配送需要专门设计的,配送能力强,配送距离较远,配送品种多,配送数量大,所以必须有一套配套的大规模实施配送的设施,如配送中心的库房、车辆、路线等。配送中心一旦建成便很难改变,灵活机动性较差,投资高,有一定局限性。这种配送在实施时不发生商品所有权的转移,配送企业只是用户的委托代理人,商品所有权在配送前后都属于用户所有,所发生的仅是商品物理位置的转移。配送企业仅从代存、代供中获取收益,而不能获得商品销售的经营性收益。

(二)按配送时间和数量的多少划分

1. 定时配送

定时配送指按规定的时间间隔进行配送,配送品种和数量可根据用户的要求有所不同,也可在配送之前由供需双方商定。定时配送有以下几种具体形式:

1)小时配:即接到配送订货要求1小时内将货物送达。适用于一般消费者突发的个性化配送需求,也经常用做应急的配送方式。

2)日配:即接到订货要求24小时之内将货物送达。日配是定时配送中实行较广泛的方式,尤其在城市内的配送,日配占了绝大多数比例。日配特别适合生鲜食品,如果蔬、点心、肉蛋类等。

3)准时配送方式:即按照双方协议时间,准时将货物配送到用户的一种方式。这种方式比日配方式更为精密,可实现零库存,适用于装配型、重复、大量生产的企业用户,往往是一对一的配送。

4)快递方式:是一种在较短时间内实现货物的送达,但不明确送达的具体时间的快速配送方式。其覆盖地区较为广泛,服务承诺期限按不同地域会有所变化。快递配送面向整个社会的企业型和个人型用户。如美国的联邦快递、我国邮政系统的EMS快递都是运作得非常成功的快递配送企业。

2. 定量配送

定量配送即按规定的批量在一个指定的时间、范围内进行配送。这种方式货物数量固定，备货工作较为简单，可以按托盘、集装箱及车辆的装载能力规定配送的定量，能有效利用托盘、集装箱等。

3. 定时定量配送

定时定量配送指按规定的准确时间和范围进行配送，即按规定的配送时间和固定的配送数量进行配送，这种方式兼有定时、定量两种方式的优点，但其缺点为特殊性强，计划难度大，适合的对象不多，不是一种普遍的方式。

4. 即时配送

即时配送指完全按各个用户随时发生的配送要求立即进行配送的方式。这是灵活性很高的应急方式，不预先确定固定的配送数量、配送时间及配送路线，而是一切按用户要求进行配送。

（三）按配送商品的种类和数量划分

1. 少品种、大批量配送

少品种、大批量配送方式适合于用户需要数量较大、品种较单一的商品配送。由于可以达到较大运输量，不需要再与其他商品进行搭配，往往采取整车运输。此种配送形式主要适用于工商企业需要量较大的商品，如钢材、煤炭、化肥等。

2. 多品种、少批量配送

多品种、少批量配送即按用户要求，将所需各种物品配备齐全，凑整装车后由配送据点送达用户。这是一种高水平、高技术的方式，往往伴随多用户、多批次的特点，配送频度往往较高，适应了现代消费多样化、需求多样化的新要求。日用商品的配送多采用这种方式。

3. 配套、成套配送

配套、成套配送是指根据生产企业的需要，尤其是装配型企业生产需要，将生产某一产品所需的全部零部件配齐，按生产节奏定时送达生产企业，生产企业随即可将此成套零部件送入生产线装配产品。这种配送方式中，配送企业承担了生产企业大部分供应工作，使生产企业专注于生产，与多品种、少批量配送效果相同。

（四）按配送的功能划分

1. 销售配送

配送企业属于销售型企业（如批发企业），销售型企业与生产企业联合经营。生产企业可委托销售型企业储存商品，并按厂家指定的时间、地点进行配送，它是销售企业进行的促销性配送。配送对象和用户依据对市场的占有情况而定，配送的经营状况也取决于市场状况，配送随机性较强而计划性较差。各种类型的商店配送一般多属于销售配送。

2. 供应配送

这种配送形式主要用于组织对本企业的供应，尤其在大型企业或企业集团或联合公司中采用较多。往往由用户或用户集团组建配送据点，集中组织大批量进货，然后向本企业配送或向本企业集团若干企业配送。这样，需求方与供应方变为同一所有者的公司各部门内部的业务，从而减少了许多环节，缓和了业务矛盾。

3. 销售与供应一体化的配送

在这种配送中，实施配送的主体企业既是销售者同时又成为用户的供应代理人，对于比较固定的用户或确定的配送产品可以在自己销售的同时承担用户计划供应者的职能。配送的主体企业具有上连生产企业的销售配送，下连用户的供应配送两种职能，实现配送主体与配送对象的联合。这种配送方式使销售企业能获得稳定的用户和销售渠道，利于扩大渠道销售，利于本身的稳定持续发展。对用户来讲，获得稳定的供应，可大大解决本身为组织供应所耗用的人力、物力、财力。销售者能有效控制进货渠道，这是企业的传统供应机构难以做到的。

4. 代存、代供配送

代存、代供配送指用户委托配送中心代存、代供或代订自己需要的商品，并组织配送。实施配送的主体企业只是用户的委托代理人，商品所有权在配送前后都属于用户所有，不发生商品所有权的转移，所发生的仅是商品物理位置的转移。配送企业仅从代存、代供中获取收益，而不能获得商品销售的经营性收益。

（五）按配送企业专业化程度划分

1. 综合配送

综合配送指配送商品种类较多，不同专业领域的产品在一个配送网点中，组织对用户的配送，这类配送综合性较强。综合配送可减少用户为组织进货的负担，只需和少数配送企业联系便可解决多种需求的配送，对用户的服务性较强。但由于产品性能、形状差别很大，在组织配送时技术难度较大。一般只是在形状相同或相近的不同类产品方面实行综合配送。

2. 专业配送

专业配送指按产品性质、形状的不同适当划分专业领域的配送方式。其优势在于可按专业的共同要求来优化配送设施，优选配送机械及配送车辆，制定适用性强的工艺流程等，从而提高配送各环节工作的效率。现在已形成专业配送形式的专业有很多，如中小件杂货配送、金属材料的配送、燃料煤、油的配送、水泥的配送、木材的配送、平板玻璃的配送、化工产品的配送、生鲜食品的配送、家具及家庭用具的配送等。专业配送可以做到整车配送，配送效率较高，运力利用也较好。

第二节　配送与现代物流的关系

配送作为一种特殊的物流活动方式，几乎涵盖了物流中所有的要素和功能，它是物流的一个缩影或某一范围内物流全部活动的体现。

一、配送与物流的区别和联系

1998 年，美国物流管理协会（CLM）对物流的定义是：物流是供应链流程的一部分，是为了满足客户需求而对商品、服务及相关信息从原产地到消费地的高效率、高效益的正向和反向流动及储存进行的计划、实施与控制过程。

该定义要求企业在更广阔的背景上来考虑自身的物流运作，把物流纳入了企业间互动协作关系的管理范畴，即不仅要考虑自己的客户，而且要考虑自己的供应商；不仅要考虑到客户的客户，而且要考虑到供应商的供应商；不仅要致力于降低某项具体物流作业的成本，而且要考虑使供应链运作的总成本最低。总之，该定义强调了"物流是供应链的一部分"，并进一步拓展了物流的内涵与外延。

配送作为一种特殊的物流活动方式，与物流的区别和联系主要如下：

1）配送属于在整个物流上的一个重要组成部分，是指产品制造完成之后，从制造商、批发商、经销商、零售者直至最终到达顾客手中的一系列环节。由于在买方市场条件下，顾客的需求是灵活多变的，其消费特点是多品种、小批量的，所以单一的送货功能，无法较好地满足广大顾客对物流服务的需求，因此配送活动是多项物流活动的统一体。配送几乎包括了所有的物流功能要素，如运输、储存、包装、装卸、搬运等，是物流的一个缩影或在某小范围中物流全部活动的体现。配送实际上就是"小物流"。从这个意义上说，配送活动所包含的物流功能，应比我国《物流术语》提出的功能更多、更全面。

2）从与顾客关系的要素来看，配送是资源配置的一部分，由于配送是面向终端用户的服务，是从配送中心或零售店铺到最终用户之间的空间位移的过程，处于接近用户的那一段流通领域。

3）配送的区域与物流区域存在着较大的差异。配送是一种重要的方式，有其战略价值，但是它并不能解决流通领域的所有问题，有其局限性。因为配送的区域远远不如与物流涉及的区域广阔。正如日本的《物流手册》中所指出的：将面向城市内和区域范围内需求者的运输称之为"配送"，将生产中心之间的物品空间移动叫"运输"。

二、配送在现代物流中的地位和作用

配送是物流中一种特殊的、综合的活动形式，在物流活动中占有重要地位，它对完善生产制造企业和流通企业的物流系统，提高整个经济社会效益，具有重要的作用。

1. 物流成果主要通过配送的资源配置作用来体现

物流的最终目的是为满足消费者对商品的需要，而配送正好就是体现了物流的最终目的，它直接为用户服务，满足用户的各种需要，实现资源的合理化配置。配送的资源配置作用，是接近顾客的配置，因而是"最终配置"。接近顾客是经营战略至关重要的内容。美国兰德公司对《幸福》杂志所列的 500 家大公司一项调查表明"经营战略和接近顾客至关重要"，这说明了这种配置方式的重要性。

2. 提高了末端物流的经济效益

采取配送方式，可以做到经济的进货。它采取将各种商品集合起来向多个用户进行发货等方式，实现多品种、小批量、高周转的商品运送，从而降低了物流的整体成本，以提高物流经济效益。因此，配送是整个物流系统中挖掘第三利润源泉的突破口。

3. 配送使仓储的职能发生变革

配送作为一种新型的物流手段，是在变革和发展仓库业的基础上开展起来的。因而，在某种意义上，配送是仓库业功能的扩大化和强化。实施配送业务后，仓储的功能由货物"静态储存"转变成"动态储存"，业务活动由原来的单纯保管和储存变成了向社会提供多种服务，并把保管、储存、加工、分类、拣选和输送等连成一个整体。仓储业的经营活动将由原来的储备型转变为流通型，不仅要保证商品的使用价值完好无损，而且要做到货源充足，品种齐全，供应及时，送货上门，其经营方式将从等客上门转向主动了解用户的需求状况，以满足用户的各种要求的方向转变。

4. 配送提升了物流服务质量

通过提供集货、配货等服务，用户只需向配送中心一处订货，就能达到向多处采购的目的，减少了订货等一系列费用开支，简化手续，方便用户。同时，配送提高供应保证程度，使得用户因缺货而影响生产的风险降低。

5. 推行配送有益于物流运动合理化和专业化

1）推行配送能够变分散库存为社会集中库存，可使企业实现低库存或零库存，消除了分散库存造成的各种浪费，有效降低社会库存总量。生产企业可以解放出大量的储备资金，改善财务状况，降低成本。同时，配送还能减少不必要的中转环节，缩短物流周转时间，减少商品的损耗。

2）配送完善了物流输送系统。配送处于支线运输，灵活性、适应性、服务性都很强，通过开展"计划配送"、"共同配送"等形式，能够消除迂回运输、重复运输、交叉运输、空载运输等不合理运输，使运输过程得以优化和完善。

3）配送促进了物流运行和处理技术的进步。配送业务的发展，必然伴随着自动化立体仓库、自动化分拣装置、无人搬运车、托盘化、集装箱化等现代化物流技术的应用。这些技术的应用可提高物流速度，缩短物流时间，降低物流成本，减少物流损耗，提高物流服务质量。

4）发展配送推动了物流规划技术的开发与应用。随着配送业务的开展，需要配送的客户越来越多，这就产生了配送路线的合理选择、配送中心选址、配送车辆的配置等涉及配送效益的技术经济核算，以及物流信息处理技术等一系列问题，对于这些问题的研究解决，有利于提高我国物流规划技术的水平。

三、电子商务时代的配送活动

随着计算机网络、通信技术的发展，特别是互联网的普及，电子商务迅速发展起来。电子商务是一种崭新的商务运作方式，它是在 Internet 开放的网络环境下，基于浏览器/服务器应用方式，实现商户之间网上交易（B2B），消费者网上购物（B2C），及在线电子支付的一种新的商业运作模式，代表了未来商务的发展方向。

可以用以下公式来表述电子商务的内涵：

$$电子商务＝网上信息传递＋网上交易＋网上结算＋配送$$

由此可见，电子商务与配送关系密切，相互影响，相互促进。一方面，从世界和我国的电子商务发展过程来看，配送的落后已经成为制约电子商务发展的瓶颈。电子商务包括四大流：信息流、商流、资金流和物流。其中，信息流、商流和资金流均可通过计算机和网络通信设备快捷、高效的信息处理手段加以实现，及时、准确地完成商品的空间转移才是电子商务成功与否的关键。

一方面，电子商务的发展对我国原本就比较落后的配送提出了更高的要求。电子商务不受地域、时间的限制，网上购物用户比较分散，在 B2B 的同时 B2C 的电子商务活动大量存在，难以形成集中的有规模的商品配送流量，从而导致进行配送的难度更大、要求更高。因此，配送是电子商务诸环节中的最为薄弱的一个环节，配送的落后将成为制约电子商务发展的瓶颈。物流是电子商务实现"以顾客为中心"理念的最终保证。电子商务的出现，最大限度地方便了最终消费者。他们不必再跑到拥挤的商业街，一家又一家地挑选自己所需的商品只要坐在家里，在 Internet 上搜索、查看、挑选，就可以完成他们的购物过程。缺少了现代化的物流配送技术，电子商务给消费者带来的购物便捷就等于零。配送的功能应该是把准确数量的准确产品在准确时间内，以最低的费用送到客户手中，它直接影响到从事电子商务的企业在价格、交货期、服务、质量等各方面的竞争力。

另一方面，以网络计算为基础的电子商务催化着传统配送方式的革命。回顾配送制的发展历程，初期阶段就是送货上门。后来，为了改善经营效率，国内许多商家较广泛采用了把货送到买主手中。随着电子商务的产生，不仅影响到配送本身，也影响到供应链上下游的各体系，包括供应商、消费者。具体来说，电子商务下的配送就是信息化、现代化、社会化的配送。它是指配送企业采用网络化的计算机技术和现代化的硬件设备、软件系统及先进的管理手段，针对社会需求严格地、守信用地按用户的订货要求，进行一系列分类、编配、整理、分工、配货等理货工作，定时、定点、定量地交给没有范围限度的各类用户，满足其对商品的需求。

1）商品配送观念发生深刻革命。在电子商务模式下，使传统配送活动需要设置的大面积仓库成为历史。电子商务实行系统的网络化可以将分散在各地的不同所有者的仓库通过网络系统连接起来，成为"虚拟仓库"，进行统一管理和调配使用，放大服务半径和商品集散空间。这样的配送在组织资源的速度、规模、效率和资源的合理配置方面都是传统的配送不可比拟的。

2）网络实时控制改造了传统商品配送管理。传统的配送过程是由多个业务流程组成的，受人为因素影响和时间影响很大。电子商务网络的应用可以实现整个过程的实时监控和实时决策。当配送系统的任何一个环节收到需求信息，该系统都可以在极短的时间内作出反应，拟定详细的配送计划，通知各环节进行工作。

3）商品配送的持续时间缩短。在传统的配送管理中，由于信息交流的限制，完成一个配送过程的时间比较长；电子商务网络系统的介入，使任何一个有关配送的信息和资源都会通过网络管理迅速传到有关环节，从而大大缩短配送活动的持续时间。

4）网络系统简化了商品配送过程。电子商务网络系统支持下的成组化技术可以缩短配送周期；计算机系统管理使配送管理过程变得简单和容易，这些都能极大地提高了配送的竞争力。

第三节　配送的起源和发展

商品配送是随着市场成长的一种必然的市场行为，是伴随着生产和流通的发展而不断发展起来的。

一、配送的起源阶段

一般的送货形态在西方国家已有相当长的历史，这是一种必然的市场行为。尤其是伴随资本主义经济的生产过剩，在买方市场情况下，必然采取各种各样推销手段，送货最初便是作为一种不得已的推销手段出现的。然而，由于传统送货的在作业效率上的局限性，很多企业将其看成"无法回避、令人讨厌、费力低效活动，甚至有碍企业的发展"。

配送的雏形最早出现于20世纪60年代初期。在第二次世界大战以后，世界经济迅速恢复，市场面临庞大的商品流通量和激烈的市场竞争，企业通过生产过程中的物质消耗而获取利润的潜力越来越小，因而它们把努力方向转向了流通领域。因此，通过开展配送，提高流通中的专业化、集约化经营程度，进一步满足用户的各种需求，提高服务水平，降低流通成本，赢得更多的效益，就成为资本的一种内在要求。

这种态度认识的转变，首先发生于企业界的销售行业。由于消费者需求的变化，对服务要求的提高及销售企业向大型化、综合化方向发展，引起了市场结构的变化。过去许多单一品种的销售机构已经消失，或被兼并进入一些企业集团，销售企业的大型化、综合化，对商品的需求不仅在数量上猛增，而且对商品的花色、品种的要求也日趋复杂，而配送正是适应了这一需要而产生。在这个时期，物流运动中的一般性送货开始向备货、送货一体化方向转化。从形态上看，初期的商品配送只是一种粗放型、单一性的活动，范围很小，规模不大。在这个阶段，商业企业开展配送活动的主要目的是为了促进产品销售和提高市场占有率。因此，在发展初期，商品配送主要是以促销手段的职能来发挥作用的。

在日本的战后经济复苏阶段，社会上自备车辆多，道路拥挤，停车时间长，物流费用逐年上升，设施不足，企业收集和发送货物的效率明显下降。混乱的物流现象引起了日本政府的高度重视。为保证企业生产和销售的顺利开展，需要依靠社会共同的运输力和仓储力，于是日本政府决定积极推行共同配送，建立起了配送体系，并得到企业界的大力支持，"配送"的概念应运而生。

在20世纪60年代初的美国，工业产地主要在东海岸，粮食产地在中部。仓库主要是储存货物，离生产厂很近，因此仓库大多建在东海岸和中部。随着生产的发展，人们开始向西部和南部迁移，使西部和南部地区也出现了制造业，仓库也随之建立起来。由于市场需求、生产力和科学技术的迅速发展，企业生产规模越来越大，周转已越来越快，储存期越来越短，对物流的要求也发生了变化，原来的仓库也开始由"储备型"向"流通型"转变，企业界也普遍认识到配送是企业经营活动的组成部分。

二、配送的发展阶段

进入 20 世纪 70 年代以后，随着经济发展速度的加快，世界商品运输量的急剧增加，市场竞争的日趋激烈，配送业务得到迅速发展。一些发达国家的企业相继调整了仓库结构，组建或设立了配送组织（配送中心），普遍开展了商品配装、配载及送货上门活动，配送的商品种类日渐增多，而且配送活动的范围也在不断扩大。

20 世纪 80 年代以来，商品配送已发展成为广泛的、以高新技术为支撑手段的系列化、多功能性的送货活动，配送区域进一步扩大。发达国家在开展配送活动的过程中，普遍采用了诸如自动分拣、光电识别、条码等先进技术，建立起配套的体系和配备先进的设备，大大提高了配送作业效率。商品配送的集约化程度、配送系统处理商品的能力有很大提高。

从国外配送发展现状看，美国、日本和欧洲一些发达国家现已基本上构筑起了不同层次的物流配送体系，在配送方式、手段和观念上进展很快，尤其突出反映在以下几方面：

1. 配送规模和范围日益扩大

近几十年来，随着经济的迅速发展和产品产量及消费量的急剧增长，发达国家的物流配送规模和范围在逐步扩大。

1）配送的商品规模扩大。据统计，在许多产品的供货总量中，通过配送方式到达经营者或用户手中的比例高达 50%～90%。同时，配送的种类也日益增多。

2）配送的范围扩大。随着交通运输条件的改善，一些发达国家的配送服务已突破了一个城市范围，延伸到了省际和全国。美国已开展了州际配送系统，日本不少配送中心的业务是在全国范围或在很大区域范围内进行的。

3）配送中心的数量明显增加。配送中心是专门从事商品配送业务的物流基地，专业化、现代化程度高，有很强的货物配送能力。由于发达国家物流设备的更新周期比较短，物流配送技术和设备先进，目前很多配送中心都建立起自动化的配送系统，物流配送效率因此得到进一步提高。为了适应实际的需要，许多发达国家的配送企业采用多种方式向需求者配送货物，把提高配送服务质量视为发展配送业务的重要手段。美国的沃尔玛就成功地做到了这一点，它缩短接单到供货之间的配送周期，在指定的时间准时送货，实行 24 小时昼夜接受订单和送货制度及休息日照常配送，并提供各种信息，开展流通加工业务等。

2. 配送方式的多样化

由于流通过程、流通对象及流通手段复杂，在各自领域出现了多种多样的经过优化的配送方式。如在日本出现 30 千克以下货物的"宅急送"、"宅配便"式配送，小批量快递系统，准时供应系统，分销配送等多种形式。

3. 配送运输的专业化程度提高

在欧美和日本，不仅运输的社会化程度相当高，且有大量集装箱车和专用车辆投入运营，这种专业化运输提高了物流质量。日本的企业一般不配各自营汽车，认为外雇的更经济便利，配送中心定期与运输公司签订合同，这样运输企业就可以根据物流量变化灵活调度车辆，最大地满足需求。

4. 配送服务的信息化

随着计算机的发展，物流公司都在开发和采用信息管理系统。配送中心不仅要与生产商和客户联系，了解厂家、客户需求的信息，并沟通厂商、客户双方，还要与运输企业和内部各部门联系，以了解各项物流活动的进程。这都需要信息系统提供支持。配送服务的信息化主要表现在以下方面：

1）信息传递与处理自动化、网络化程度高，甚至建立了 EDI 系统。

2）计算机辅助决策逐渐普及，如辅助进货决策、辅助配货决策、辅助选址决策等，美国 IBM 公司率先建立了配送车辆计划和配送路线的计算机软件。

3）计算机与其他自动化装置的操作控制得到广泛应用，如无人搬运车、配送中心的自动分拣系统等。

5. 电子商务对配送的发展产生重大影响

电子商务以现代信息技术和网络技术为基础，它引发了商业流通领域商品交易方式和服务方式一场深刻的变革，影响和推进商品配送的全面发展。

电子商务配送大幅度地提高货物供应的保证程度，降低用户因缺货而产生的风险，提高了配送企业的客户满意度。电子商务配送将会大幅度地提高配送企业的经济效益。

三、现阶段我国配送业发展存在的问题

（一）我国发展物流配送经济环境和市场条件日益成熟

20 世纪 70 年代以前，我国经济研究中几乎没有使用过"物流"一词，但物流各环节的运作很早就存在于国民经济的各个领域。自从 20 世纪 80 年代初，物流在我国逐渐获得了关注和重视。90 年代以来的流通实践证明了配送是一种较好的物流方式，我国很多城市的物资部门都设立了配送中心，配送得到了很大的发展，改变了传统的流通模式和方式。

经过二十几年的改革开放和经济的持续快速发展，我国目前已具备了发展物流管理和配送技术的经济环境和市场条件。

1. **买方市场格局形成，造就了适合配送业发展的市场环境**

我国实行改革开放以后，国家实施经济体制改革和宏观调控政策，市场供求关系发生重大变化。随着市场化取向改革的深入，国家经济保持了多年的持续快速增长态势，不合理的产业结构已经得到部分调整和正在继续调整，长期以来商品供不应求的市场格局已经消除，买方市场已经形成，这为实施配送造就了较为宽松的市场环境。

2. **日益加剧的市场竞争，为配送业发展打下了必要的微观基础**

在市场竞争中，生产企业作为自主经营、自负盈亏的实体，其资源组织工作难度大大增加，使得生产企业迫切需要专业的社会流通机构（第三方物流企业）来加强或代替原来自己的物资供应工作，自己则致力于生产经营、提高产品质量和开发新产品，以增强企业核心竞争力。人们已经意识到企业间竞争成败的关键取决于自身供应链的建设。

3. **企业经营方式的不断创新，成为配送业持续发展的强劲动力**

随着企业从速度型、外延型向效益型、内涵型的转变，企业再不能采取过去那种尽力扩大库存以保证供应的方式；相反，企业迫切要求在保证供应的基础上尽量少占用资金、少支付利息，并尽量把储备费用减少到最低限度，以用于生产经营。企业从配送途径寻求"第三利润源"突破口的愿望已变得越来越迫切。

4. **信息技术和现代物流技术的进步，为配送业的快速发展创建了充分的技术基础**

在配送技术中大量使用了先进的信息技术和商品物流技术，这些技术在西方发达国家已日趋完善。目前已有相当多的物流和配送技术开始进入中国并在企业中得到越来越广泛的应用，如条形码技术、企业信息技术、GPS、GIS、EDI等。

5. **政府加大对物流和配送的政策力度**

为了大力促进流通体制改革和流通现代化的进程，促进连锁经营等组织形式的发展，国家有关部门对商品物流和配送采取了积极鼓励和支持的政策。国务院有关领导多次强调了配送中心对发展连锁经营至关重要的作用。原贸易部在《全国连锁经营发展规划》中，重点提出了发展配送中心的政策措施。在我国流通领域对外开放政策中，政府还鼓励国外资本投资于物流和配送设施等。

6. **配送主体的实力逐步增强**

经过二十多年来的改革开放，通过市场的优胜劣汰，物流企业的综合实力有了较大提高。目前,国内物流和配送服务已有较快的发展,物流配送已经成为许多企业降低成本,提高竞争能力的重要手段。例如,相当多的实行连锁经营的零售企业建立了自己的配送中心,为企业内部的连锁网点提供物流配送服务,一些连锁企业配送商品比例已经超过企业经营品种的50%。

近年来,一些国有商业批发企业和大型零售企业积极探索和尝试开展社会化物流配送服务,如北京亿商集团、西单商场等;外资在物流配送服务领域的发展也十分迅速,如中国储运总公司与日本岗谷钢机株式会社合资组建了天津岗谷物流公司,这是集配送、加工、仓储、寄售、租赁、修理、展销和技术咨询为一体的新型流通组织。像这样的合资物流公司,在北京、天津、上海等地已有 10 家之多,它们主要是为在中国投资的跨国公司提供物流配送服务,成为跨国公司角逐中国市场的有力竞争武器。

我国的许多大中城市都开始兴建物流中心、配送中心,物流基础设施逐渐得到改善,整体物流技术水平也开始得到提高。深圳市是一个典型的例证。目前深圳物流的服务区域有:华南国际物流中心、平湖物流园区、深圳邮政分驳转运中心。以城市配送服务为主的有:笋岗、清水河物流园区。同时已经有 UPS、TNT、MAIZRSK、佐川急便等跨国公司落户园区中。

(二)现阶段我国配送业发展存在的问题

近些年来,我国物流业对物流配送进行了有益的探索,取得了一些初步的成功。但是,由于我国历史原因,长期以来形成了重生产、轻流通,重商流、轻物流的思想,配送的发展在现阶段还很不成熟,仍然面临着不少现实问题。

1. 对物流配送还缺乏正确和充分的认识

虽然对物流和配送的研究早在 80 年代就已开始,学术界和政府有关主管部门对物流和配送有较多的了解和认识,但就全社会而言,对物流和配送的认识还非常模糊,特别是企业。在相当多的企业中,领导者的观念还停留在成本中心、利润中心上,没有把物流配送放到服务中心、战略中心的高度。

2. 配送企业未能形成物流多种功能的有机结合,配送效率低

合理的配送,既应包括送货,也应包括分拣、配货、配载、配装等功能,是"配"与"送"的有机结合体。目前大多数企业的配送作业,受传统送货上门理念的影响,又由于配送设备设施、配送资源等方面的限制,往往造成"配"与"送"相互脱节。一方面,大部分的物流配送只是以送为主,而考虑配货、配载、配装的则很少;另一方面,有的虽然做到了配货功能,但又因缺乏必要的运输车辆而无法做到送货上门。

3. 缺乏有效的物流配送网络，配送的整体功能难以发挥

目现阶段的配送方式，基本上是以单兵作战的分散型配送为主，配送调度中心还没有发挥出应有的组织、协调、平衡、管理等作用。配送主要是由各专业公司独自进行，而现行物资企业经营范围窄、物资配送范围小，满足不了生产企业的所有需求。同时，我国的交通运输设施布局很不合理，主要的运输通道经常出现供需矛盾，从而影响了物流配送的效率；物流网点没有统一的布局，物流企业分布过于分散，无法实现资源的有效配置；物流设施装备普遍较差，不能适应现代物流的发展。并且由于我国的物流信息管理和技术手段比较落后，无法建立公共的物流信息交流平台，对物流配送过程中各个环节进行统一管理和调度，实现高效的物流配送。

4. 物流装备专业化、标准化程度低

目前，我国大多数物流配送企业是在传统的企业机制上发展起来的，物流服务内容还停留在仓储、运输层面上，能够提供综合性服务的物流配送企业还很少。同时运输、仓储的现代化水平比较低，物流配送中心建设发展比较缓慢，专业化操作水平不高，导致了物流配送效率低下，此外，我国物流部门条块分割、自成体系，使得物流配送环节中各种运输方式之间装备标准不统一，增加了物流配送的无效作业环节，使物流配送速度降低，物流配送成本升高。

5. 加工型配送发展缓慢

流通加工是实现合理配送的重要手段。没有这一重要手段，就难以达到合理配置物资资源，满足用户多样化需求的目标。虽然一些物流企业也具备了一些加工能力，如混凝土供应水泥搅拌加工、木材的加工、玻璃的开片套裁、工业动力配煤等。但从流通加工总体观察，流通加工范围还很小，流通加工能力还不足，将流通加工和物资配送结合起来的加工型配送的实践还很少。

6. 尚未实现社会库存的集中调度

优化库存结构，变生产企业分散库存为物流部门集中库存，实现整个社会库存总量的降低，是配送突出的优势，也是配送的主要目的。目前的物资配送已使配送服务用户的库存有所降低，甚至还出现了企业账面零库存。但是生产企业仍普遍拥有较高的库存，且调动困难，物流企业也远没有实现最合理库存，因而导致整个社会库存量仍居高不下。

7. 专业配送人才短缺

国外物流配送的教育和培训系统非常发达，很多大学和学院开设物流管理专业，部分院校设置研究生课程，并在社会上全面开展物流配送的职业教育。许多国家的物流从业人员必须接受职业教育，获得从业资格后，才能从事物流配送方面的工作。相对而言，我国在物流配送方面的教育还非常落后，在高等院校中开设物流专业和课程的还比较少，研究生、本科生和职业教育刚刚起步。

练 习 题

1. 如何正确理解配送的概念？配送包含哪些功能要素？
2. 配送与传统送货有何区别？
3. 配送的类型可以按什么不同的角度进行划分？
4. 配送与物流的区别和联系是什么？
5. 电子商务对传统配送方式有什么影响？

案 例 分 析

案例一　7-11连锁便利店的配送业务

继生产管理和营销管理外，物流配送管理因其能大幅度降低成本和各种与商品流动相关的费用，从而成为连锁企业创造利润的第三大源泉。全球最大的连锁便利店7-11就是通过其集中化的物流配送管理系统成功地削减了相当于商品原价10%的物流费用。目前，它共设立23000个零售点，业务遍及四大洲20个国家及地区，每日为接近3000万的顾客服务，75年来一直稳居全球最大连锁便利店的宝座。

近年，7-11与广州地铁二号线全面合作，在地铁二号线首期开通的9个站内同时开张9家店铺。至此，7-11在南中国地区总店数达到127家，其中广州91家，深圳36间。在扩张的同时，7-11先进的物流配送管理系统也一并蔓延至内地，从而为其带来了另一个利润增长点。

1. 物流配送路径集约化

事实上，对零售业而言，中国目前物流配送服务水准或多或少在短期内是由处于上游的商品生产商和经销商来决定的，要改变他们的经营意识和方法无疑要比企业自身的变革困难、复杂而漫长。这种情景与当初日本7-11在构筑物流体系所处的环境类似。为此，7-11改变了以往由多家特约批发商分别向店铺配送的物流经营方式，转为由各地区的窗口批发商来统一收集该地区各生产厂家生产的同类产品，并向所辖区内的店铺实行集中配送。

2．设立区域配送中心

但尽管如此，对于盒饭、牛奶等每日配送的商品，各产品窗口企业向各店铺的配送费用依然很高。对于这一点，7-11开始将物流路径集约化转变为物流共同配送系统，即按照不同的地区和商品群划分，组成共同配送中心，由该中心统一集货，再向各店铺配送。地域划分一般是在中心城市商圈附近35公里，其他地方市场为方圆60公里，各地区设立一个共同配送中心，以实现高频度、多品种、小单位配送。实施共同物流后，其店铺每日接待的运输车辆数量从70多辆下降为12辆。另外，这种做法令共同配送中心充分反映了商品销售、在途和库存的信息，7-11逐渐掌握了整个产业链的主导权。在连锁业价格竞争日渐犀利的情况下，7-11通过降低成本费用，为整体利润的提升争取了相当大的空间。

3．度身定造物流配送体系

当然，值得指出的是，经营规模的扩大以及集中化物流配送体制的确立虽然由7-11主导，但物流体系的建设却是由合作生产商和经销商根据7-11的网点扩张，根据其独特的业务流程与技术而量身打造的。这些技术有订发货在线网络、数码分拣技术、进货车辆标准化系统及专用物流条形码技术等。

在日本，7-11的点心配送都是由批发商A公司承担。起初，它们利用自己的一处闲置仓库为7-11从事物流活动，并安排了专门的经营管理人员。但随着7-11的急剧扩张，A公司为了确保它的商品供应权，加大了物流中心的建设和发展，在关东地区建立了四大配送中心。每个配送中心为其临近的500家左右店铺配送所有点心，品种大概为650～700个。

每天早上，8点至10点半从生产企业进货，进货的商品在中午之前入库。为了保证稳定供货，每个配送中心拥有4天的安全库存，在库水准根据销售和生产情况及时补充。中午11点半左右配送中心开始安排第二天的发货，配送路线、配送店铺、配送品种、发货通知书等及时地打印出来，交给各相关部门。同时，通过计算机向备货部门发出数码备货要求。

4．设置配送流程以分钟计算

从一个配送小组的物流活动时间看，一个店铺的备货时间大约要65秒，货运搬运时间大约花费5～6分钟。从点头分拣到结束需要15分钟，所有170～180个店铺要4个多小时，即整个物流活动时间大约为4个小时（不算货车在配送中心停留等待出发的时间）。货车一般在配送中心停留一晚，第二天早上4点半到5点半，根据从远到近的原则配送到各店。最早一个到店的货车时间应该是上午6点钟，运行无误的话，店铺之间的运行为15分钟距离，加上15分钟的休息时间，每个店铺商品配送需要的时间为半个小时。也就是最迟在早上9点半或10点半左右，完成所有店铺的商品配送任务。从每辆车的配送效率看，除了气候特殊原因，平均每辆车配送商品金额为 75 万日元，装载率能稳定达到 80%。配送中心每月平均商品供应为 50 亿日元，相当于为每个店铺供应 100 万元的商品。货车运行费用每天为 2.4 万日元，相当于供应额的 3.2%，处于成本目标管理值 3.0%～3.5%的范围，为 7-11 压缩了大量的物流成本。

现在，7-11 已经实现一日三次配送制度。其中包括一次特别配送，即当预计到第二天会发生天气变化时对追加商品进行配送。这些，使 7-11 及时向其所有网点店铺提供高鲜度、高附加值的产品，从而为消费者提供了更便利、新鲜的食品，实现了与其他便利店的经营差异化。

思考题

为什么说配送管理系统已成为 7-11 连锁便利店的另一个利润增长点？

案例二　梅林正广和的配送系统

2000 年 2 月 22 日下午，上海新闸路 1124 弄的一户人家拨通 "85818" 电话，报出自己在梅林正广和（以下简称正广和）购物网络的用户编号，要求订购两桶纯净水、一袋免淘米，并说明第二天上午家里留人，用支票支付。几秒之内，这份订单被接线小姐输入正广和的计算机系统，系统根据用户编号从数据库中调出用户住址，再根据地址和送货时间自动把这份订单配置到第二配送站次日上午的送货单。当天晚上 9 时，位于上海繁荣地带静安区康定东路 16 号的正广和销售网络第二配送站里，经理罗方敏准时打开电脑，接收从总部传过来的送货单。这份送货单的用户遍布在第二配送站辖区静安东区之内，送货时间是 23 日上午，用户地址、电话、编号、所需货物、数量、应收款等已经被清楚地列出来。

几乎与此同时，一份相同的送货单也传到公司配送中心和运输中心。第二天一大早，运输中心派出车辆，到配送中心仓库提出已配好的货物，发往第二配送站。

第二配送站墙上贴着一张静安东区详细到门牌号的地图，签收完货物后，罗经理根据这张地图和自己的经验排好送货路线，把上午的单子分派给 7 个送货工人。整个上午，这些揣着送货单的工人蹬着有 "梅林正广和" 和 "85818" 字样的三轮车，在静安东区的弄堂里出出进进，完成送货到家的 "最后一公里"。

中午 12 时 30 分，所有小工送货和收款的情况被汇总成表，经第二配送站的电脑传送至总部。个别没有送到的，汇总表中的 "原因" 一栏会注明 "01"、"02"、"03"，分别代表 "地址错误"、"家中无人" 等。

各配送站每天上午 10 时 30 分、下午 2 时 30 分、晚上 9 时 30 分共三次接收总部的送货指令，分别安排当天下午、晚上和次日上午的送货计划，然后在每天的下午 6 时 30 分、次日上午 8 时 30 分、下午 2 时 30 分把每天下午、晚上和次日上午的送货完成情况传回总部。每天收回的水票和现金也交至总部结算。根据这些信息，总部再决定是否有必要给配送站及时补货。

有 4 名职能管理人员、7 名送货工人、1 辆货车和 7 辆"黄鱼车"、房屋月租金 7000 元的第二配送站，每天大概要送出大桶纯净水 300 多桶、袋装米 30 多包，还有饮料、鲜花、罐头等其他几十种物品。在正广和遍布上海的大约 100 个配送站里，第二配送站规模算是中等。据说，每个配送站的年利润都在 15 万～20 万。

3 个配送中心、100 个配送站、200 辆小货车、1000 辆"黄鱼车"、1000 名配送人员，构成了正广和在上海的整个配送网络。这个号称上海市区"无盲点"的网络组织严密而有序，截至 1999 年年底，上海市已经有 60 万户市民依靠这个配送网完成日常饮水和其他日用消费品的采购。

思考题

从现代物流的观点来看，梅林正广和的配送系统有何缺陷？

第二章 配送的主要环节与业务模式

学习目标与要求

了解配送业务活动的主要环节，熟悉配送的业务模式并能进行选择应用；掌握配送合理化的内容和配送合理化策略的运用，从而使学生能够在配送的实践活动中达到配送的目标。

第一节 配送的主要环节和作业目标

从物流角度来讲，配送位于物流系统的最末端，处于支线运输、二次运输和末端运输的位置，即是最终消费者的物流。它不仅包含了物流过程中的许多功能和环节，而且是物流的一个缩影，在某一小范围内它还是物流全部活动过程的体现。物流作业由运输、仓储、装卸、搬运、包装、流通加工和信息等作业环节组成，而配送作业不仅包括物流作业的环节，而且还包括订单处理、备货、分拣、配货、送货、退货等环节。由于后面有章节要专门介绍配送作业流程，在此只就配送的主要作业环节和作业目标进行介绍。

一、配送的主要环节

在现代配送系统中，配送作业要根据客户的需求来整合自己的业务流程，在具体的配送业务流程中主要体现在订单处理、备货、分拣、加工、配装和送货等环节上，如图 2-1 所示，配送的起点在客户，终点也回到客户。

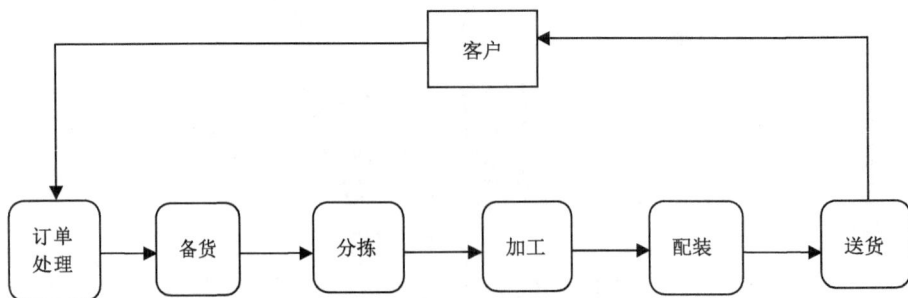

图 2-1 配送业务的主要环节

1. 订单处理

配送中心的交易起始于客户的咨询、业务部门的报表，而后是订单的接收，业务部门查询出货当天的存货状况、装卸货能力、流通加工负荷、包装能力、配送负荷等来答复客户。当订单无法依客户要求交货时，业务部加以协调。由于配送中心一般均非随货收取货款，而是等一段时间后，予以结账，因此在处理订单资料的同时，业务人员尚需依据公司对该客户的授信状况，查核是否已超出其授信额度。此外在特定时段，业务人员尚需统计该时段的订货数量，并予以调货、分配出货程序及数量。退货资料的处理亦应该在此阶段予以处理。另外业务部门尚需制定报表计算方式，做报表历史资料管理，确定客户订购最小批量、订货方式或订购结账截止日期。

2. 备货

根据客户订单处理的情况，接下来的环节就是要进行备货。备货是指准备货物的系列活动，它是配送的基础工作或者是准备工作，也是决定配送成败的初期工作。备货具体包括筹集货源、订货、购货、进货、存货以及有关的质量检查和结算等活动，这些具体活动完成的好坏直接影响备货的质量好坏，如果备货的不合理、不及时，甚至成本过高，就会大大降低配送的整体效益。因此，备货是决定配送规模大小、成败与否的最基础的环节，而且也是决定配送效益高低的关键环节。

在备货的具体活动环节中，筹集货源和存储货物两方面是最重要的。筹集货源是指配送组织根据客户订单的需求来向供应商或者自身的生产型企业组织所需要的货物，它由订货、购货、进货、集货以及相关的验货等一系列活动组成。在筹集货源时，应注意选择好的供应商和好的供货渠道。存储货物是购货和进货的延续，它包括储备货物和暂存货物两种形态。储备货物形态是按照一定时期配送活动的要求和根据货源的到货情况有计划地确定货物，它是使配送能够持续运行的资源保证。储备货物的多少，货物储备的合理与不合理，都会直接影响配送的整体效益和效率。暂存货物是存储货物的另一种形态，它是具体执行每日配送时，按照分拣、配货的要求，在理货区域所作的少量储存准备。货物的暂存主要是为了调节配货与送货的节奏，而且暂存货物的数量多少会对下一环节的工作方便与否产生很大的影响。

3. 分拣

在配送环节中一个十分重要的环节就是分拣环节。现代配送业的产生与发展动力就是来源于客户多品种、小批量的需求，而配送组织需要配送货物的数量、种类以及客户对象急剧增加，这就需要正确而且迅速的分拣出客户所订购的货物。

分拣就是配送组织将用户所订的货物从储存保管区域取出，按照客户分类、商品分类，集中、处理与放置的作业环节。在这一环节中，如何将正确的货物、正确的数量，在正确的时间内及时送达所配送的顾客，是分拣作业最终的目的和功能，其效率的高低将直接影响配送的效率和效益。要想达到配送的高效率和高效益，分拣环节就必须根据客户订单的需求，选择适当的分拣设备，按照分拣作业过程的实际情况运用一定的分拣组合策略，采取切实可行而且高效的分拣方式，提高分拣效率，将各项作业时间缩短，提升作业的速度与能力。

采用恰当的分拣策略，合适的分拣方式以及正确的分拣流程是提高分拣效率和防止分拣错误的重要影响因素。分拣策略的主要决定因素包括分区、订单分批、订单分割以及分类等四大方面，这四大方面的交互运用将产生多个分拣策略，而对不同的订单需求应该采取不同的分拣策略。选择采用恰当的分拣策略之后，还应该针对不同的订单选择合适的分拣方式和方法。正确的分拣流程也是非常重要的影响因素，分拣流程一般包括生成分拣资料、行走或者搬运、拣取以及分类与集中等几个环节组成。

在分拣环节的实际作业中，应该注意运用合理化的思想，掌握合理化分拣的原则。这些原则主要体现如下：

1）充分利用储存空间，提高保管效率。

2）存放时应该考虑便于分拣与出库。

3）事务处理与作业环节要协调配合。

4）作业力求平衡，避免忙闲不平均的现象。

5）减少分拣错误。

6）分拣的安排和配送路线顺序的一致性。

7）缩短配送运输设备的滞留时间。

4. 加工

配送加工在配送环节中虽然不具有普遍性，但是对于有些产品或者一些特殊的客户来说，配送加工是必不可少的，而且起着十分重要的作用，如在生产资料领域的钢材、木材、水泥以及在食品配送和消费资料配送领域中，配送加工都占有十分重要的地位。配送加工是根据用户的需求，对产品进行包装、分割、计量、贴标签、组装等简单的配送作业。它是在配送领域中进行的辅助性的加工，从某种意义来将，这不仅仅是生产过程的延续，而且还是生产本身或者生产工艺在流通领域的延续。这种延续不仅可以提高商品的附加价值，而且还可以为客户提供定制化的服务，从而提高整个物流配送的效率，带来可观的经济效益。

5. 配装

现代配送面临的一般是多品种、多批次和小批量的送货，单个客户的配送往往不能达到运输工具的有效运载负荷。这就需要在配送作业环节中需要安排配装作业，把多个客户的货物或者同一客户的多品种货物进行搭配装载。配装是指将分拣完成的货品经过配货检查过程后，装入容器和贴好标示，再充分利用运输工具的载重量和容积，采用先进的装载方法合理安排货物装载的作业。

通过配装不但可以提高装载效率，降低成本，提高经济效益，而且还可以减少交通出行量，改善交通拥挤的状况，这是现代配送系统不可缺少的重要环节。在具体的配装作业环节中，应该注意一些基本的原则：先送后装原则、重下轻上原则以及特性相容原则等。

6. 送货

送货环节是配送业务流程中的最终和最具体接近客户的重要环节，这一环节的质量好坏，直接影响着客户的满意度。送货是利用配送工具把客户所订购的物品从配送供应地送到客户手中的过程，它通常是一种小批量、短距离和高频率的运输形式，也是一种尽可能满足客户需求为目标的服务形式。

在配送的送货这一环节中，应掌握送货的业务流程和服务要点。送货环节的业务流程包括：划分基本送货区域→进行运输工具的配载→暂定送货的先后顺序→进行运输工具的安排→选择送货的路线→确定送货的顺序→完成运输工具的积载。送货服务应注意的要点如下：

1）时效性。送货是从客户订货到交货各环节中的最后一个环节，也是最容易引起时间延误的环节。引起时间延误的因素有很多，如配送车辆的故障，所选择的配送路线不当，中途客户卸货不及时等因素都可能造成时间上的延误。因此，要确保送货的时效性，就必须在认真分析各种因素的前提下，用系统化的思想和原则，有效协调，综合管理，选择合理的配送路线、配送人员和车辆，使客户在预定的时间内收到所订购的货物。

2）可靠性。可靠性就是指将货品完好无缺地送达目的地，这是对配送货损率、差错率的考核指标。要达到可靠性的目标，关键是要提高配送人员的素质，使得配送人员在装卸货物时细心，在运送过程中能注意对货物的保护，对客户地点以及作业环境比较了解，配送人员应严格按照标准和规范来进行操作。

3）沟通性。送货是配送最末端的服务，送货上门直接与客户接触，是与客户沟通最直接的桥梁，它不仅代表着配送组织的信誉和形象，而且还在沟通中起着十分重要的作用。

4）便利性。送货应以优质服务为目标，以最大限度地满足客户的需求为宗旨。因此，配送组织可以通过采用高弹性的送货系统，如采用应急送货、顺道送货、辅助资源回收等方式，尽可能地为客户提供真正意义上的便利服务。

二、配送的作业目标

密歇根大学斯麦基教授提出现代物流系统的目的在于体现 7R 原则，即 right quality（优良的质量）、right quantity（合适的数量）、right time（适当的时间）、right place（恰当的场所）、right impression（良好的印象）、right price（适宜的价格）、right commodity（适宜的商品）。进而在物流系统化的实践中要实现以最小的费用来提供最好的物流服务，这就体现在以下六个方面的具体目的上：

1）按交货期将所订货物适时而准确地交给用户。

2）尽可能地减少用户所需的订货断档。

3）适当配置物流据点，提高配送效率，维持适当的库存量。

4）提高运输、保管、搬运、包装、流通加工等作业效率，实现省力化、合理化。

5）保证订货、出货、配送的信息畅通无阻。

6）使物流成本降到最低。只有做到这些，才能有效地保证物流系统能够以最快的速度、最低的费用、更安全、更可靠地为客户提供优质的物流服务。

配送作为物流系统中的"一个缩影"，它的具体目标就应该在充分的体现物流系统化目的的基础上，结合自身运行发展的规律，完善配送自身应该具有的特色目标，这就是配送的效率目标、配送的效果目标以及配送的效益目标三大方面。

1. 配送的效率目标

配送的效率目标主要体现在配送的快速和及时两方面，可以说快速和及时是配送的生命。为了达到快速和及时的效率目标，配送组织应该在配送业务作业方面认真研究，仔细安排，使配送运行做到快速响应。快速响应关系到一个厂商是否满足客户服务需求的能力，快速响应的能力把配送作业的重点从根本预测和对存货储备的预测转移到以装运到装运的方式对客户需求作出防御方面。通过信息技术可以提高在最短的可能时间内完成配送作业和尽快交付所需存货的能力，这样可以减少传统上按照预期的客户需求过度地储备存货的情况。

2. 配送的效果目标

配送的效果目标主要体现在配送作业过程中的最低库存、最小变异以及配送质量改善等方面。

保持配送最低库存的目标是要把存货配置减少到与顾客服务目标相一致的最低水平，以实现配送最低的总成本。随着经理们谋求减少存货配置的设想，类似"零库存"之类的概念已变得越来越流行。要实现最低存货的目标，在配送系统设计中就必须控制整个公司，而不仅是每个业务点的资金负担和周转速度。当然，我们也要以系统思想、整体最优的原则，在个别企业"零库存"的设想基础上，提出以"安全库存"为原则的最经济合理的配送系统设计原理，以达到"1＋1＞2"的经济效果。

配送系统的所有作业领域都容易遭受潜在的变异，减少变异的可能性关系到内部作业和外部作业。变异是指破坏系统表现的任何意想不到的事件，它可以产生于任何一个领域的物流作业，诸如顾客收到订货的期望时间被延迟；制造中发生意想不到的损坏；货物到达顾客所在地时发现受损；或者把货物交付到不正确的地点等所有这一切都将使物流作业时间遭到破坏，对此必须予以解决。传统的解决变异的办法是建立安全储备存货或使用高成本的溢价运输。当前，考虑到这类实践的费用和相关风险，它已被信息技术的利用所取代，以实现积极的配送控制，以达到配送的效果目标。

要想达到良好的配送效果目标，还应该在配送业务流程管理中全面运用 TQM（全面质量管理），使配送质量得到持续的发展和改善。由于不正确装卸或运输中的损坏导致重做顾客订货所花的费用，远比第一次就正确地履行所花费用多。对配送订单的处理质量，对备货的质量，对如何降低拣货差错率，对配送路线的设计质量等方面都要进行全面质量管理。只有配送的每个业务环节，配送的每个流程质量都得到了持续的改善，以至于达到完善的程度，配送的整体效果目标才能得到充分的体现。

3. 配送的效益目标

配送的效益目标主要体现在短期的经济效益目标和长期的社会效益目标两方面，长期的社会效益目标可以转化为长期的经济效益目标。配送短期的经济效益目标最重要的是共同配送与整合运输上；而配送长期的社会效益目标最重要是配送的生命周期支持。

共同配送是指为了提高车辆的装载率，对多数企业进行共同的、有效的配送。因为共同配送的车辆装载率提高了，单位成本就降低了，进而可以减少配送的总成本，取得良好的经济效益。同时共同配送还可以使复数企业之间消除重复与交错配送的问题，使运输效率提高，单位成本下降，同时还可以缓解交通堵塞和环境污染而带来的经济效益。运输成本与产品的种类、装运的规模以及距离直接相关，运输成本往往占物流配送的 1/3～2/3。因此，要提高配送的经济效益，就要减少运输成本，也就需要实现整合运输。一般来说，整个装运规模越大以及需要运输的距离越长，则每单位运输成本就越低。这就需要有创新的规划，把小批量的装运聚集成集中的、具有较大批量的整合运输。

生命周期支持，用现代的话来说，其含义就是"从摇篮到摇篮"的物流配送支持，也就是逆向配送和绿色配送的问题。这个问题的良好解决可以使企业获得良好的、长期的社会效益，进而获得良好的经济效益。不断地提高具有强制性质量标准、产品有效期的到期和因危害而产生的责任等，引起的顾客对产品的不满意所造成的结果使我们必须作适当的产品回收工作，于是逆向配送的需求也就产生了。逆向配送作业需求的范围从最低的总成本（如为再循环而回收空瓶）开始至完成紧急回收时止。其中重要之处在于，如果不仔细地审视逆向的配送需求，就无法制定良好的配送战略。因此，厂商必须仔细地设计一个物流配送系统的生命周期支持的能力。

第二节　配送模式的选择

配送模式是指配送企业对配送所采取的基本战略和方法。根据国内外发展经验和我国配送的理论与实践，主要形成了自营配送模式、第三方配送模式、互用配送模式和共同配送模式等几种。那么，配送企业应选择何种配送模式呢？首先，配送企业应该掌握各种配送模式的基本理论和应用发展规律。其次，应充分考虑配送模式选择的影响因素，如配送对企业的重要性、企业的配送能力、市场归纳、地理范围、配送成本以及配送服务的要求等方面的影响因素。然后，企业配送模式的选择方法要恰当，如采用矩阵图决策法、确定型决策法、非确定型决策法以及风险型决策法等方法来选择适合配送企业自身的配送模式。这里主要介绍自营配送模式、第三方配送模式、互用配送模式和共同配送模式等四种配送模式的基本理论和应用发展规律。

一、自营配送模式

自营配送模式是指企业配送的各个环节由企业自身筹建并组织管理,实现对企业内部以及外部货物配送的模式。这是目前生产、流通或综合性企业所广泛采用的一种配送模式，通过自己独立组建配送中心，实现对内部各部门、场、店的物品配送以及对外部客户的配送。它有利于企业生产、供应和销售的一体化运行，系统化程度相对较高，它既可以满足企业内部原材料、半成品和成品的配送需求，又可以满足对外进行市场拓展的需求。

但是，自营配送模式如果选择不当，容易表现出不足的地方：第一，容易形成"大而全"、"小而全"的传统的"自给自足"的"小农意识"，造成配送资源的浪费；第二，企业为建立配送体系的投资规模将会大大增加，当配送规模较小时，配送的成本和费用也比较高。因此，在进行自营配送模式的选择与建设时，应注意掌握自营配送模式的以下特征表现：

1）企业要拥有覆盖面很广的代理、分销、连锁店，而业务又集中在其覆盖范围内的。这样的企业一般是从传统产业转型或者依然拥有传统产业经营业务的企业，例如已经建立了基于网络的电子销售系统的大型家电企业、电脑生产商等，可以利用原有的物流渠道承担现代的配送业务，建立整个区域的物流配送网。这样，可以充分利用原有物流渠道的仓储、运输资源，相对于企业使用全新的系统，大大降低了成本。

2）企业的业务集中于所在城市，送货方式比较单一，网络资源丰富，配送管理的能力强。由于业务范围不广，企业独立组织配送所耗费的人力不是很大，所涉及的配送设备也仅仅限于汽车以及人力车而已，如果交由专业的配送公司来处理，既浪费时间，又增加配送成本。

3）对于一些规模较大、资金雄厚、货物配送量巨大的企业来说，投入资金建立自己的配送系统，掌握物流配送的主动权，是一种战略选择。如亚马逊（www.amazon.com）是全球最大的网上书店、音乐盒带商店和录像带店，它以全资子公司的形式经营和管理配送中心，拥有完备的物流配送网络。它认为，配送是能接触到客户的最后一环，是实现销售的关键环节，它不想因为配送环节的失误而损失任何销售机会，而自营配送就能有利于最终保证"以顾客为中心"现代经营理念的实现。但是，自营配送模式需要投入大量的资金购买相关设备、建设仓库、信息网络等专业设施和组建庞大的配送队伍，这对于缺乏资金的企业，特别是中小企业来说是个沉重的负担。

二、第三方配送模式

鉴于自营配送模式资金占用率高，回收期长，企业依靠自身力量完成配送有较大困难，因此，并不是所有企业都有必要自己组织商品配送，企业可以根据自身特点，选择第三方配送模式。第三方就是为供需交易的双方提供部分或者全部配送服务的一方，而第三方配送模式就是交易的双方把自己需要完成的配送业务委托给第三方来完成的一种配送组织模式。随着物流产业的不断发展与完善，第三方配送（TPD）就在第三方物流（TPL）新型理念完善的基础之上而逐步形成。目前，第三方配送模式将成为现代工商企业和电子商务企业进行货物配送的首选模式与方向。第三方配送组织模式如图 2-2 所示。

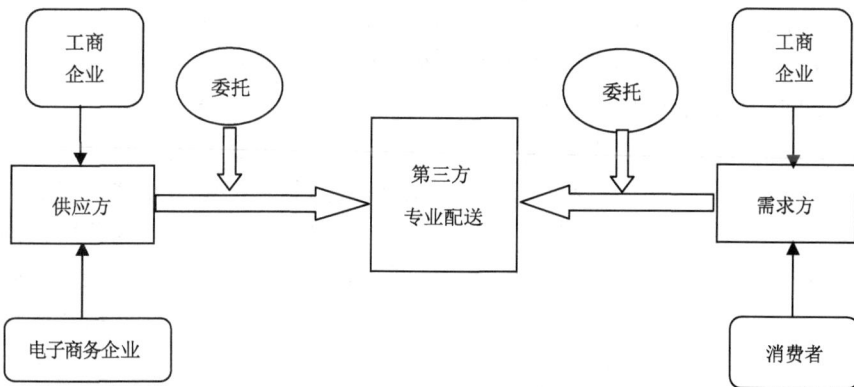

图 2-2 第三方配送组织模式

　　第三方配送模式之所以将成为现代工商企业和电子商务企业进行货物配送的首选模式与方向，是因为第三方配送模式具有优越与其他配送模式的特征，具体表现如下：

　　1）企业能够集中精力于核心业务。企业应把自己的主要资源集中于自己擅长的主业，而把物流配送等辅助功能外包给其他专业的物流配送公司。

　　2）灵活运用新技术，实现以信息换库存，降低成本。第三方配送公司能以一种快速、更具成本优势的方式满足更新自己的资源或技能的需求，而这些服务通常都是生产厂商一家难以做到的。

　　3）减少固定资产投资，加速资本周转。企业自营配送需要投入大量的资金购买硬件设备，建设仓库和信息网络等专业配送设施。而使用第三方配送公司不仅可以减少设施的投资，还能够免去仓库和车队等方面的资金占用。

　　第三方配送模式的这些特征尤其对那些处理自身配送能力相对较弱的企业来讲非常重要，如一些大型的连锁超市通常配送业务量巨大，即使建有自己的配送中心和较为完善的配送体系，但在某些业务方面仍然需要与第三方配送公司进行业务合作，这些合作主要集中在长途运输、区域仓库等方面，外包给第三方配送公司的优势相当明显。但是第三方配送与自营配送相比较，也容易给企业带来一些不利，如企业不能直接控制配送职能，不能完全保证供货的准确和及时，不能保证顾客服务的质量和维护与顾客的长期关系，企业将放弃对配送专业技术的开发等。

三、共同配送模式

　　共同配送模式是指配送企业之间为了提高配送效率以及实现配送合理化所建立的一种功能互补的配送联合体。也就是对某一地区的用户进行配送时，由多个配送企业联合在一起进行的配送，这是一种配送经营企业之间为实现整体配送合理化，以互惠互利为原则，互相提供便利的配送服务的协作型配送模式。它包括配送的共同化、物流资源利用共同化、物流设施设备利用共同化以及物流管理共同化。共同配送模式是合理化配送的有效措施之一，是企业保持优势常在的至关重要的课题，是企业的横向联合、集约协调、求同存异和效益共享，有利于发挥集团型竞争优势的一种现代管理方法。共同配送组织模式如图 2-3 所示。

　　共同配送模式运用的核心在于强化和充实配送组织的配送功能，提高配送效率，实现配送的共享化与合理化，从而降低配送作业的成本。作为开展共同配送的配送组织各成员，要有共同的理念、目标和利益，这样才能使配送组织联合体有竞争力和凝聚力，才能有利于共同目标与利益的实现。因此，在组建配送联合体，开展共同配送时，应注意坚持功能互补、平等自愿、互惠互利以及协调一致等原则，应避免行政干预的做法。

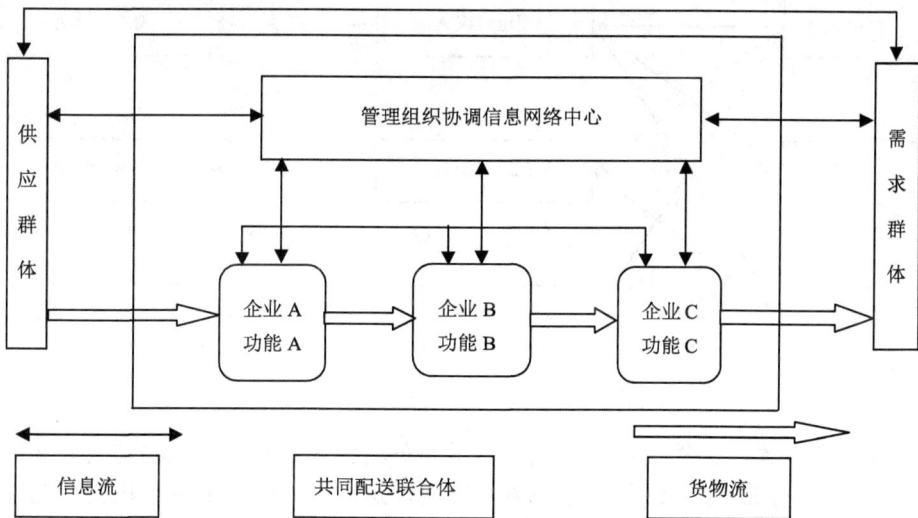

图 2-3　共同配送组织模式

共同配送模式在国外的物流领域显现出其独特的魅力,已经得到广泛的应用。越来越多的货主几乎把所有的商品,都进行共同配送。首先,从货主的角度来看,共同配送可以降低配送成本,由于共同配送是多个货主企业共享一个联合体配送公司的设施和设备,从而由多个货主共同分担配送成本,这样就降低了成本。其次,由多个不同货主的零散运输通过整合,可以变为成本更低的整车运输,从而使得运输费用大幅度降低。再次,共同配送还可以降低每个货主的日常费用支出,降低新产品上市时的初始投资的风险。最后,共同配送可以帮助厂商对市场需求做出快速反应,做到最大柔性和最小风险。美国某著名物流企业的副总裁认为:"我们之所以能够降低我们的成本,是因为我们的人工、设备和设施费用分摊到了很多共享的客户身上。这些零散客户共享所带来的生意,就像大客户所带来的生意量一样大,使得我们可以发挥物流配送的规模效益,从而节约成本,这些成本的节约又反过来可以使我们公司实施更加优惠的低价政策。"

四、互用配送模式

互用配送模式是指几个企业之间为了各自的利益,以契约的方式达到某种协议,互用对方配送系统资源而进行的配送模式。互用配送模式的优点表现在企业不需要投入较大的资金和人力,就可以扩大自身的配送规模和范围,但是需要企业有较高的管理水平以及与相关企业的组织协调能力。互用配送的一般组织模式如图 2-4 所示。

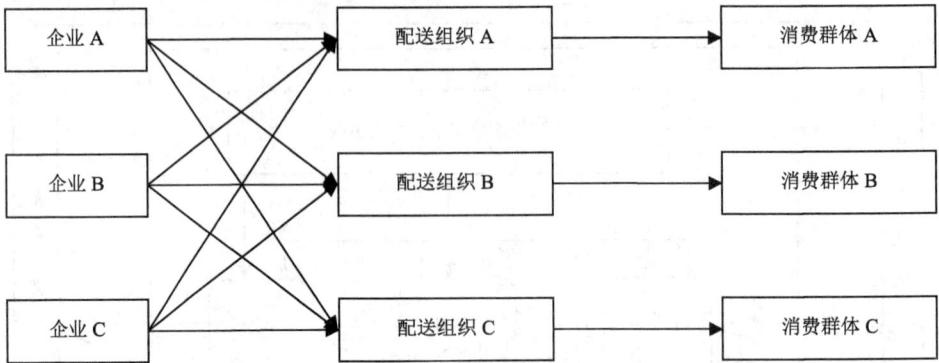

图 2-4　互用配送的一般组织模式

现代企业大多数都在网络环境和电子商务环境下运行,企业与消费者之间都可以直接通过网络平台进行信息交流与订货,这时互用配送的组织模式就转换成为以网络控制为主的配送模式了。互用配送的网络模式如图 2-5 所示。

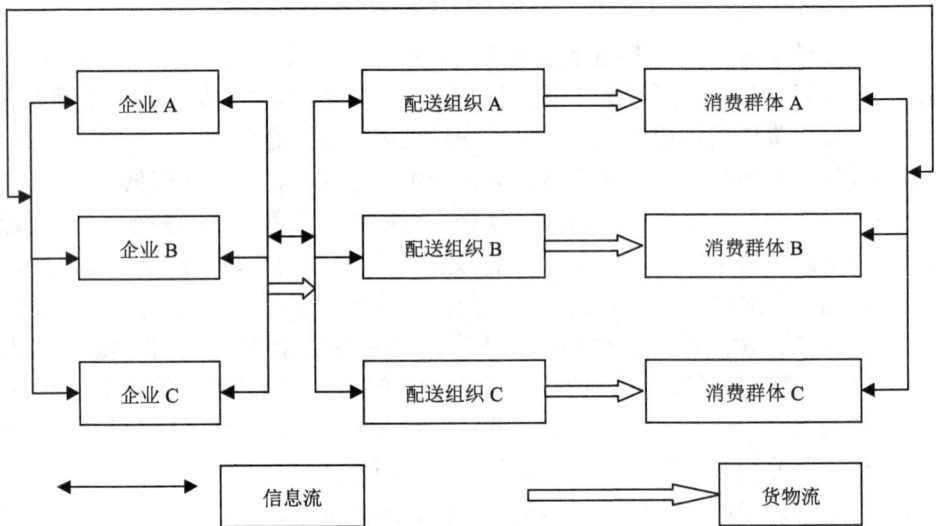

图 2-5　互用配送的网络模式

互用配送模式与共同配送模式相比较,两者差异表现如下:

1)共同配送模式旨在建立配送联合体,以强化配送功能为核心;而互用配送模式旨在提高自己的配送功能,以企业自身服务为核心。

2)共同配送模式旨在强调联合体的共同作用;而互用配送模式旨在强调企业自身的作用。

3)共同配送模式的稳定性较强;互用配送模式的稳定性较差。

4)共同配送模式的合作对象需要经营配送业务的企业;而互用配送模式的合

作对象可以是，也可以不是经营配送业务的企业。

第三节　配送合理化

通过对配送活动各环节与目标以及配送模式的分析，可以得知配送系统活动的各种成本之间常常存在着此消彼长的关系，也就是"二律背反"原理在配送活动的诸多体现，在配送活动的各种成本变化模式中经常表现出互相冲突的特征。因此，从配送总成本的角度权衡得失，从"均衡"的思想出发，才能做到配送的合理化，不仅是配送活动局部的合理，更是整体的均衡与合理。只有这样，配送活动对于企业最大经济效益的取得才最有成效。

一、配送合理化的含义

合理化是指事物的主体，或者是事物的普遍性处于全面、客观、适中、科学状态，也可以说处于符合规律、符合客观、符合实际的状态。对于配送活动而言，配送合理化就是对配送设备配置和配送活动组织进行调整与改进，实现配送系统整体均衡与优化的过程。配送合理化过程就是要兼顾服务与成本，兼顾投入与产出比例的合理化，以尽可能低的配送成本，获得可以接受的配送服务，或者以可以接受的配送成本达到尽可能高的服务水平。配送合理化在配送实践中要重点体现"5R"服务，即把适当的产品（the right product）、在规定的时间（at the right time）、规定的地点（in the right place）、以适当的数量（in the right quantity）、合适的价格（at the right price）提供给顾客。

二、配送合理化的内容

配送相关的因素十分繁杂，各个企业的情况也不尽相同，再加上配送合理与否的标准又很难统一，因此，要想配送合理化，就应尽量掌握配送合理化所涉及的主要内容。

1. 配送方式合理化

根据配送对企业的重要性、企业的配送能力、市场规模与地理范围、配送成本与配送服务等方面的内容来科学地选择配送方式，这是配送合理化的首要内容。

配送对企业的重要性和企业配送的能力方面进行合理化的配送方式选择，主要有以下四种情况：

1）如果配送对企业的重要性程度较大，而且企业又有较强的配送能力，在配送成本较低、区域范围较小，但市场相对集中的情况下，企业选择自营式配送较为合理。这样不仅可以提高客户的满意度，而且企业还可以自我控制配送的效率、成本以及配送服务质量等。

2）如果配送对企业的重要性程度较大，但是企业的配送能力较低时，企业就应该去寻求合适的配送伙伴来弥补自身在配送能力上的不足。通常有三种情况的选择较为合理：第一，加大投入，完善配送系统，提高配送能力，采用自营式配送；第二，进行少量投入，强化配送能力，采用共同式配送；第三，采用第三方配送，将配送业务完全委托专业性的配送公司来进行。一般来讲，在市场规模较大，而且相对集中以及投资量较小的情况下，可以采用自营式配送；若情况相反，则采用第三方配送。

3）如果企业的配送能力较强，而且配送的需求不太重要，那么，企业较为合理地应选择第三方配送。企业将自己的配送业务完全或者部分委托给专业的配送公司去完成，而自己将集中精力于核心业务上的发展。

4）如果配送在企业战略中不占据主要地位，但企业的配送能力却较强，那么企业可以向外拓展配送业务，以提高资金和设备的利用能力，既可以采用共同式配送，又可以采用互用式配送。若企业在该方面具有较强的竞争优势，也可以适当调整业务方向，向社会化的方向发展，成为专业的配送公司。

2. 配送作业合理化

配送系统是由各个不同的作业环节子系统构成，要使配送合理化，就应把最基础的合理化，即做到配送的每项作业合理化。

订单处理合理化是配送作业合理化的首要内容，其关键在于与订货相关的信息是否能够快速、准确的传递。通过网络将客户的需求信息与配送公司各业务和供应厂商的信息连接起来，就可以使订货信息实时地通过信息系统传输到配送公司的各个业务部门，使作业效率提高。如果订单处理不合理，造成速度不快，准确性不高，它将直接影响配送作业后面的各个环节的效率。

备货作业合理化表现在：一是确定合理的备货作业方法；二是选择备货作业的自动化程度。备货作业方法是采取抽取式方法，还是采取指定存放式的方法，要根据商品的特性和包装方式，如对于必须将商品直接配送给客户的生鲜食品类，采用指定存放式较为合理。传统的备货作业一般是在接受订货指示、发出货票的同时，备货员按照商品分列的清单在仓库内寻找，提取所需要的商品。如果实现自动化备货作业后，各个货位或者货架都装有液晶显示的装置来显示商品的分类号等信息，备货员可以很迅速地查找到所需要的商品。

商品检验合理化必须推广使用条形码和便携式终端。配送企业每天处理的收货和发货的数量大，批次多，商品检验是否合理，直接影响整个配送作业的效率。在进货商品上贴上条形码，商品进入配送中心时可以用扫描仪读取条形码来检验商品；在检验发货商品时加贴条形码，仓库保管以及发货业务都可以在条形码管理的基础上进行。对于厂商，商品入库时的条形码在检验商品活动和以后的保管、备货等作业中都可以利用；向客户发货时使用的条形码则可以根据需求来设定信息，如收货人、收货地点等，从而更好地适应不同客户的商品分拣需要。如果在商品上再贴附含有配送对象名称和相关信息的条形码，在保证商品检验作业合理化的同时，也可以实现企业配送作业的合理化。

分拣作业合理化的关键在于分拣作业的效率和准确度，这有依赖于订货、备货等作业的配合，配送各业务环节的有机衔接依赖于信息技术的发展应用。分拣作业的合理化还体现在自动化程度和分拣作业量的匹配上。许多企业，尤其是连锁经营企业的自营配送中心都在追求分拣作业的自动化，但是，并不是所有的配送中心都适合采用自动化分拣设备。分拣作业合理化的重点在于利用信息技术，提高分拣职业的效率，尽可能早地满足客户的订货需求，并尽可能压缩企业商品的库存量。

除了上述几个配送作业合理化方面的内容外，在配送作业其他方面也要注意借助自动化设备的应用，构筑信息系统等方式和手段来尽量达到配送作业的合理化，提高配送效率，达到降低配送成本的目的。

3. 配送流程合理化

配送流程合理化就是通过对配送各项作业的流程进行再造重组，使配送各个环节是衔接更加合理，从而达到降低成本、提高服务水平的目标。

配送的基本流程如图 2-6 所示。

图 2-6　配送的基本流程

但是在配送的实践活动中，要使配送流程合理化，必须对某些具有特殊性质、形状以及具有独特功用的货物进行配送时，应对其配送流程进行必要的再造重组，使其形成适合具有典型特征货物的特殊配送流程。食品类的配送流程如图 2-7 所示，煤炭等散货类的配送流程如图 2-8 所示，木材、钢材等原材料类的配送流程如图 2-9 所示，机电产品中的散件、配件类的配送流程如图 2-10 所示。

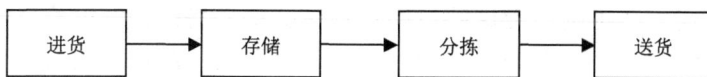

图 2-7　食品类的配送流程

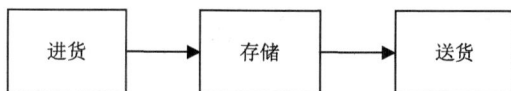

图 2-8　煤炭等散货类的配送流程

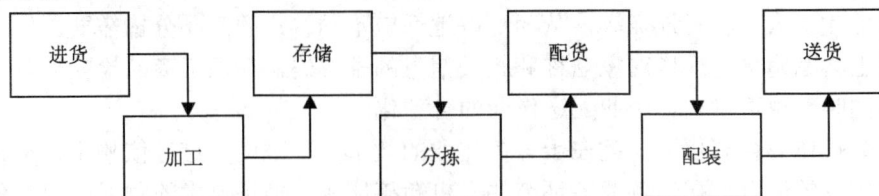

图 2-9　木材、钢材等原材料类的配送流程

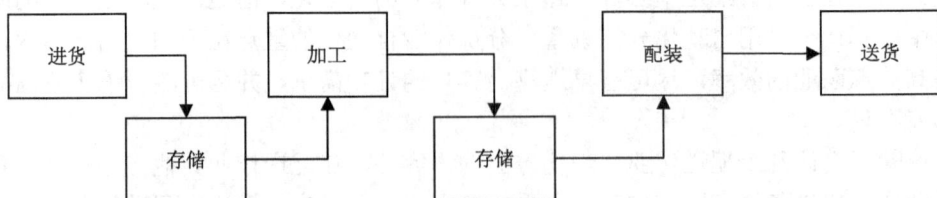

图 2-10　机电产品中的散件、配件类的配送流程

4. 配送成本合理化

配送的合理化离不开配送成本是否合理。配送成本包括配送变动成本和配送固定成本。配送变动成本主要指配送运行中发生的有关人工费用、装配费用、流通加工费用、燃料费用以及修理费用等。而配送固定成本主要指配送系统中各种固定资产的投入，如配送场所的建设成本、购置运输工具的成本、购置与安装分拣设备的成本和费用等。

关于配送变动成本的合理化控制，主要在配送成本和配送服务水平之间进行恰当的平衡，前面章节已经作了介绍。这里主要对配送固定成本在配送初始投资的合理化问题进行介绍。

1）初始投资要合理。如果初始投资过大，不能与配送规模相适应，那么就难以从配送成本的节约中得到收益，会得不偿失。初始投资的确定应与配送正常运营的变动成本结合起来考虑，如果有多种方案可供选择，可以运用数学方法建立模型来进行合理化的分析。

2）自动化程度要合理。配送系统的自动化程度要与企业所处的主客观环境相适应，不能一味地提高配送的自动化程度。如果自动化程度不能与企业的生产系统、配送规模和富有的劳动力相适应，自动化的配送系统就没有意义。如果配送是第三方独立提供的服务，则要看客户对配送服务的要求以及客户生产的自动化程度和配送产品的数量而定。自动化程度与初始投资密切相关，自动化配送属于资本密集型配送，配送的固定投资大，对于有些企业来说，这样配送的成本不一定合理。

3）配送系统建设应合理地适应环境的变化，应能够随环境的变化而调整，使其具有可持续性。

5. 配送运输合理化

配送运输合理化与否直接影响配送的成本、效率和效果，它是配送合理化的重要内容之一，主要体现在运输方式和运输路线的选择上是否合理。这部分内容在后面的章节中有详尽的介绍。

除了上述五个方面配送合理化外，还有其他方面的配送合理化问题需要解决，只有配送做到全面的合理化，才能实现配送系统的目标。

三、不合理配送的表现形式

对于配送的决策好坏，很难有一个绝对的标准。企业效益是配送的重要衡量标志，但是，在决策时常常考虑各个因素，有时要做赔本买卖。所以，配送的决策是一个全面的、综合的决策。在决策时要避免由于不合理配送所造成的损失，但有时某些不合理现象是伴随而产生的，要追求更合理的配送，就可能派生一些不合理的现象，所以，这里只能单独论述不合理配送的表现形式，但在运用时要防止绝对化。

1. 资源筹措的不合理

配送要利用较大批量资源的筹措，通过筹措资源的规模效益来降低资源筹措成本，使配送资源筹措的成本低于用户自己筹措资源的成本，从而取得配送资源筹措的优势。如果不是集中多个用户需要进行批量筹措资源，而仅仅是为少量用户代购代筹，对用户来讲，就不仅不能降低资源筹措的成本费用，相反却要多支付一笔配送企业的代筹、代办费用，因而是不合理的。资源筹措不合理还有其他表现形式，如配送量计划不准，资源筹措过多或过少，在资源筹措时不考虑建立与资源供应者之间长期稳定的供需关系等。

2. 经营观念的不合理

在配送实施过程中，有许多经营管理观念不合理，使配送优势无从发挥，并损坏了配送的形象。在开展配送活动时，尤其需要注意克服的不合理现象。例如，配送企业利用不同的配送手段，向用户转嫁资金、库存困难，在库存过大时，强迫用户接货，以缓解自己的库存压力；在资金紧张时，长期占用用户资金；在资源紧张时，将用户委托的资源另做他用以获得利益等。

3. 库存决策的不合理

配送应充分考虑利用集中库存总量低于各用户分散库存总量，充分利用社会库存，同时降低用户实际平均分摊库存负担，从而大大节约社会财富。因此，配送企业必须依靠科学管理来实现一个低的总量库存，否则就会出现只是库存转移，而不能解决库存降低的不合理现象。配送企业库存决策不合理还表现在储存量不足，不能保证随机需求，失去了应有的市场。

4. 价格制定的不合理

总的来讲，配送的价格应低于不实行配送时用户自己进货时产品购买价格加上自己提货、运输、进货之成本的总和，这样才会使用户有利可图。有时，由于配送有较高的服务水平，价格稍高，用户也是可以接受的，但这不是普遍的原则。如果配送价格普遍高于用户自己进货价格，损害了用户利益，就是一种不合理现象。价格制定过低，使配送企业处于无利或亏损的状态，也是不合理的。

5. 配送与直达决策的不合理

一般的配送总是增加了一些环节，这些环节的增加，可以降低用户平均库存的水平，抵消增加环节的支出，并取得剩余效益。如果用户使用的批量过大，可以直接通过社会物流系统均衡批量进货，较之通过配送中心送货就可能更节约费用，所以，在这种情况下，不直接进货而通过配送送货，就属于不合理范畴。

6. 配送运输的不合理

通过配送送货与用户自己去取货相比较，尤其对于多个小用户来讲，可以集中配装一车来送几家的货物，这比一家一户自己取货就要大大节省运力和运费。如果不能利用这一优势，仍然是一户一送，而车辆达不到满载（即时配送过多或过频时会出现这种情况），就属于不合理。此外，不合理运输若干表现形式，在配送中都可能出现，会使配送变得不合理。

四、配送的合理化策略

配送合理化的实施需要一定的策略来指导，通过对配送环节、配送目标、配送模式以及配送合理化的分析，要达到配送的合理化，需要以下主要策略来指导。

1. 配送总成本优化策略

配送系统本身的范畴和配送系统设计的核心都是关于成本背反的分析，并由此引出总成本的概念。成本背反就是指各种配送活动成本的变化模式常常表现出互相冲突的特征。解决冲突的办法是，平衡配送各项活动来达到整体的最优。因此，配送管理的基本问题就是成本冲突的管理问题，只要在各项配送活动之间存在着成本冲突，就需要进行协调管理。随着客户得到更高水平的服务，由于缺货、送货慢、运输不可靠、订单履行错误等造成失去客户的可能性就越小。但是，这也意味着运输、订单处理和库存费用就会更高。这就需要平衡、优化配送的总成本。

如果客户小批量订购，而储存点大批量补货，运输成本会随储存点的增加而减少。但是，随着储存点数量的增加，整个配送系统的库存水平上升，库存成本会上升。此时，该问题就变成在库存和运输的综合成本与客户服务水平带来的收益之间寻求平衡点的问题。这就需要确定安全库存水平的问题，因为安全库存提高了平均库存水平，就会使库存持有成本上涨，而运输成本不受影响。同样，我们要在这些相互冲突的各项成本之间找到平衡，做到优化。

总之，总成本优化可用于解决企业内部问题，特别是物流配送问题。然而，有时一个企业配送总成本决策会影响其他企业的配送成本。如买方的库存政策不仅会影响发货人的库存成本，还会影响承运人的经营成本。在这种情况下，就有必要将系统的范围扩大到物流配送部门或者企业以外，甚至包括几个企业的物流配送。

2. 配送标准化策略

企业生产中的标准化可以通过可替换的零配件、模块化的产品和给同样产品贴加不同品牌的标签而实现。这样可以有效地控制供应渠道中必须处理的零部件、供给品和原材料的种类。通过推迟也可以控制分拨渠道中产品多样化的弊端。例如，汽车制造商可以通过在销售地增加种类或者使各选项具有可替换性以及为同样的基本元件创立多个品牌，从而创造出无数种类的产品，但是不增加库存。服装制造商不会去存储众多客户需要的确切号码的服装，而是通过改动标准尺寸的产品来满足消费者要求。

在配送的各个环节中，由于从不同供应厂商出来的原材料或产品一般都通过集中配送、共同配送、一体化配送、整合配送等方式，送到客户或者最终用户那里，要具体经过诸多配送业务环节，这就需要对于商品的特性，如规格、体积、包装、形状等方面进行标准化。这才有利于配送过程中的储存、搬运、装卸、分拣以及配装等，如果这些配送业务的各个方面都能够有机的协调一致，配送就能很好地达到合理化。

3. 配送多样化分拨策略

在配送过程中不要对所有产品提供同样水平的客户服务，一般的企业分拨多种产品，因此要面对各种产品不同的客户服务要求、不同的产品特征、不同的销售水平，也就意味企业要在同一产品系列内采用多种分拨策略。管理者对产品进行粗略的分类，比如按销量分为高、中、低三组，并分别确定不同的库存水平和配送服务水平。对配送库存也是一样，如果企业的每一个库存地点都存放所有品种的产品，或许可以简化管理，但这一策略否认了不同产品及其成本的内在差异，将导致过高的分拨成本。

如某小型企业生产多种金属防腐涂料产品，所有的产品都在一个地点生产。

一项关于分拨网络的研究，建议该公司采取与以往不同的分拨策略，即所有构成整车批量的产品直接从工厂送到客户所在地，所有的大订单也由工厂直接向客户供货，其他运输批量小的产品，则从工厂或者从两个具有战略性选址的仓库运出。这种多样化分拨策略直接为企业节约了 20%的分拨成本，同时保持了现有的配送服务水平。

配送的多样化分拨策略，不仅可适用于批量不同的情况，还可用于其他情况，如正常的客户订单和保留的订单可以采用不同的分拨渠道。正常的分拨渠道是由仓库供货、履行订单。出现缺货时，就启用备用的分拨系统，由第二个存储点供货，使用更快捷的运输方式克服运输距离增加带来的不利影响。

4. 配送延迟策略

配送分拨过程中运输的时间和最终产品的加工时间应推迟到收到客户订单之后。这一策略避免了企业根据预测，但需求没有实际产生的时候，运输产品（时间推迟）以及根据对最终产品形式的预测生产不同形式的产品（形式推迟）。其中形式推迟包括贴标签、包装、组装和再加工。

如青岛一家生产鱼罐头的企业，以前在工厂包装鱼罐头，其包装的产品中既有公司的标签，也有工厂的标签。随后产品送往基层仓库储存，因为仓库容量很小，无法储存作为原料的这种鱼，所以，在装罐的时候，必须决定两种最终产品所占的比例，但两种标签下的最终产品没有质量上的差别。后来，该公司在成都的配送基地新增加了贴标签的业务功能来服务西南市场。先不在罐头上贴上标签，把罐头送到成都，随着市场对最终产品的需求越来越明确，再贴上标签，然后送到客户手里。这样就避免了某种特定标签的产品存货过多或者过少的情况。

5. 配送共同化策略

由于各个企业经营的产品不同，而这些产品的特点也各不相同，再加上各个企业的的规模、商圈以及经营理念等方面也存在差距，所以对配送的要求也不一样。为了解决这些问题，在配送实际运行中，需要对各个企业、各种产品以及各方面的要求进行合并、混合来达到共同化，这样才能保证配送的合理化程度。

共同化配送策略的指导思想是将共同的货物或者商品集中在一起来配送。这样既整合了各个企业的供应、各个客户的需求以及各种产品的特性；又整合了单车装载率和配送效率，还有利于削减运行的车辆，缓解交通和保护环境。采取共同化配送策略可以最大限度地提高人力、物力、财力、时间等资源方面的使用效率，可以促进输送单位大型化和信息网络化的发展，也使车辆融通以及装载效率的提高成为可能，而且通过共同化配送扩大了高频率、小批量配送的客户服务范围，提高了企业的客户服务水平。

练 习 题

1. 配送公司围绕客户来设计的主要配送环节有哪些？
2. 在配送业务活动中如何来体现配送的效益目标？
3. 请比较自营配送模式和第三方配送模式。
4. 配送合理化的主要内容包括哪些？
5. 配送不合理化的主要表现形式有哪些？
6. 根据配送合理化的策略，谈谈配送合理化的措施主要体现在哪些方面。

案 例 分 析

西安市天原物流配送公司的发展与出路

1999 年之前，任杰光还是陕西丛辉物流公司的副总经理，这家位于西安市的企业主要给客户提供省内的物流服务。后来，任杰光看到市内配送业务市场需求很大，遂萌发了做市内配送业务的想法，并在 1999 年成立天原物流配送公司。公司成立不久就接到了著名企业海尔在西安的市内配送业务大单，在为海尔提供服务时，天原公司根据海尔的操作要求，制定了一套详细的服务标准并作出各项承诺。在海尔规定的各个配送环节中，交货、验货、输入收货记录、归档、发货、编制装运单、调整库存记录、装车、配送、交货等的准确率达到 99.04%，配送时间也能控制在 8 小时之内。

这单业务的好处不仅让天原公司顺利地进入了市内配送市场，提高了服务水平，更大的好处是，通过与海尔的合作，天原公司逐步得到了海信、康佳、TCL、厦华等家电企业的欢心，将其市内配送订单纳入囊中。现在，天原公司已经拥有西安家电市场 60%的配送订单。为了减少在配送的一些环节中产生的不必要的时间损耗，天原公司还同大多数卖场达成了"绿色通道"协议，加快收货、验货、搬运等作业的速度。

2003 年，由于家电企业的配送利润越来越低，天原公司开始考虑向休闲食品市内配送领域转型，与当时正急于换物流服务商的西安百佳公司一拍即合。

上海百佳虽是民营企业，但实力不容小觑。这家食品企业以上海"天喔"品牌系列产品为主导，代理着雀巢、惠氏等国际知名品牌以及台湾"新东阳"肉松系列、浙江"唐纳兹"系列等国内著名品牌，拥有覆盖上海、辐射全国的分销网络。这也使百佳食品得以迅速在西安建立分公司，以扩大其市场份额。上海百佳通过与家世界、家乐福、易初莲花、人人乐的关系迅速在各地攻城掠地，构建起百佳食品全国营销网络，这也使西安百佳食品有限公司建立起来。

百佳食品公司从最初进入西安市场，西安分公司总经理赵隽最头疼的问题就是物流。在外包和自营的问题上，百佳公司选择了外包，原因很简单，因为没有时间去构建物流体系。何况人员不需要增加，车辆不需要购置，成本也可以节省下来。但是随之而来的问题是对物流配送的控制显得相对薄弱了，这个问题直到现在依然存在。

那时，赵隽没有时间去详细调查物流市场，由于前期由飞鼠物流——一家从搬家公司转型的物流公司送过几回货，赵隽匆匆选择了飞鼠物流，但问题马上就出来了。由于飞鼠物流没有自己的仓库，租用了西安商业储运库的仓库，但这个仓库下午6点准时下班，过了这个时间就无法提货，因此耽误了好几次卖场的堆头。而在节假日，卖场做一次堆头，就得花上一两万，百佳公司损失惨重。有时还会迟误了交货期，好又多超市甚至一怒之下下了退单。

由于西部地区气候原因与仓库设计缺陷，雀巢部分奶制品与饮品遭受低温，产生包装冻裂现象。在装卸过程中的野蛮装卸，也造成罐装"力多精"、"能恩"等系列产品出现窝壳现象，卖场拒收这些窝壳的产品，使百佳公司损失巨大。飞鼠物流也有着自己的苦衷。快速消费品有乳品类、干粉类、日化品、饮料类、油脂类、休闲食品类、炒货类、纸业类，每一类又拥有10个以上的品牌供货商。1000多家供货商向超市供货，而卖场的收货部只有七八个人，下午5点左右下班，每天送货时长长的队伍都让司机怨声载道。

2003年下半年，眼看又一个销售旺季要来了，赵隽不想再有客户退单的事情发生。由于对于西安物流市场不熟悉，百佳公司委托了西安物流协会通过详细调研，重新审视百佳公司供应链的现有状况，并对物流规划、流程设计、作业控制、成本核算等各个方面做出了详细的调研报告。10月，在物流协会推荐的物流提供商中，百佳公司最终选择了任杰光的天原公司。

与百佳的合作开始后，任杰光才了解到，存在这些问题的并不只百佳一家，大多数快速消费品经销商都碰到过。由于食品对温度、时间甚至摆放方式等都有很具体的要求，所以相应的食品物流也有了要求较严、投资较大的特点。

食品行业是个"小生产大流通"的行业。很多产品的成本构成中都有差不多三分之一来自物流配送成本。因此，控制配送非常关键，必须要知道市场需求多少，企业进多少货，并且准时送达。对于百佳公司来说，必须掌控自己的供应链控制系统，即时了解门店的销售和库存，了解每一时刻、每家店卖了多少产品，库存数量，补货数量，并基于这些数据进行调配，精确计算出最经济的物流配送成本。同时，食品流通快，市场相对稳定，销售场所层次多等特点决定了食品企业需要一个长期、稳定的物流配送支持商，天原公司的服务水平会长期影响百佳公司的运营。

但是随着时间的推移，很多新的问题又出现了。天原公司的配送中心有自己的托盘，商品的堆剁整齐划一，本来可以整个托盘进行运输，可由于同各个卖场没有达成托盘互换协议，造成了大量的二次搬运，从托盘搬到车上，到卖场后重新卸下，摆放到卖场的托盘上，造成食品的不必要损耗。天原公司也曾尝试同卖场达成互换协议，但由于各个卖场的托盘规格不同，新旧不一，尽管天原公司使用的是 1.1m×1.2m 的国际标准托盘，但是，最后还是没有形成统一的结果。超市商品中按照配送的不同要求分为 4 个温度区：冰块、冰淇淋、冷冻食品等放在零下 20℃的冷冻区；而牛奶、乳制品、生菜等则放在零下 5℃的微冷区；休闲食品、杂货等放在恒温区；而盒饭类、烧烤类商品则放在 20℃的温暖区。但是，天原公司主要做恒温型商品配送，此类商品运作难度较小，利于迅速建立共同配送体系。而冷冻型、微冷型商品运作要求高，又涉及商业秘密，共同配送难度较大，天原公司一直没有对这一领域进行投资，这使得百佳公司的冰淇淋业务一直没有开展。天原物流的信息系统是为家电产品设置的，对于食品保质期的问题没有考虑到，所以在存货中无法辨认生产日期、到货日期、保质日期。天原公司只能每天调动人力，在堆积如山的品种中逐一分出允期商品。

　　由于西安地区的经销商大部分采取自营物流，天原公司的配送客户非常有限，由于竞争十分激烈，配送作业趋向于高频率、多批次、短周期、少批量的形式。这使得天原的配送成本急剧增加，由于销售季节的影响，配送作业已影响到超市与经销商的共同利益。曾经发生过这样的事情："家世界"公司的紧急订单，需要早上送到，只有二袋盐津化梅，外面下着大雨，天原公司只好让库管坐出租车，来回的成本超出产品本身 50 倍。这样的情况常常发生，使得天原公司的配送无利可图。面对天原提出的问题，百佳公司的赵隽也很苦恼，对市场把握不准，计划频繁调整，库存要么过剩，要么不足，批号要么老化。公司在全国范围内频繁调货，客户要货批量减少，产品供货率降低，产品推广不理想，权利和责任难以划分，部门间横向协调较难，使得配送陷入被动操作。

思考题

1．天原物流配送公司在发展初期的成功因素有哪些？
2．针对在发展后期所出现的问题，天原物流配送公司应该采用什么配送策略来解决？

第三章　仓库及仓库机械设备

学习目标与要求

　　掌握仓库的概念，理解仓库的结构；掌握仓库的分类及仓库的作用；了解影响库存控制管理的因素，掌握常用的库存控制方法；了解仓库中常用的设备。

第一节　仓库及其作用

一、仓库的概念、结构及布局

　　仓库（warehouse）是指保管、储存物品的建筑物和场所的总称。随着商品经济的发展，仓库的内涵和外延都发生了很大的变化。一方面，其建筑从平层到多层，其搬运从人力到机械化、自动化，其功能从单纯存储物品到具有加工、集配功能，其管理从人工到利用计算机及通讯设备进行自动化管理等。另一方面，仓库所储存的物品越来越丰富，数量越来越多，对存储条件的要求也越来越细分，如温度、湿度、通风等。

　　仓库的结构一般是指其形状、容积及内部各功能建筑和功能区的构成。其设计一般是指在占地面积一定的情况下，去确定其长、宽、高及形状。在内部设计上，是采用平层、多层还是高层，建筑材料是选择砖木、砖混还是钢构，与仓库的用途、使用成本（包括所用搬运设备及搬运成本等）以及造价成本有关。有效、合理的设计可以在一定程度上节约物料的搬运成本。

二、仓库布局

　　仓库的合理布局对充分发挥仓库的使用效率至关重要。仓库的布局是指其内部各功能区或功能建筑（设施）的空间位置（平面的和立体的）分布。如仓区、通道、进仓门、出仓门的位置，货位，货架的大小、数量、放置方向、巷道宽度等。从仓库的全局来看，一般包括生产作业区、辅助生产区和行政生活区三大部分。仓库的布局在很大程度上影响了物料搬运的路线、工作强度和时间。对仓库布局设计的原则是使仓库容积利用率最大、搬运路线最短、总的物料搬运成本最小。

　　仓库的合理布局可从以下几个方面考虑：

1. 有效地利用空间、设备、人员和能源

在物料搬运设备大小、类型、转弯半径的限制下，尽量减少通道所占用的空间。仓库货门的设置，既要考虑周转、运输设备集中到达时的同时装卸作业要求，又要考虑由于增设货门而造成堆存面积的损失。

2. 最大限度地减少物料搬运

库内货物按类及拣取频率合理清晰放置，使定位快捷，尽量减少货物拣取时间及货物在库内的搬运距离。使货物在出入库时单向和直线运动，避免逆向操作和大幅度变向的低效率运作。

3. 简化作业流程

使作业流程有序、流畅，如单一的物流方向。仓库内商品的卸车、验收、存放地点之间的安排，必须适应仓储生产流程，按一个方向流动。

4. 缩短生产周期

通过功能区的合理设置，使相关的作业环节尽量集中，同时将一些关系密切的作业环节合并，提高生产效率，缩短周期。如减少在库商品的装卸搬运次数和环节，商品的卸车、验收、堆码作业一次完成。

5. 力求投资最低

通过机械化作业充分利用存储空间，在增加库容获得的收益和增加的设施投资间取得平衡。

6. 为职工提供方便、舒适、安全和卫生的工作环境。

仓库应配置必要的消防、防盗等设施，以保证安全生产；同时考虑仓库的通风、日照等条件的满足，以利于职工的身体健康。

二、仓库的作用

在配送管理业务中，仓库起着非常重要的作用，主要表现在以下几个方面：

1. 存储作用

这是仓库最原始也是最基本的功能。货物从生产场所出来进入配送网络，如果存在大宗货物不能简单、直接地被送到终端消费者手中，或这些货物是为下一生产环节准备的原材料等，或在长途运输中需要进行周转，这时往往就需要有仓库这样的专门保管场所进行存储。

2. 加工作用

流通企业为了减少费用而实施大宗采购时，可能同意供货商送来的货物是简单大包装，为了适应自己配送网络所需的个性化包装（如促销装）需求，往往在仓库进行二次加工。这种在仓库实施的加工主要包括改包装、拆零、清洁、整理等。

3. 配送作用

所谓配送，就是按照客户对货物的需求情况，对货物按照品种、规格、数量等进行分拣、集合，再将配好的货物运送给客户。在配送体系内，仓库常常承担这一功能。配送一般包括面向产品专业化的配送、面向行业专业化的配送以及面向普通零售业的配送。面向产品专业化的配送，是将产品按专业分类集聚，如给体育用品类客户配送各种类型体育相关用品，给餐饮客户配送餐具等；面向行业专业化的配送，是以某个行业客户的多方面需求为出发点来集聚相关货物，如给酒店行业客户配送其所需要的客房用品、餐饮用品、酒店家具等；面向普通零售业的配送，根据各零售企业需求，配送的货物就丰富、复杂得多。仓库的配送作用一方面，可以使得客户可以不必要与过多的供应商打交道，从而减少交易的成本、提高采购效率，另一方面，仓库通过配送，可以对产品集聚以形成大的装运批量，从而降低运输成本。具有配送功能的仓库，往往所存储的货品种类广泛，数量也较多。

第二节　仓库的分类

一、按使用目的进行分类

仓库根据使用目的，可分为以下两种。

1）自用仓库：仓库的目的是为满足使用者自己存储物品的仓库，如家庭自用、企业自用仓库等，不对外经营。

2）营业用仓库：仓库的目的是为满足使用者做经营存储之用，仓库提供者向使用者提供仓储服务或场地租赁服务，并收取仓储费。

3）战略储备仓储。由国家政府主管，适用于国防安全、社会稳定的需要。

二、按结构和构造进行分类

1）平房仓库。平房仓库是指建筑物为平房，结构很简单，有效高度一般不超过5～6米的仓库。这种仓库建筑费用很便宜，可以广泛采用。

2）多层仓库（或楼房仓库）。仓库为两层以上的建筑物，是钢筋混凝土建造的仓库。建造多层仓库可以扩大仓库实际使用面积。

3）高层货架仓库（或立体仓库）。这是指利用高层货架配以货箱或托盘储存货物，并利用巷道队跺起重机及其他机械进行作业的仓库。

4）散装仓库。散装仓库是指专门保管散粒状或粉状物资的容器式仓库。罐式仓库以各种罐体为储存库的大型容器型仓库，如球罐库、柱罐库等。

三、按存储对象进行分类

1）普通仓库。普通仓库指用于普通原材料、产品等物资储存的仓库。

2）一般专用仓库。一般专用仓库指专门用于储存某类大宗货物仓库，如粮食仓库、水产仓库、水果仓库、木材仓库、饲料仓库等。

3）冷藏、冷冻仓库。冷藏、冷冻仓库指专门用来储存需特殊保鲜、低温储存的物品的仓库，如冻肉库等。这类仓库一般都有专门的冷藏、冷冻设备。

4）恒温仓库。恒温仓库指专门用于储存需恒温条件的物品的仓库，如水果、蔬菜等的储藏仓库。

5）特种危险品仓库。特种危险品仓库指专门储存特殊物品如易燃、易爆、有毒、危险品等的特种仓库。这类仓库一般都有特别的储存地点、建造方式、特殊设施及管理制度。

6）战略物资储备仓库。战略物资储备仓库主要是用来储备各种战略物资，以防止各种自然灾害和意外事件的发生。一般情况下这些物资属国家储备物资，军队后勤仓库就是其中的一种。

7）保税仓库。保税仓库是一种特殊仓库，指经海关核准的专门存放保税货物的专用仓库。海关允许存放保税仓库的货物有三类：一是供加工贸易（进、来料加工）加工成品复出口的进口料件；二是外经贸主管部门批准开展外国商品寄售业务、外国产品维修业务、外汇免税商品业务及保税生产资料市场的进口货物；三是转口贸易货物以及外商寄存货物以及国际航行船舶所需的燃料、物衬和零配件等。保税仓库分公用型和自用型两类。

四、按保管目的进行分类

（1）配送中心（流通中心）型仓库

配送中心型仓库是指以货物集配、流通为主的仓库。

（2）储存中心型仓库

储存中心型仓库是指以储存为主的仓库。

（3）物流中心型仓库

物流中心型仓库是指具有储存、发货、配送、流通加工等全面功能的仓库。

第三节　库存控制系统

所谓库存，是指一切闲置的，用于未来的、有经济价值的资源，仓库内存储的货物，都是库存。企业为了降低采购成本或保证商品在生产或市场上的及时连续供应等，必须存储一定量的相关货物。实践中，这些库存一方面会占用企业的资金，另一方面可能因为企业事先对未来状况（生产、市场）把握不准，从而导致库存积压过多或库存不够。同时，对库存的日常管理，同样需要成本的付出。管理仓库的最主要内容就是管理库存、控制库存。所以，如何科学地控制库存水平、对库存进行低成本、高效率的日常管理，对企业经营来说尤为重要。

一、库存控制系统的概念及作用

库存控制系统是以控制库存为共同目的的相关方法、手段、技术、管理及操作过程的集合，这个系统贯穿于从物资的选择、规划、订货、进货、入库、储存及至最后出库的整个过程，这些过程的作用结果，最后实现了按人们目标控制库存的目的。

库存控制系统的作用如下：

1. 保证库存的安全规模

即通过库存控制系统，保证库存货物量能随时满足预期顾客的需求。

2. 使库存占用尽量少的企业资金

由于库存控制系统能详细地提供出入库的货物品种、数量、时间等相关信息，使企业能准确把握、预计未来市场的需求，从而制定更为科学的库存采购计划，使企业在恰当的时间采购恰当的库存货物，使库存占用资金尽可能少。

3. 保证库存管理对企业的其他业务支持有最高效率

库存控制系统实质也就是库存管理系统，它通过对入库、保管、出库等环节的科学管理、控制，通过库存信息的清晰、及时传达可以帮助提高企业的采购、营销、服务、计划等业务的开展效率。

4. 使库存管理的成本最低

库存控制系统通过控制库存量（使其在满足需要的基础上，库存量最小、库存时间最短），高效管理库存作业环节，从而使库存管理的成本最低。

库存控制系统的目标简单说来，就是尽量降低库存水平，在库存成本的合理范围内达到满意的服务水平。

二、库存控制系统的要素构成

库存控制系统由以下要素构成：

1. 库存货物的供应条件

库存货物的供应条件包括库存地（仓库）与货物供应商、客户之间的空间位置，还包括货物的稀缺性、季节性等特性。如果库存地远离供应商，且运输条件又差，则库存水平便很难控制到低水平，库存的稳定性也很难控制。如果货物很稀缺或季节性很强，都会导致在可能获得货物时，形成大量的库存。仓库的选地和产品的选择，是库存控制系统中决定库存控制结果的最初要素。

2. 订货

这里的订货指仓库的进货，订货批次和订货数量是决定库存水平的非常重要的因素。对于一个企业而言，库存控制是建立在一定要求的输出前提下，因此需要调整的是输入，而输入的调整是依赖于订货。所以，订货与库存控制关系十分密切，不少企业的库存控制已转化为订货控制，以此解决库存问题。

3. 运输

当订货的批次和数量确定后，能否按照订货的计划实现库存控制，还要取决于运输的保障。运输是库存控制的一个外部影响要素，有时候库存控制不能达到预期目标并不是控制本身或订货问题，而是运输的提前或延误，提前则会增大库存水平，延误则使库存水平下降甚至会出现失控状态。

4. 信息管理

在库存控制中信息要素的作用非常显著。通过对库存作业各个环节的监控，进行有效信息的采集、传递、反馈及统计等，是控制中的关键。有效信息包括现有库存的品种、数量、有效日期等，出库货物的统计信息（时间、频率、批次、批量等）。

5. 管理

包括库存控制的工作流程设计及工作规范的制定、实施等。

三、库存控制系统的制约条件

根据库存控制系统的因素组成，库存控制系统还受到以下诸多不确定性因素的影响：

1．供应条件的不确定性

由于供应商或货物本身稀缺性等原因，使货物不能持续地稳定供给，在这些情况下，就会影响到库存水平的控制。

2．需求的不确定性

在许多因素影响下，需求可能是不确定的，如突发的炎热气候造成对空调、风扇等产品的需求突增；因为某个年轻人的偶像人物在某个场合偶然地表达他喜欢喝啤酒，造成啤酒的需求突增；媒体披露某人因服用某种保健品中风而导致几乎所有同类保健品的滞销等。这些也会影响到库存水平的控制。

3．订货周期

在需求一定的情况下，有时由于通信、差旅、决策周期等因素，导致订货周期不确定，制约库存控制。

4．运输

运输的不稳定和不确定性必然会制约库存控制。

5．资金制约

资金的暂缺、资本运动不灵等会使预想的控制方法落空，因而这也是一个制约因素。如在货物价格上升时或回款被拖欠时，不一定有足够的资金维持相应的库存水平；或者没有多余的资金使原有信息系统升级以实现更高效率的控制。

6．管理水平的制约

管理水平达不到控制的要求，则必然使库存控制无法实现。

四、常见的库存控制方法

（一）常用的存货分类控制方法

1．ABC 分类法

通常，仓库中的库存物资都比较多，对于配送中心的仓库，库存从种类来说更为复杂。如果对每一种货物都平均分配资源进行管理，无疑是件费时费力的事。ABC 分类法是将需控制的货物按价值或重要性的不同进行分类，再据此实施不同的管理。

典型的分类形式如表 3-1 所示。

表 3-1 ABC 分类

类　　别	库存成本占总成本比例/%	品种占总数的比例/%
A 类	70～80	5～10
B 类	20～25	15～20
C 类	5～10	70～80

对不同的企业，百分比的划分有所不同，但大多数时候所占品种较少的货物在所有存货中所占的经济价值反而最高。

对 A 类货物，虽然其品种在所有货物中所占比例不大，但因为其经济价值高，所以需要重点管理。对此类存货需要精确控制、详细、准确、完整其库存记录，尽量缩短订货间隔期，把库存降到最低水平。

B 类货物，因为所占品种和经济价值都中等，所以可以进行次重点管理，

C 类货物，虽然品种占了全部货物的很大比例，但因其经济价值相对低，所以只需对其进行一般性的管理。

2. CVA 管理法

ABC 分类法主要是建立在货物的经济价值上，虽然很常用，但也有不足之处，通常表现为 C 类货物得不到应有的重视。比如，C 类货物中某些品种虽然经济价值低，但可能因为缺货而导致生产无法继续、顾客满意度下降等，像汽车总装线上的螺钉之于发动机。因此，企业为了避免 ABC 法的不足，在库存管理中引入了关键因素分析法——CVA 管理法。CVA 的基本思想是按照存货对经营贡献度的关键性区分优先级。

1）最高优先级：指对经营有关键性作用的货物，不允许缺货。

2）较高优先级：指经营活动中的基础性货物，允许偶尔缺货。

3）中等优先级：一般指比较重要的货物，允许合理范围内的缺货。

4）较低优先级：经营中需用这些货物，但可替代性高，允许缺货。

实践中，往往是把 CVA 管理法与 ABC 分类法结合使用，对品种繁多的存货按进行 ABC 分类后，再从其中标志出关键性货物予以重点管理。

（二）常用的库存控制技术

通常使用的库存控制系统有以下三种类型：定量订货法（固定订货数量，可变订货间隔）、定期订货法（固定订货间隔，可变订货数量）、需求驱动精益供应系统（按生产需求的准确数量及时间订货）。

1. 定量订货法

定量订货法是指当库存量下降到预定的最低库存量（订货点）时，按规定（一

般以经济批量）为标准进行订货补充的一种库存控制方法，如图 3-1 所示。

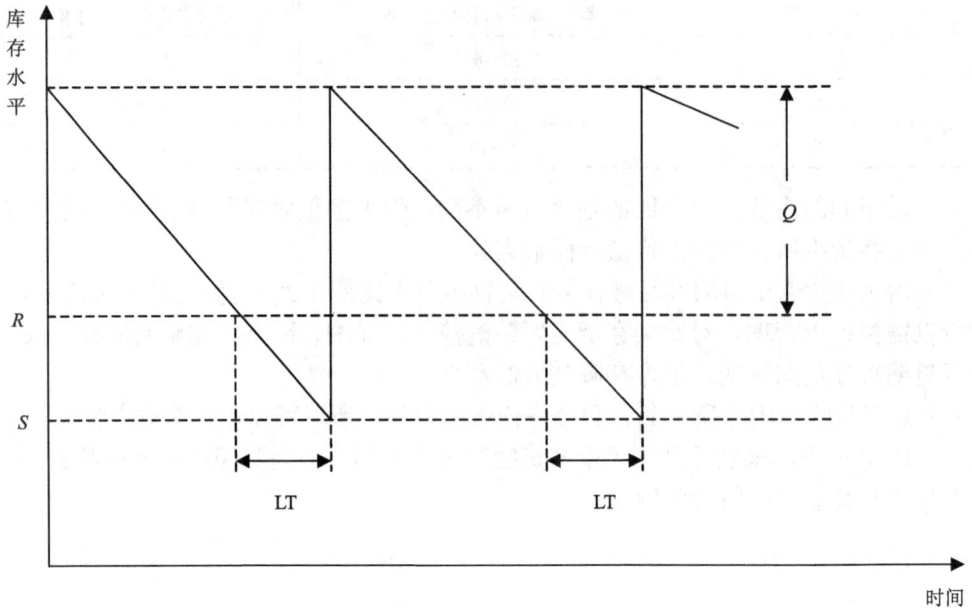

图 3-1　定量订货法

当库存量下降到订货点 R 时，即按预先确定的订购量 Q 发出订货单，经过交纳周期（订货至到货间隔时间）LT，库存量继续下降，到达安全库存量 S 时，收到订货 Q，库存水平上升。

该方法主要靠控制订货点 R 和订货批量 Q 两个参数来控制订货，达到既最大限度地满足库存需求，使总费用降主最低。

在需要为固定、均匀和订货交纳周期不变的条件下，订货点 R 由下式确定：

订购点（ROL）＝交货期×平均需求速度＋安全库存量

$$ROL＝LT×R_d＋S$$

式中，R_d——固定周期的需要量（平均需求速度），可根据实际情况，按（天/周/月）计算，相应地，交货期也按相同的时间计算；

　　　　LT——交货期；

　　　　S——安全库存量。

例如，当需求或使用速度为每周 100 件，交货期为 3 周，安全库存为 200 件时，则 ROL 为

$$ROL＝（100×3）＋200＝500（件）$$

订货量的确定依据条件不同，可以有多种确定的方法。

（1）基本经济订货批量（EOQ）

基本经济订货批量是简单、理想状态的一种。通常订货点的确定主要取决于

需要量和订货交纳周期这两个因素。

订货批量 Q 依据经济批量（EOQ）的方法来确定，即总库存成本最小时的每次订货数量。通常，年总库存成本的计算公式为

年总库存成本＝年购置成本＋年订货成本＋年保管成本＋缺货成本

假设不允许缺货的条件下：

年总库存成本＝年购置成本＋年订货成本＋年保管成本

即

$$TC=DP+DC/Q+QH/2$$

式中，TC——年总库存成本；

　　　 D——年需求总量；

　　　 P——单位商品的购置成本；

　　　 C——每次订货成本，元/次；

　　　 H——单位商品年保管成本，元/年（$H=PF$，F 为年仓储保管费用率）；

　　　 Q——批量或订货量。

经济订货批量就是使库存总成本达到最低的订货数量，它是通过平衡订货成本和保管成本两方面得到。其计算公式为

$$EOQ=\sqrt{2CD/H}=\sqrt{2CD/PE}$$

此时的最低年总库存成本为

$$TC=DP+H（EOQ）$$

年订货次数为

$$N=D/EOQ=\sqrt{DH/2C}$$

平均订货间隔周期为

$$T=\frac{365}{N}=365\times\frac{EOQ}{D}$$

【例 3-1】 甲仓库 A 商品年需求量为 30 000 个，单位商品的购买价格为 20 元，每次订货成本为 240 元，单位商品的年保管费为 10 元，求：该商品的经济订购批量、最低年总库存成本、每年的订货次数及平均订货间隔周期。

解：经济批量为

$$EOQ=\sqrt{2\times240\times30\,000/10}=1200（个）$$

每年总库存成本为

$$TC=30\,000\times20＋10\times1200=612\,000（元）$$

每年的订货次数为

$$N=30\,000/1200=25（次）$$

平均订货间隔周期为

$$T=365/25=14.6（天）$$

（2）批量折扣购货的订货批量

供应商为了吸引顾客一次购买更多的商品，往往会采用批量折扣购货的方法，即对于一次购买数量达到或超过某一数量标准时给予价格上的优惠，这个事先规定的数量标准称为折扣点。在批量折扣的条件下，由于折扣之前购买的价格与折扣之后购买的价格不同，因此，需要对原经济批量模型做必要的修正。

在多重折扣点的情况下，如表 3-2 所示，先依据确定条件下的经济批量模型，计算最佳订货批量（Q^*），而后分析并找出多重折扣点条件下的经济批量。其计算步骤如下：

表 3-2   多重折扣价格

折扣区间	0	1	...	t	...	n
折扣点	Q_0	Q_1	...	Q_t	...	Q_n
折扣价格	P_0	P_1	...	P_t	...	P_n

1）用经济批量的方法，计算出最后折扣区间（第 n 个折扣点）的经济批量 Q_n^*，Q_n^* 与第 n 个折扣点的 Q_n 比较，如果 $Q_n^* \geq Q_n$，则取最佳订购量 Q_n^*；如果 $Q_n^* < Q_n$，就转入下一步骤。

2）计算第 t 个折扣区间的经济批量 Q_t^*。若 $Q_t \leq Q_t^* < Q_t + 1$ 时，则计算经济批量 Q_t^* 和折扣点 $Q_t + 1$ 对应的总库存成本 TC_t^* 和 $TC_t + 1$，并比较它们的大小，若 $TC_t^* \geq TC_t + 1$，则令 $Q_t^* = Q_t + 1$，否则就令 $Q_t^* = Q_t$。

如果 $Q_t^* < Q_t$，则令 $t = t + 1$ 再重复步骤 2），直到 $t = 0$，其中：$Q_0 = 0$。

【例 3-2】 A 商品供应商为了促销，采取了表 3-3 所示的折扣策略：一次购买 1000 个以上打 9 折；一次购买 1500 个以上打 8 折。若单位商品的仓储保管成本为单价的一半，求在这样的批量折扣条件下，甲仓库的最佳经济订货批量应为多少？（根据例 1 的资料：$D = 30\,000$ 个，$P = 20$ 元，$C = 240$ 元，$H = 10$ 元，$F = H / P = 10 / 20 = 0.5$）

表 3-3   A 商品多重折扣价格

折扣区间	0	1	2
折扣点/个	0	1000	1500
折扣价格/（元/个）	20	18	16

解：根据题意列出：

1）计算折扣区间 2 的经济批量。经济批量为

$$Q_2^* = \sqrt{2CD / PF} = \sqrt{2 \times 240 \times 30\,000 / (16 \times 0.5)} = 1342 \text{（个）}$$

2）计算折扣区间 1 的经济批量。经济批量为

$$Q_1^* = \sqrt{2CD / PF} = \sqrt{2 \times 240 \times 30\,000 / (18 \times 0.5)} = 1265 \text{（个）}$$

还需计算 TC_1^* 和 TC_2 对应的年总库存成本：

$TC_1^* = DP + HQ_1^* = 30\,000 \times 18 + 20 \times 0.5 \times 1265 = 551\,385$（元）

$\begin{aligned} TC_2 &= DP_2 + DC/Q_2 + Q_2PF/2 \\ &= 30\,000 \times 16 + 30\,000 \times 240/1500 + 1500 \times 16 \times 0.5/2 \\ &= 496\,800 \text{（元）} \end{aligned}$

由于 $TC_2 < TC_1^*$，所以在批量折扣的条件下，最佳订购批量 Q^* 为 1 500 个。

（3）分批连续进货的进货批量

在连续补充库存的过程中，有时不可能在瞬间就完成大量进货，而是分批、连续进货，甚至是边补充库存边供货，直到库存量达到最高。这时不再继续进货，而是向需求者供货，直到库存量降至安全库存量，又开始新一轮的库存周期循环。分批连续进货的经济批量，仍然是使存货总成本最低的经济订购批量。

设一次订购量为 Q，商品分批进货率为 h（千克/天），库存商品耗用率为 m（千克/天），并且 $h>m$。一次连续补充库存直至最高库存量需要的时间为 t_1；该次停止进货并不断耗用量，直至最低库存量的时间为 t_2。

由此可以计算出 $t_1 = Q/h$；

在 t_1 时间内的最高库存量为 $(h-m)t_1$；

在一个库存周期（$t_1 + t_2$）内的平均库存量为 $(h-m)t_1/2$；

仓库的平均保管费用为 $[(h-m)/2] \cdot [Q/H] \cdot (PF)$；

经济批量为 $Q^* = \sqrt{\dfrac{2CD}{PF(1-m/h)}}$；

在按经济批量 Q^* 进行订货的情况下，每年最小总库存成本 TC^* 为

$$TC^* = DP + \sqrt{2DCPF(1-m/h)}$$

每年订购次数为

$$N = D/Q^*$$

订货间隔周期为

$$T = 365/N = 365 \times Q^*/D$$

【例 3-3】　甲仓库 B 种商品年需要量为 5000 千克，一次订购成本为 100 元，B 商品的单位价格为 25 元，年单位商品的保管费率为单价的 20%，每天进货量 h 为 100 千克，每天耗用量 m 为 20 千克，要求计算在商品分批连续进货条件下的经济批量、每年的库存总成本、每年订货的次数和订货间隔周期。

解：经济批量为

$$\begin{aligned} Q^* &= \sqrt{2CD/[PF(1-m/h)]} \\ &= \sqrt{(2 \times 50\,000 \times 100)/[0.2 \times 25 \times (1-20/100)]} \\ &= 500 \text{（千克）} \end{aligned}$$

每年的库存总成本为

$$TC^* = DP + \sqrt{2DCPF(1-m/h)}$$
$$= 5000 \times 25 + \sqrt{2 \times 5000 \times 100 \times 0.2 \times 25 \times (1-20/100)}$$
$$= 127\,000\,（元）$$

每年订货次数 $N = D/Q^* = 5000/500 = 10$（次）

订货间隔周期 $T = 365/N = 365/10 = 36.5$（天）

定量订货法的优点如下：

1）管理简便，订购时间和订购量不受人为判断的影响，保证库存管理的准确性。

2）由于订购量一定，便于安排库内的作业活动，节约理货费用。

3）便于按经济订购批量订购，节约库存总成本。

定量订货法的缺点如下：

1）不便于对库存进行严格的管理。

2）订购之前的各项计划比较复杂。

定量订货法适用范围如下：

1）单价比较便宜，而且不便于少量订购的物品。

2）需求预测比较困难的物品。

3）品种数量多，库存管理事务量大的物品。

4）消费量计算复杂的物品以及通用性强、需求总量比较稳定的物品。

2. 定期订货法

定期订货法的原理是：预先确定一个订货周期和一个最高库存量，周期性地检查库存，发出订货。订货批量的大小应使得订货后的"名义"库存量达到额定的最高库存量。

（1）订货周期的确定

定期订货法中，订货周期决定了订货时机，它也就是定期订货法的订货点。订货间隔期的长短，直接决定了最高库存量的大小，也就决定了仓库库存水平的高低。因而决定了库存费用的大小。所以订货周期太大，就会使库存水平过高。订货周期太小，订货批次太多，会增加订货费用。

（2）最高库存量的确定

定期订货法的最高库存量应该以满足 $T + T_x$ 期间的需求量为依据。

（3）订货量的确定

定期订货法没有固定不变的订货批量，每个周期的订货量的大小都是由当时的实际库存量的大小确定的，等于当时的实际库存量与最高库存量的差值。

每次的订货量

$$Q=R_d\left(T+L\right)+S-Q_0-Q_1+Q_2$$

式中，L——平均订货时间；

　　　　R_d——需求速度；

　　　　T——订货间隔时间；

　　　　S——安全库存量；

　　　　Q_0——现有库存量；

　　　　Q_1——在途库存量；

　　　　Q_2——已经售出尚未提货的库存量。

定期订货法适用的条件如下：

1）直接运用只适用于单一品种的情况。

2）不适用于随机型需求。

3）一般多用于 A 类物资。

定期订货法的优点是：与定量控制方法相比，这种方法不必严格跟踪库存水平，减少了库存登记费用和盘点次数。价值较低的商品可以大批量购买，也不必关心日常的库存量，只要定期补充就可以了。

定期库存控制的适用范围如下：

1）消费金额高，需要实施严密管理的重要物品。

2）根据市场的状况和经营方针，需要经常生产或采购数量的物品。

3）需求量变动大，而且变动具有周期性，可以正确判断的物品。

4）建筑工程、出口等可以确定的物品。

5）设计变更风险大的物品。

6）多种商品采购可以节省费用的情况。

7）同一品种物品分散保管，同一品种物品向多家供货商订购、批量订购分期入库等订购、保管、入库不规则的物品。

8）需要定期制造的物品等。

3. 需求驱动精益供应系统

需求驱动就是指按需求（订单）来组织生产或发货。这种方法多用于一般生产制造领域，根据产品结构层次、物品的从属和数量关系，以每个物品为计划对象，以完工日期为时间基准倒排计划，按提前期长短区别各个物品下达计划时间的先后顺序。在配送中，可以简化为以订单需求来组织货源发货，从而压低库存总水平。此时配送中心的存储作用减弱，更多的是货物周转，配送功能增强，可顺利实施需要供货商网络的良好配合。

第四节　仓储与配送设备

一、仓储设备

（一）货架

货架是仓库中最为普遍的存储货物的设备。货架是一种架式结构物，可充分利用仓库空间，提高库容利用率，扩大仓库储存能力，使存入货架的货物互不挤压，物资损耗降低；同时存取方便，便于清点及计量，提高物资存储质量。货架的种类有通道式货架、移动式货架、重量式货架和旋转式货架。根据货架每层的承重量不同，可分为轻型货架、中型货架、重型货架；根据货物种类的不同，有图书货架、音像货架、服装货架、生鲜货架等；根据材料的不同，可分为木制货架、角钢货架等；按货架整体结构是焊接式或组装样式的，可分为焊接式货架、组装式货架；按货架的高度分为低位货架（高度5米以下）、高位货架（高度5～12米）、超高位货架（12米以上）；按货架是否能够移动，可分为固定式货架和移动式货架。在移动货架中，又有平移式和旋转式；在固定式货架中，根据功能的不同，又有搁板式、托盘式、贯通式（驶入式）、重力式、压入式、阁楼式、钢结构平台、悬臂式、流动式、抽屉式和牛腿式货架等。

1. 搁板式货架

搁板式货架通常均为人工存取货，组装式结构，层间距均匀可调，货物也常为散件或不是很重的已包装物品（便于人工存取），货架高度通常在2.5米以下，否则人工难以触及（如辅以登高车则可设置在3米左右）。单元货架跨度（即长度）不宜过长，单元货架深度（即宽度）不宜过深，按其单元货架每层的载重量可分为轻、中、重型搁板式货架，层板主要为钢层板和木层板两种。

2. 托盘式货架

托盘式货架，又俗称横梁式货架，或称货位式货架，通常为重型货架，在国内的各种仓储货架系统中最为常见。此种货架系统空间利用率高，存取灵活方便，辅以计算机管理或控制，基本能达到现代化物流系统的要求。它既适用于多品种小批量物品，又适用于少品种大批量物品。被广泛应用于制造业、第三方物流和配送中心等领域，此类货架在高位仓库和超高位仓库中应用最多（自动化仓库中货架大多用此类货架）。

3. 贯通式货架

贯通式货架又称通廊式货架、驶入式货架。此系统货架排布密集，空间利用率极高，几乎是托盘式货架的两倍，但货物必须是少品种大批量型，货物先进后出。此类仓储系统稳定性较弱，货架不宜过高，通常应控制在 10 米以内，且为了加强整个货架系统的稳定性，除规格、选型要大一些外，还须加设拉固装置。常配叉车为前移式电瓶叉车或平衡重电瓶叉车。多用于乳品、饮料等食品行业，冷库中也较为多见。

4. 重力式货架

重力式货架由托盘式货架演变而成，采用辊子式轨道或底轮式托盘，轨道呈一定坡度（3°左右），利用货物的自重，实现货物的先进先出，一边进另一边出，适用于大批量、同类货物的先进先出存储作业，空间利用率很高，尤其适用于有一定质保期、不宜长期积压的货物。货架总深度（即导轨长度）不宜过大，否则不可利用的上下"死角"会较大，影响空间利用，且坡道过长，下滑的可控性会较差，下滑的冲力较大，易引起下滑不畅、阻住，托盘货物的倾翻。此类货架系统目前在国内应用不是很多。

5. 压入式货架

压入式货架也由托盘式货架演变而成，采用轨道和托盘小车相结合的原理，轨道呈一定的坡度（3°左右），利用货物的自重，实现托盘货物的先进后出，同一边进同一边出，适用于大批量少品种的货物存储，空间利用率很高，存取也较灵活方便。

6. 阁楼式货架

阁楼式货架系统是在已有的工作场地或货架上建一个中间阁楼，以增加存储空间，可做二、三层阁楼，宜存取一些轻泡及中小件货物，适于多品种大批量或多品种小批量货物，人工存取货物，货物通常由叉车、液压升降台或货梯送至二楼、三楼，再由轻型小车或液压托盘车送至某一位置。此类系统在汽车零部件领域、汽车 4S 店、轻工、电子等行业有较多应用。

7. 钢结构平台货架

钢结构平台通常是在现有的车间（仓库）场地上再建一个二层或三层的全组装式钢结构平台，将使用空间由一层变成二层、三层，使空间得到充分利用。货物由叉车或升降台的货梯送上二楼、三楼，再由小车或液压拖板车运至指定位置。此种平台与钢筋混凝土平台相比，施工快，造价适中，易装易拆，且可易地使用，结构新颖漂亮。此类平台可使仓储和管理得到最近距离的结合，楼上或楼下可作库房办公室。此类系统用于第三方物流、机械制造等各行业。

8. 悬臂式货架

悬臂式货架主要用于存放长形物料，如型材、管材、板材、线缆等，立柱多采用 H 型钢或冷轧型钢，悬臂采用方管、冷轧型钢或 H 型钢，悬臂与立柱间采用插接式或螺栓连接式，底座与立柱间采用螺栓连接式，底座采用冷轧型钢或 H 型钢。货物存取由叉车、行车或人工进行。此类货架多用于机械制造行业和建材超市等。

9. 流动式货架

流动式货架通常由中型横梁式货架演变而成，货架每层前后横梁之间设置滚轮式铝合金或钣金流力条，呈一定坡度（3° 左右）放置。货物通常为纸包装或将货物放于塑料周转箱内，利用其自重实现货物的流动和先进先出，货物由小车进行运送，人工存取，存取方便，单元货架每层载重量通常在 1000 千克以内，货架高度在 2.5 米以内。适于装配线两侧的工序转换、配送中心的拣选作业等场所，可配以电子标签实现货物的信息化管理。

10. 抽屉式货架

抽屉式货架由重型托盘式货架演变而成，通常用于存放模具等重物，现场无合适的叉车可用。此类货架主要用于存放模具等特殊场所。

11. 牛腿式货架

牛腿式货架主要用于自动化仓库中。此类货架系统所使用的托盘承载能力强，刚性好，如托盘承载很小可取消横梁，或货格较小而不用横梁，直接用塑料箱等置于牛腿之上，由堆垛机对货物进行自动存取作业。主要用于如烟草、电子、机械制造等行业。

12. 移动式货架

轻中型移动式货架（也称密集架）由轻、中型搁板式货架演变而成，密集式结构，仅需设一个通道（1 米宽左右），密封性好，美观实用，安全可靠，是空间利用率最高的一种货架，分手动和电动两种类型。其导轨可嵌入地面或安装于地面之上，货架底座沿导轨运行，货架安装于底座之上，通过链轮传动系统使每排货架轻松、平稳移动，货物由人工进行存取。为使货架系统运行中不致倾倒，通常设有防倾倒装置。主要用于档案馆、图书馆、银行、企业资料室、电子轻工等行业。

重型移动式货架由重型托盘式货架演变而成，裸露式结构，每两排货架置于底座之上，底座设有行走轮，沿轨道运行，底盘内安装有电机及减速器、报警、传感装置等。系统仅需设 1～2 个通道，空间利用率极高。结构与轻中型移动式货架类似，区别在于重型移动式货架一定是电动式的，货物由叉车进行整托存取，通道通常为 3 米左右，主要用于一些仓库空间不是很大、要求最大限度地利用空间的场所，适用于机械制造等行业。

13．旋转式货架

旋转式货架分水平旋转和垂直旋转两种，均是较为特殊的货架，自动化程度要求较高，密封性要求高，适于货物轻小而昂贵、安全性要求较高。单个货架系统规模较小，单体自动控制，独立性强，可等同于某种动力设备来看待。此类货架造价较高，主要用于存放贵重物品如刀具等的场所。各式货架如图 3-2 所示。

（a）阁楼式货架

（b）贯通式货架

（c）轻型货架

（d）重力式货架

（e）移动式货架

（f）悬臂式货架

图 3-2　各式货架

（二）托盘

托盘是库存或配送工程中装载货物的容器。托盘也算是一种可移动的货架，它与一般货架相比，可用以储存或装载单元化货物，可以方便配以叉车或其他搬运机械作业。多个托盘一起使用，可以方便货物的成组运输或周转。根据形态，一般有平托盘、网箱托盘、箱式托盘、柱式托盘、轮式托盘等，如图 3-3 所示。

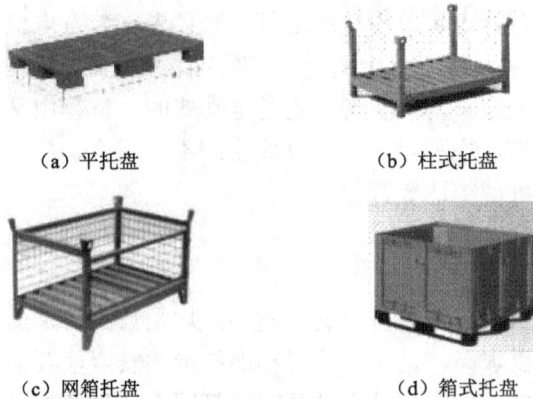

（a）平托盘

（b）柱式托盘

（c）网箱托盘

（d）箱式托盘

图 3-3　托盘

（三）集装箱

集装箱是具有一定强度、刚度和规格专供周转使用的大型装货容器。按总重分，有 30 吨集装箱、20 吨集装箱、10 吨集装箱、5 吨集装箱、2.5 吨集装箱等。严格地说，集装箱是用于周转的存储设备或装货容器，它具有一定的强度、刚度和规格。使用集装箱转运货物，可直接在发货人的仓库装货，运到收货人的仓库卸货，中途更换车、船时，无须将货物从箱内取出换装。按所装货物种类分，有杂货集装箱、散货集装箱、液体货集装箱、冷藏箱集装箱等；按制造材料分，有木集装箱、钢集装箱、铝合金集装箱、玻璃钢集装箱、不锈钢集装箱等；按结构分，有折叠式集装箱、固定式集装箱等，在固定式集装箱中还可分密闭集装箱、开顶集装箱、板架集装箱等。现在，用于周转的装货容器，还有类似的集装袋、仓储（库）笼、周转箱等，如图 3-4 所示。

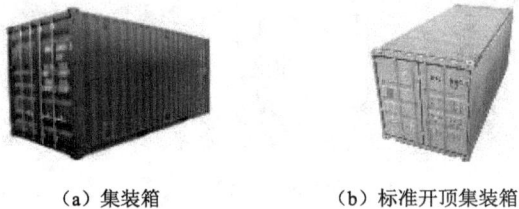

（a）集装箱

（b）标准开顶集装箱

图 3-4　集装箱

二、搬运设备

物料搬运设备包括起重设备及搬运车辆等。

（一）起重设备

起重设备是一种以间歇作业方式对物料进行起升、下降和水平移动的搬运机械。起重设备的作业通常带有重复循环的性质，其完整的作业循环一般包括取物、起升、平移、下降、卸载等环节。起动、制动、正反向运动是起重机械的基本特点。

起重设备根据起升机构的活动范围不同，可分为：只有单动作起升机构的起重机械，它只能在固定点起降物料或人员，如滑车、葫芦、升降机和电梯等；带有运行机构的电葫芦，可以沿一定线路装卸物料；可以在三个坐标的空间搬运物料的，如起重机等。

1. 手动葫芦

手动葫芦是一种万能型手动牵引起重机械，它通过人力扳动手柄活拉动手链条，带动负载运行、提升重物。其起重量一般比较低，为 0.5～50 吨，起升高度为 3～30 米，如图 3-5 所示。

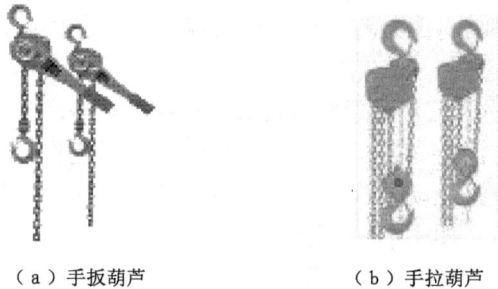

（a）手扳葫芦　　　　　　　（b）手拉葫芦

图 3-5　手动葫芦

2. 电动葫芦

电动葫芦没有手链条，但有电动机，是依靠电力作业的一种起重设备，电动葫芦相比于手拉葫芦起重量大，提升高度也高，其起重量一般在 0.1～80 吨；并且电动葫芦可以几个同时使用，起重量可达百吨以上，但是手拉葫芦绝对不可以多个同时使用，只能单个手拉葫芦使用，如图 3-6 所示。

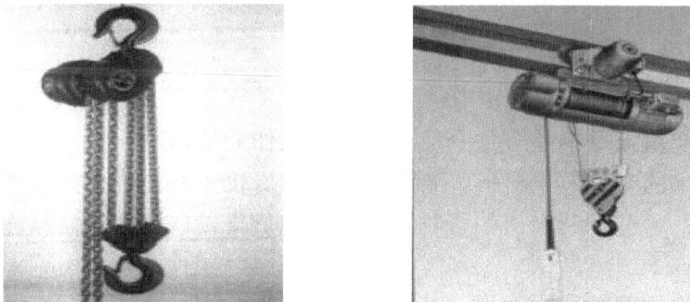

图 3-6　电动葫芦

3. 起重机

在一定范围内垂直提升和水平搬运重物的多动作起重机械。起重机主要包括起升机构、运行机构、变幅机构、回转机构和金属结构等。起升机构是起重机的基本工作机构，它们大多由吊挂系统和绞车组成，也有通过液压系统升降重物的。运行机构用以纵向水平运移重物或调整起重机的工作位置，一般是由电动机、减速器、制动器和车轮组成。变幅机构只配备在臂架型起重机上，臂架仰起时幅度减小，俯下时幅度增大。它一般分平衡变幅和非平衡变幅两种。回转机构用以使臂架回转，是由驱动装置和回转支承装置组成。金属结构是起重机的骨架，主要承载件如桥架、臂架和门架可为箱形结构或桁架结构，也可为腹板结构，有的可用型钢作为支承梁。

起重机根据结构的不同可以分为以下几种：

1）桥架型起重机。可在长方形场地及其上空作业，多用于车间、仓库、露天堆场等处的物品装卸，有梁式起重机、桥式起重机、龙门起重机、缆索起重机、运载桥等。

2）臂架型起重机。可在圆形场地及其上空作业，多用于露天装卸及安装等工作，有门座起重机、浮游起重机、桅杆起重机、壁行起重机和甲板起重机等。另外，起重机也可以根据驱动方式、工作类型、机动性和用途等进行分类。塔式起重机和单梁起重机示意如图 3-7 所示。

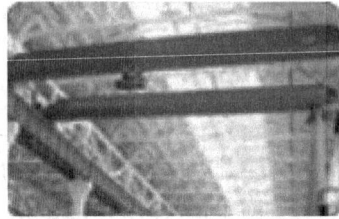

（a）塔式起重机　　　　　　　　　　（b）单梁起重机

图 3-7　起重机

4. 巷道式起重堆垛机

巷道式起重堆垛机是立体仓库的主要存取作业机械，它是随着立体仓库的出现而发展起来的专用起重机械。巷道式起重堆垛机主要是在仓库高层货架的巷道内来回运行，将位于巷道口的货物存入货架的货格，或者取出货格内的货物运送到巷道口。

常用的堆垛机械有两大类：有轨巷道式堆垛机和无轨巷道式堆垛机。

有轨巷道式堆垛机是沿着仓库内设置好的轨道水平运行，其高度要视立体仓库的高度而定。使用有轨堆垛机可大大提高仓库的面积和空间利用率。它的起重量一般在2吨以下，有的可达4吨或5吨，高度一般为10~25米，最高可达40多米。

无轨巷道式堆垛机又称三向堆垛叉车或高架叉车，高架叉车系列是为高货架而特别设计的叉车。它与有轨巷道式堆垛机的主要区别是，它可以自由地沿着不同的路径水平运行，不需要设置水平运行轨道。这种叉车可以从三个方向进行货物的存取操作——向前、向左及向右，这样，叉车向运行方向二侧进行堆垛作业时，车体无须作直角转向，而使前部的门架或货叉作直角转向及侧移，作业通道就大大减少，提高了面积利用率。此外，高架叉车的起升高度比普通叉车高，一般在6米左右，最高可达13米，提高了空间利用率。

常见的堆垛机有托盘单元型，由货叉进行托盘货物的堆垛作业。有的堆垛机将司机室设为在地面固定，起升高度较低，因而视线较差；有的将司机室随作业货叉升降，起升高度较高、视线好。还有种无货车作业机构，司机室和作业平台一起升降，由司机向两侧高层货架内的物料进行拣选作业，称为拣选型。

（二）搬运车辆

1. 手推车

手推车是一种以人力为主，在路面上从事水平运输的人力搬运车。这是最古老，但至今仍是应用最广泛的搬运设备之一。它具有轻巧灵活、易操作、回转半径小、价格低等优点，被广泛使用于车间、仓库、站台、货场等处。它是短距径小物品的一种方便而经济的搬运工具。

随着手动液压、电动液压技术的应用，它与托盘运输相结合，目前已成为车间、仓库、站台、货场等最常见的搬运方式。常见的手推车有杠杆式手推车、手推台车、登高式手推台车、手动托盘搬运车、手动升降平台车等，托盘搬运车和平板车示意图如图3-8所示。

（a）托盘搬运车　　　　　　　　　　（b）平板车

图3-8　手推车

2. 搬运车

搬运车是指对货物进行装卸、堆垛和短距离运输作业的各种轮式搬运车辆。它被广泛应用于港口、车站、机场、货场、工厂车间、仓库、流通中心和配送中心等，并可进入船舱、车厢和集装箱内进行托盘货物的装卸、搬运作业。它是托盘运输、集装箱运输必不可少的设备。

常见的搬运车有自动导向搬运车、叉车等。

（1）自动导向搬运车

自动导向搬运车（见图3-9）也叫AGV，是指装有自动导引装置，能够沿规定的路径行驰，在车体上还具有编程和停车选择装置、安全保护装置以及各种物料移载功能的搬运车辆。自动导向搬运车可使若干辆沿导行路径，在计算机的交通管制下有条不紊地运行，它可通过物流系统软件集成在物流系统、生产系统中。

（a）自动导引车　　　　　　　　　（b）全自动托盘搬运车

图3-9　自动导向搬运车

1）根据导引方式的不同，AGV可分为两种：固定路径导引，包括电磁导引、光导导引和磁带（磁气）导引；自由路径导引，包括激光导引、惯性导引等。

2）根据AGV装卸物料方式的不同，AGV可分为：料斗式、辊道输送式、链条输送式、垂直升降式、叉车式。

（2）叉车

叉车（见图3-10）又称铲车、叉车取货机，是物流领域最常见的具有装卸、搬运双重功能的机械。它以货叉作为主要的取货装置，依靠液压起升机构升降货物，由轮胎式行驶系统实现货物的水平搬运。

（a）电平叉车　　　　　　　　　（b）多托盘叉车

图3-10　叉车

叉车的特点是具有很强的通用性，具有装卸和搬运的双重功能，有很强的灵活性。

1）根据美国工业车辆协会的分类法，叉车分为七大类：电动乘驾式叉车、电动窄巷道叉车、电动托盘搬运车、内燃平衡重式实心胎叉车、内燃衡重式充气胎叉车、电动与内燃乘驾式拖车、越野叉车。

2）按驱动方式，叉车又可分为内燃叉车和电动叉车。

内燃叉车以发动机为动力，功率强劲，使用范围广，缺点是排气和噪声污染环境，有害人类健康。

电动叉车具有能量转换效率高、无废气排放、噪声小等突出优点，是室内物料搬运的首选工具，但其受电瓶容量限制，功率小，作业时间短。目前国内外均在不断改进铅酸电瓶技术，通过提高材料纯度等使其在复充电次数、容量和电效率方面有了很大提高。由于技术的进步，电动叉车现已突破只能用于小吨位作业的局限性。目前国际上电动叉车的产量已占叉车总量的40%（国内为10%～15%），在德国、意大利等一些西欧国家电动叉车比例高达65%。对室内作业、靠人群作业以及整个的食品行业而言，电瓶叉车是最好的选择；除了完全没有废气污染外，低噪音也使得作业环境更令人愉快。

三、传输及分拣设备

随着社会生产力的提高，商品品种的日益丰富，在生产和流通领域中的物品分拣作业，已成为耗时、耗力、占地大、差错率高、管理复杂的部门。为此，物品分拣输送系统已经成为物料搬运系统的一个重要分支，被广泛应用于邮电、航空、食品、医药等行业，流通中心和配送中心。

物品分拣输送系统通常由传输及分拣设备一起，加上一些附件，组成一个比较复杂的工艺输送系统，将随机的、不同类别、不同去向的物品，按其要求进行分类（按产品类别或产品目的地不同分），完成物料的搬运、装卸、分拣等功能。

常见的输送方式有带式、螺旋式、辊筒式、链式、悬挂式、爬坡式、转弯式、（埋）刮板式、垂直式等。分拣机常见的有：

链式分拣机：翻盘式、翻板式、翼盘式、三维翻转式翻盘、带皮带的台式。

钢带分拣机：是在钢带输送机上装有若干横向推出装置。

胶带分拣机：横向推出式、斜行胶带式、斜置辊轮式、转台式、底翻式。

辊道分拣机：横向胶带式、横向推出式。

滑块横向推出式：板式、辊道式。

悬挂式分拣机：以悬挂输送机为主体，配以相应的物品识别、分拣机构。

专用分拣机：信函自动分拣系统、电子称重分拣系统。

叉车传输及分拣设备如图3-11所示。

（a）分拣系统

（b）带式输送机

（c）辊道式输送机

（d）螺旋垂直输送机

图 3-11　叉车传输及分拣设备

四、自动化立体仓库

自动化立体仓库是一个高效仓库的整体解决方案，由高层货架、巷道堆垛起重机（有轨堆垛机）、入出库输送机系统、自动化控制系统、计算机仓库管理系统及其周边设备组成，可对集装单元货物实现自动化保管和计算机管理的仓库。它被广泛应用于大型生产性企业的采购件、成品件仓库、柔性自动化生产系统（FAS）、流通领域的大型流通中心、配送中心等。

其中高层货架仓库简称高架仓库。一般是指采用几层、十几层乃至几十层高的货架储存单元货物，用相应的物料搬运设备进行货物入库和出库作业的仓库。由于这类仓库能充分利用空间储存货物，故常形象地将其称为"立体仓库"。

自动化立体仓库能按照指令自动完成货物的存取作业，并对仓库的货物进行自动化管理，使物料搬运仓储更加合理。由于采用货架储存，并结合计算机管理，可以容易地实现先入先出、发陈储新的出入库原则，防止货物自然老化、变质、生锈等现象的出现。自动化立体仓库能加快货物的存取节奏，减轻劳动强度，提高生产效率。由于采用了自动化技术后，自动化仓储能适应黑暗、有毒、低温等特殊场合的需要，因此能降低仓储作业对人工需求的依赖，特别是降低特殊仓储环境中的人力资源成本。具体表现如下：

1）采用自动巷道堆垛机取代人工存放货物和人工取货，既快捷又省力。由于工人不必进入仓库内工作，工作环境大为改善。

2）采用计算机管理系统对货物进行管理，大大增强了货物的管理能力，使仓库管理科学化，准确性和可靠性有质的提高，入出库管理、盘库、报表等工作量变得简单快捷，工人的劳动强度大大降低。

3）立体库系统辅以库前辅助输送设备，使入出库变得简单方便。

4）自动化立体库系统所需要的操作人员和系统维护人员很少，既节省了人力物力，节约了资金，又改善了工作环境，一举多得。

但是，自动化仓库投资较大，建设周期长，需要很高的资金投入和安装建设费用。对于自动化仓库的建设项目要进行评估和设计，包括必要性评估、技术评估、系统开发、敏感度的分析。

练　习　题

1．仓库是指什么？随着时代和经济的发展，仓库的含义有什么变化？

2．仓库的分类有哪些？

3．库存控制管理为什么很重要？影响库存控制的因素有哪些？进行库存控制受哪些条件制约？

4．库存控制方法有哪些？各种方法是如何实现库存控制的？

5．仓库常用的机械设备有哪几类？这些设备对仓库管理有什么好处？请分别举出实例说明。

案　例　分　析

"混乱的库存"

E 机械厂成立于 1990 年，是地处江南水乡的专业制动器生产厂家。制动器是一种广泛用于各类天车、吊车等起重设备的刹车装置。

作为一个配套产品制造商，E 厂经过 10 多年的艰苦创业，现在已经达到了一定的规模，有六大类产品，100 多种型号，年产值超过了 4 000 万元。

E 厂的生产模式是按定单生产。销售部门获得订单后，计划部门将合同分解给供应部门、采购部门和生产部门。供应部门查询现有成品库的库存情况，如果有库存，则安排发货，并根据安全库存水平，向生产部门发出生产指令；采购部门则根据生产指令，并结合材料仓库的材料库存情况，按材料库存差异，向材料供应商定货；最后，生产部门则将生产计划按规格型号、工艺要求和生产流程分配到作业单元。

显然，在 E 厂的运营管理中，仓库是一个十分重要的环节。

在过去的管理模式下，成品库和材料库有各自的物品分类编码，并根据各自入库、出库单据，形成自己的台账。但是，E 公司存在许多不规范的地方。这些地方包括：采购批量"拍脑袋"决定、采购周期波动较大、单据不完整、台账记录有误、不能按时盘库或盘库记录不完整。

更令人头疼的是，由于仓库库存状况无法真正搞清楚，加上盘点工作量很大，所以经常是买回来东西，才发现已经有一堆材料在库里躺着。惊人的浪费、周转不灵和流程不畅，让厂部领导下决心用"搞一套库存管理系统"来收拾这个烂摊子。

E 厂决定由主管生产的王副厂长组织生产处、物流供应处和电脑室的骨干人员，让他们"试一试，看看能不能结束这种混乱的局面。"

思考题

王副厂长应该重点从哪些方面入手解决企业"混乱的库存"局面？

第四章　配送中心概述

学习目标与要求

　　掌握配送中心的概念，正确区别配送中心与物流中心配送；理解配送中心的地位与作用，掌握配送中心的功能和分类；理解制定配送计划的依据，熟悉配送计划的内容和配送中心的日常管理工作。

第一节　配送中心的概念

一、配送中心的定义

　　配送中心是现代物流系统中的一个重要物流节点。作为现代化物流的重要标志，其形成和发展是有历史原因的。有学者认为，配送中心是在仓库基础上发展起来的。仓库在其功能上，长期以来都是作为保管物品的设施。但随着经济的发展，生产总量的逐渐扩大，仓库功能也在不断演化。在我国，早在闻名于世的京杭大运河进行南北运输的粮食漕运时期，就已经出现了以转运职能为主的仓库设施；明代出现了有别于传统的以储存、储备为主要功能的新型仓库，这种仓库当时叫做"转搬仓"，其主要职能已经从"保管"转变为"转运"。新中国成立以后，我国出现了大量以衔接流通为职能的"转运仓库"，这些作为物流节点的仓库，不断向收货、分货、装卸、加工、配送等多种功能方向发展，逐渐演变为现代的配送中心。

　　配送中心是以开展配送业务活动为核心的经济实体，而配送活动是在物流发展的客观过程中产生并不断发展的，这一活动过程随着物流活动的深入和物流服务社会化程度的提高，在实践中不断演绎和完善着其组织机构。尤其自 20 世纪 80 年代后期，配送逐步形成了以高新技术为支撑的系列化、多功能化的供货活动，促使配送区域进一步扩大，配送方式、配送手段日趋多样化，并普遍采用了自动分拣、条形码等现代先进技术手段，提高了作业效率，使配送中心有了长足的发展。配送中心的专业化、社会化、国际化将成为配送中心发展的必然趋势。

　　在我国，配送中心的发展，是随着我国市场经济的发展而得以迅速发展起来的。2005 年，国务院发布了《关于促进流通业发展的若干意见》，明确提出鼓励发展物流配送中心，加大对物流配送中心等流通基础设施建设的投入力度，无疑对配送中心的进一步发展和完善起到了推波助澜的作用。

　　目前，国内外学者对配送中心的界定并不完全相同，有代表性的定义主要有以下几种：

1）日本《市场用语词典》对配送中心的解释是：是一种物流节点，它不以储藏仓库这一种单一的形式出现，而是发挥配送职能的流通仓库。也称作基地、据点或流通中心。配送中心的目的是降低运输成本，减少销售机会的损失，为此建立设施、设备并开展经营、管理工作。

2）《物流手册》的定义是：配送中心是从供应者手中接受多种大量的货物，进行倒装、分类、保管、流通加工和信息处理等作业，然后按照众多需要者的订货要求备齐货物，以令人满意的服务水平进行配送的设施。

3）《中华人民共和国国家标准·物流术语》对配送中心的定义：从事配送业务的物流场所或组织。应基本符合下列要求：

① 主要为特定用户服务。

② 配送功能健全。

③ 完善的信息网络。

④ 辐射范围小。

⑤ 多品种，小批量。

⑥ 以配送为主，储存为辅。

虽然对配送中心的表述不完全一致，但我们可以由此对配送中心简单归纳为：配送中心就是位于物流节点上专门从事配送业务的物流场所和组织。

二、正确认识配送中心

对配送中心的认识需要注意以下几个问题：

1）配送中心的任务之一是"货物配备"。货物配备是配送中心按照客户的要求，对货物的数量、品种、规格、质量等进行的配备。这是配送中心最主要、最独特的工作，全部由配送中心内部的现代化设施完成。

2）配送中心强调了配送活动和销售或供应等经营活动的结合，是经营的一种手段，以此排除了这是单纯的物流活动的看法。

3）配送中心的另一重要任务是"组织送货"。组织送货是指配送中心按照客户的要求，把配备好的货物定时、定点定量地送抵用户。送货方式较多，有的由配送中心自行承担，有的利用社会运输力量完成，有的由用户自提。从我国国情来看，在开展配送的初期，用户自提的可能性较大，所以对于送货而言，配送中心主要是组织者而不是承担者。

4）配送中心的硬件配备定位为"现代流通设施"，着眼于和以前的流通设施诸如商场、贸易中心、仓库等相区别。这个流通设施以现代装备和工艺为基础，不但处理物流、信息流，是集商流、物流、信息流于一身的全功能流通设施。

总的来看，配送中心实际上是集货中心、分货中心、加工中心功能的综合，使"配"和"送"能够按照客户的需要进行最佳的组合。

三、配送中心与物流中心

配送中心作为物流中心的一种主要形式，有时会与物流中心等同起来，但其实二者是有区别又有联系的。

中华人民共和国国家标准《物流术语》对物流中心的定义为：从事物流活动的场所或组织，应基本符合下列要求：物流功能健全；完善的信息网络；辐射范围大；少品种、大批量；存储、吞吐能力强；物流业务统一经营、管理。由此可以看出物流中心和配送中心是既有联系又有区别。

（一）二者的联系

1）"物流中心"与"配送中心"的提法及概念在国际物流界是基本被认同的。我国一般将"物流中心"对应翻译为"logistics center"，经研究发现，"logistics center"一词多在亚洲地区使用，欧洲、美国也有使用，但用得很少，在欧美多用"distribution center"，即我们所说的"配送中心"。可以说，配送中心是国际上通行的用法。

2）"物流中心"是一个新概念，但"配送中心"是一个老概念。它们不仅仅只是概念，也是进行商品流通的必要的基础设施。许多新型企业，特别是高科技制造企业、全球分销企业以及全球化的第三方物流企业建设了许多的物流中心、配送中心，不少跨国公司在全球的产品分销仅靠一个或少数几个巨额配送中心来完成其相关业务。因此，物流中心、配送中心是决定企业成败的战略性业务实体。

3）物流中心和配送中心的功能主要包括运输、仓储、装卸搬运、包装、流通加工、物流信息处理等。但这并不是说所有的物流中心或配送中心都必须具备这些功能，或者不能有其他功能。事实上，一个物流中心或配送中心应该有其核心功能，并且其功能可根据实际需要进行扩展。

4）在供应链很短的情况下，可以认为物流中心和配送中心合二为一，这时可以将其称为"物流中心"，也可以称为"配送中心"，但不能称为"物流配送中心"。

（二）二者的区别

1）从功能上看，物流中心可单可全，而配送中心则较为全面。

2）物流中心的规模一般较大，而配送中心的规模可大可小。

3）从在供应链中的位置看，物流中心一般在配送中心的上游，而配送中心一般在物流中心的下游。

4）从物流的特点上看，物流中心具有少品种、大批量、少供应商的特点，而配送中心则具有多品种、少批量、多供应商的特点。

5）在服务对象上，物流中心通常提供第三方物流服务，而配送中心一般为企业内部服务。

配送中心与物流中心的异同见表 4-1。

表 4-1　配送中心与物流中心的异同

比较　　　　　项目		物流中心	配送中心
相同处		运输、仓储、装卸、搬运、包装、流通加工、信息处理	
相异处	辐射范围	大（全省—跨国）	业务半径小
	对象	大批量、小批次、少品种	小批量、多批次、多品种
	上下游	上游：工厂	上游：物流中心、工厂
		下游：配送中心、批发商	下游：零售商、最终消费者
	规模	数量少、规模大	数目多、规模小

第二节　配送中心的地位与功能

配送中心是专业从事货物配送活动的物流场所或经济组织，它是集加工、理货、送货等多种职能于一体的物流节点，配送中心是集货中心、分货中心、加工中心功能的综合，在物流中的地位非常重要。

一、配送中心的地位与作用

（一）配送中心的地位

1. 配送中心的出现表明物流的发展进入了新阶段

配送中心作为运输的节点，把干线运输与支线运输衔接起来，把运输的"线"变成了配送的"面"，把分散的物流节点编织成密密麻麻的"网"。配送中心把单一的运输、保管、装卸搬运、包装、流通加工和信息通信有效地结合起来，由原来单一功能的提高变成各项功能的整体发挥，使系统得到升华。配送中心是物流整体系统功能的缩影，集中反映了现代物流的综合效应和发展水平。配送中心使物流成本降低，效益增加，服务质量提高。也可以说，配送中心的出现是物流产业的一大跨越，是物流发展进入新阶段的具体表现。

2. 配送中心是物流功能系统化的体现

配送中心的活动由配送、保管、装卸搬运、包装、流通加工以及信息处理等作业组成，这正是物流各环节功能的集成与组合，是完整的物流功能系统化过程。配送中心通过现代信息技术，有效地将物流的各种功能整合在一起，使各种功能之间协调运作，均衡运行，形成了一个十分精细而科学的运行系统。配送中心中硬件与软件的配合、人与机械的合理分工、保管、分类、拣选、传送、包装、加工等环节科学的搭配，使物流的综合效能得到充分发挥，体现了物流功能系统化的特点，达到了科学的结合。

3. 配送中心是现代物流技术的集成

配送中心的配送业务计划性强、路线稳定、流向合理，大大减少交叉运输、空车往返和迂回、倒流等不合理现象，节约了运输成本，提高了运输效率。进入配送中心的货物，在一般情况下，大部分经过分类后，按不同运输方向，由不同客户直接运走，小部分在配送中心的立体自动化仓库中短暂保管。配送中心的货物周转快，保管质量好，差错率低，配送中心的货物装卸搬运、传送、包装、分类、拣选、流通加工等自动化作业，效率高、速度快、精确度好。自动分类、分拣、条形码识别、计算机控制等技术，把电力学、机械学、物理学、动力学、光学等多种科学技术有机地结合在一起，这种现代科学的有效利用和高度集成，把物流提升到了一个崭新的水平。

4. 配送中心是企业销售竞争的重要手段

尽管建设配送中心需要投入较多的资金，但企业投资配送中心的热情始终不减，配送中心的数量不断上升，因为企业已经意识到配送中心已经成为企业参加市场竞争的一个重要组成部分。

在日益激烈的竞争环境中，企业为了赢得客户，满足客户多样化、个性化的需求，维持市场份额，就必须提高对客户服务的质量和水平。而客户在市场竞争中为了节约物流费用，要求供货企业加大送货频率，减少送货数量，更快速、更及时、更精确地送货。因此，生产企业和流通企业只有通过建设更多的配送中心来解决这一矛盾。配送中心虽然投入大，但可以减少人工成本，降低配货和送货差错率，避免运输环节的浪费。同时，利用配送中心又能够高速度、小批量、多批次地送货，因此配送中心作为企业之间销售竞争的重要手段，越来越受到重视。

（二）配送中心的作用

配送中心是连接生产与生产、生产与消费的流通场所或组织，在现代物流活动中发挥着重要的作用。

1. 使供货适应市场需求变化

配送中心不是以储存为目的的，然而，配送中心保持一定的库存起到了蓄水池的作用。各种商品的市场需求在时间、季节、需求量上都存在很大的随机性，而现代化生产、加工无法完全在工厂、车间满足和适应这种情况，必须依靠配送来调节、适应生产与消费之间的矛盾与变化。

2. 实行储运的经济高效

由生产企业到销售市场，这一过程需要复杂的储存和运输环节，要依靠多种运输、库存等手段才能实现产品的销售。建立区域或城市的配送中心，能批量进发货物，组织成组成批以及整列的运输和集中储运，从而提高流通的社会化水平，实现规模效益。

3. 实现物流的系统化和专业化

从事生产经营的企业都非常注重成本控制、经营效率和改善对顾客的服务，而这一切都是建立在一个高效率的物流系统基础之上的。配送中心在物流系统中占有重要地位，能提高专业化的保管、包装、加工、配送、信息等系统服务。由于现代物流活动中物质的物理、化学性质的复杂多样性，对保管、包装、加工、配送、信息提出了很高的要求，因此，只有建立配送中心，才有可能提供更加专业化、系统化的服务。

4. 促进地区经济的快速增长

在我国市场经济体系中，物流配送如同人体的血管，把国民经济各个部分紧密地联系在一起。配送中心同交通运输设施一样，是连接国民经济各地区，沟通生产与消费、供给与需求的桥梁和纽带，是经济发展的保障，是拉动经济增长的内部因素，也是吸引投资的环境条件之一。配送中心的建立可以从多方面带动经济的健康发展。

5. 完善连锁经营体系

配送中心可以帮助连锁店实现配送作业的经济规模，使流通费用降低，减少分店库存，加快商品周转，促进业务的发展和扩散。批发仓库通常需要零售商亲自上门采购，而配送中心解除了分店的后顾之忧，使其专心于店铺销售额和利润的增长，不断开发外部市场，拓展业务。例如，在连锁商业中，配送中心以集中库存的形式取代以往一家一户的库存结构方式，这种集中库存比传统的"前店后库"大大降低了库存总量。另外，配送中心的流通加工可减轻门店的工作量，拆零作业有利于商场丰富陈列样品，以增加销售商品的品种数。

二、配送中心的功能

配送中心是专门从事配送活动的物流场所或经济组织，它是集加工、理货、送货等多种职能于一体的物流节点，提供综合的、方便客户的服务，是多种功能的综合。

1. 储存功能

配送中心的服务对象是生产企业和商业网点，其主要职能是按照用户的要求，将其所需要的商品在规定的时间送到指定的地点，以满足生产和消费的需要。为了顺利有序地完成向用户配送商品（或货物）的任务，更好地发挥保障生产和消费需要的作用，通常配送中心都要兴建现代化的仓库，并配备一定数量的仓储设备，储存一定数量的商品，形成对配送的资源保证。配送中心的储存功能，可以有效地组织货源，调节商品的生产与消费、进货与销售之间的时间差。任何时候，配送中心的储存功能都发挥着蓄水池的作用。

配送中心的储存有储备和暂存两种形式。配送储备是按一定时期的配送经营要求，形成对配送资源的保证。这种类型的储备数量较大，储备结构也较完善。配送暂存是在执行日配送时，按分拣配货的要求，在理货场地的少量储存准备。

2. 集散功能

在一个大的物流系统中，配送中心凭借其特殊的地位和拥有的各种先进设备、完善的物流管理系统，能够将分散的各个生产企业的产品集中在一起，通过分拣、配货、配装等环节向多家用户进行发送。同时，配送中心也可以把各个客户所需要的多种货物有效地组合在一起，批量运送，实现高效率、低成本的商品流通。另外，配送中心一般处于商品流通发达、交通较为便利的中心城市和地区，优越的地理条件也有利于发挥配送中心商品集散地的功能。

3. 备货功能

它是配送的准备工作或基础工作。备货工作包括筹集货源、订货或购货、集货、进货以及有关的质量检查、结算、交接等。配送的优势之一就是可以集中用户的需求进行一定规模的备货。为了满足用户"多品种、小批量"的要求以及消费者要求在任何时间都能买到所需商品的需求，并且能够按照用户要求配送货物，首先必须集中用户需求，从众多的供应商那里按需要较大的品种批量地进货，规模备货，备齐所需商品，从生产企业取得种类、数量繁多的货物，使货物齐全、成本低廉。这是配送中心的基础职能。

4. 包装功能

为满足不同客户的要求，配送中心需要进行包装作业，对商品进行组合、加工、加固、拼配，形成组合包装单元，方便物流配送。

5. 分拣功能

分拣是将物品按品种、出入库先后顺序进行分门别类堆放的作业。由于配送中心所服务的客户是为数众多的企业或零售商，这些客户彼此间存在着很大的差别，为满足不同客户的不同需求，作为物流节点的配送中心，应根据客户对多种货物的需求和运输配载的需求，将所需货物从储存货物中挑选出来，以便集中配货。因此，分拣功能是配送中心的重要功能。

6. 运输功能

配送中心需要自己拥有或租赁一定规模的运输工具，具有竞争优势的配送中心不是一个点，而是一个覆盖某一地区的网络。因此，配送中心首先应该负责为客户选择满足客户需要的运输方式，然后具体组织网络内部的运输作业，在规定的时间内将客户的商品运抵目的地。除了在交货点交货需要客户配合外，整个运输过程包括最后的市内配送，都应由配送中心负责组织，制订派车计划、选择路线、装车调度等，将货物按时按量送至客户。

7. 流通加工功能

流通加工功能是在物品从生产领域向消费领域流动的过程中，为了促进销售、维护产品质量和提高物流效率，而对物品进行的加工。配送中心的流通加工作业包括对货物分类、过磅、拆箱、包装、粘贴标签等。流通加工活动虽不普遍，但往往有着重要的作用，可以大大提高客户的满意程度。不仅赢得客户信赖，还有利于提高物资资源的利用率，为配送中心增加附加效益。国内外很多配送中心都很重视提升自己的流通加工能力，通过按照客户的要求开展加工活动，以使配送的效率和客户的满意程度提高。

8. 衔接功能

通过开展货物配送活动，配送中心能把各种生产资料和生活资料直接送到用户手中，起到连接生产和消费的作用。另外，通过发货和储存，配送中心又起到了调节市场需求、平衡供求关系的作用。现代化的配送中心如同一个"蓄水池"，不断地进货、送货，快速地周转，有效地解决了产销不平衡，缓解供需矛盾，在产、销之间建立起一个缓冲平台，这是配送中心衔接供需两个市场的另一个表现。可以说，现代化的配送中心通过发挥储存和发散货物功能，体现出了其衔接生产与消费、供应与需求的功能。使供需双方实行了无缝连接。

9. 信息处理

由于多种功能聚集于配送中心，使配送中心成为信息交汇中心。配送中心有相当完整的信息处理系统，可以提供货物到达、分发、装卸、储存保管、销售、价格、运输工具及运行时间等各种信息，为配送中心经营管理、政策制定、商品配送线路开发，商品销售政策的制定提供参考。

该系统可提供以下三种信息：

1）绩效管理：为经营业务的绩效管理与各项管理政策的制定提供参考。绩效的评估可包括：商品销售绩效管理、作业处理绩效管理、仓库保管绩效管理、配送效率管理、机具设备使用管理等。

2）经营规划：为配送中心经营规划提高参考。由各种实体配送活动及作业所产生的各项信息，足以为经营规划人员提供参考。

3）配送资源计划：为多库配送中心的配送资源规划提供参考。包括多库配送中心的残破线规划分析、多库调货计划及执行、人力资源的规划配置、机具设备的需求分析，实际配送的运作规划等。

第三节　配送中心的类型

随着社会生产的发展，流通规模的不断扩大，配送中心数量也在不断增多。同时，配送中心的功能也在不断完善，出现了许多新的类型。对配送中心进行科学的分类，有利于更深入地认识它。根据不同的标准，我们可以对配送中心进行不同的分类。

一、按经济功能分类

1. 供应型配送中心

这种配送中心专门为客户供应商品，提供后勤保障。它的服务对象主要有两类：一类是组装、配装型生产企业，为这类企业提供零部件、原材料或半成品；另一类是大型商业组织、连锁企业等。

供应型配送中心的特点是：用户比较稳定，用户的要求范围也比较明确、固定。所以，这种配送中心一般专门为固定用户提供配送服务，一般是定期、定时向连锁商店和便利店配送原辅材料、食品或零配件，供货批量比较整齐，配送不是很频繁，路线稳定，配送对象单一。所以这类配送中心比较经济，也便于管理。

2. 销售型配送中心

销售型配送中心是以销售商品为目的，以配送为手段的配送中心。许多厂商和经销商为了扩大自己的市场份额，为客户提供理货、加工和送货等系列化、一体化的后勤服务。同时，改造和完善物流设施，组建专门的配送中心，提高服务质量。这类配送中心主要分为以下三种类型：

1）生产企业为本身产品直接销售给消费者而设立的配送中心。

2）专门从事商品销售活动的流通企业作为本身经营的一种方式而建立起来的配送中心。

3）流通企业和生产企业联合组建的配送中心，是一种公用型的配送中心。

这类配送中心的特点是配送对象零散、变动性大，数量有多有少，因而配送服务计划性差，临时配送作业多，集中库存的库存结构比较复杂，作业难度也大。

3. 储存型配送中心

储存型配送中心是充分强化商品的储备和储存功能，在充分发挥储存作用的基础上开展配送活动的配送中心。这类配送中心通常具有较大规模的仓库和储物场地，在紧缺资源条件下，能形成储备丰富的资源优势。它主要是为了满足以下三个方面的需要：

1）企业在销售产品时，或多或少会出现生产滞后的现象，为了满足市场上的需求，客观上需要一定的产品储备。

2）在生产过程中，生产企业也需要储备一定数量的生产资料，以保证生产系统的连续性和应付急需之用。

3）如果配送的范围较大、距离较远，或要满足即时配送的需要，客观上也要求储存一定数量的物质资料。

这类配送中心的特点是：储存仓库规模大，库存多，储存量大。

4. 流通型配送中心

流通型配送中心是只以暂存或随进随出方式运作的配送中心，通常用来向客户提供库存补充，基本上没有长期储存功能。这种配送中心的运作方式是：货物大批量整进，按客户订单要求零星出货。进货时直接进入分货机传送带，分送到各用户货位或直接分送到配送汽车上，货物在配送中心仅作短暂停留。蔬菜、水果、鲜花等商品适合这类配送中心作业，邮政作业的配送中心也属此列。

这类配送中心应充分考虑市场因素，在地理上定位于接近主要的客户地点，可获得从制造点到物流中心货物集中运输的最大距离，而向客户的第二程零货运输则相对较短，从而方便以最低成本的方法迅速补充库存，其规模大小应取决于被要求的送货速度、平均订货的多少以及单位用地成本。

5. 加工型配送中心

这种配送中心是以加工产品为主，而后实施配送的中心。其特点是商品经过加工后再配送给终端用户。加工的规格、尺寸、标准、数量等要求由用户提出，在配送中心加工完毕后送给用户。其加工活动主要有：分装、改包装、集中下料、套裁、初级加工、组装、剪切、表层处理等服务性作业。由于流通加工多为单品种、大批量产品的加工作业，并且是按照用户的要求安排的，因此，对于加工型配送中心，虽然进货量比较大，但是分类、分拣工作量并不太大。此外，因为加工的产品品种较少，一般都不单独设立拣选、配货等环节。

二、按隶属关系分类

1. 生产企业自办的配送中心

这种配送中心一般由规模较大的公司出资兴建，目的是对本公司生产的产品进行实体分配。这些企业一般规模较大，足以使本企业零部件、产成品的运输、储存部分独立出去，成为配送中心。

2. 仓储、运输企业设立的配送中心

仓储企业是物流的节点，拥有土地、库房、站点和装卸设备，可以自然演变为配送中心。对运输企业来说，可提供各种运输工具实现货物的空间位移，配载、换载货物，达到扩大功能，节约物流成本的目的，凭借其生产的性质也可以设立配送中心。轮船公司、邮政部门、铁路运营公司、机场及航空运输企业都拥有自己的配送中心。

3. 商业企业自办的配送中心

各商业企业根据其自身经营的需要设立配送中心，这些配送中心有的从事原材料、燃料、辅助材料的流转，有的从事大型超市连锁店的商品配送。如家乐福、沃尔玛等大型零售企业自办的配送中心。

4. 社会化的配送中心

这类配送中心或由政府出资，或由众多企业集资建成，拥有公共使用的装卸货平台、设备和可以分割产权或分割成单元的库房。该类配送中心往往为中小工商企业服务或为物流公司服务。

三、按辐射范围分类

1. 城市配送中心

向城市范围内的用户提供配送服务的配送中心称为城市配送中心。这类配送中心有两个特征：一是因为这样的配送运输距离短、符合汽车的经济里程，所以大多采用汽车将货物直接送达用户；二是实行"门到门"式的送货服务，为了充分发挥汽车送货机动性强、供应快、调度灵活的优势，宜开展少批量、多批次、多用户的配送。

城市配送中心所服务的对象大多是零售商、连锁店和生产企业，一般采用与区域配送中心联网的方式运作，以"日配"的服务方式配送。

2. 区域配送中心

这种配送中心主要以较强的辐射能力和库存准备，向相当广大的一个区域进

行配送，一般是为跨市、跨省范围内的用户提供配送服务。它具有三个特征：辐射能力强，经营规模较大，设施和设备先进；配送的货物批量较大，往往是配送给下一级的城市配送中心；配送的对象一般是大型的用户，如城市配送中心和大型工商企业。一般采用"日配"或"隔日配"的服务方式。这种配送中心虽然也为批发商、企业用户、商店进行零星配送，但这不是其主要的对象。

3. 国际配送中心

这是一种向区域、国际范围内用户提供配送服务的配送中心，其主要特征如下：

1）经营规模大、辐射范围广、配送设施和设备的机械化、自动化程度高。
2）配送方式采用大批量、少批次和集装单元。
3）配送对象主要是超大型用户，如区域配送中心和跨国工商企业集团。
4）存储吞吐能力强。

四、按服务的适应性分类

1. 专业配送中心

专业配送中心大体上有两个含义，一是配送对象、配送技术属于某一专业范畴，在某一专业范畴有一定的综合性。综合这一专业的多种物资进行配送，例如制造业的销售配送中心。另一个含义是，以配送为专业化职能，基本不从事经营的服务型配送中心。

2. 柔性配送中心

在某种程度上这种配送中心是和专业配送中心相对立的配送中心，这种配送中心不是向固定化、专业化方向发展，而是向能随时变化、对客户要求有很强适应性、不固定供需关系、不断发展配送客户并向改变配送客户的方向发展。

除上面的分类外，我们还可以按配送商品的属性划分配送中心。有：医药品配送中心、食品配送中心、家电配送中心、烟草配送中心、日用品配送中心、电子产品配送中心、书籍配送中心、服装鞋帽配送中心、汽车零配件配送中心、鲜花配送中心、水果蔬菜配送中心、海产品配送中心等。这些种类的配送中心因配送的商品类别不同，各种商品之间又有排他性或不可混淆性要求，故配送中心的设施、结构、设备、机械以及管理方式均有一定的差异。

第四节　配送中心运作管理

一、配送中心经营管理的目标

配送中心追求的经营管理目标确定了配送中心系统的综合竞争实力，主要有以下内容：

1. 效益最大化目标

配送中心的效益主要来自"统一进货、统一配送"。

统一进货的主要目的是避免库存分散、降低企业的整体库存水平。通过降低库存水平，可以减少库存商品占用的流动资金，减少为这部分占压资金支付的利息和机会损失，降低商品滞销压库的风险。

统一配送的主要目的是减少送货的交通流量，提高送货车量的实载率，从而减少送货费用。

配送中心效益最大化目标指计算时以利润的数值最大为目标。在选择效益最高为目标时，一般是以配送中心当前的效益为主要考虑因素，同时兼顾长远的效益。

2. 以成本最低为目标

配送中心的成本与配送作业的合理性之间有密切的关系。由于成本对最终效益起决定作用，选择成本最低为目标实际上是选择了效益为目标。

3. 服务最优目标

配送中心为用户提供全方位的"炮弹输送"服务，要求做到无脱销、无货损等事故，并尽可能降低费用。

配送中心提供无限的物流服务将把配送成本提高到更大，只考虑成本又会降低服务水平，二者均会影响配送企业利益。只有按市场情况和企业实际状况，确定自身服务水平和目标，最大限度降低成本费用，在二者之间找到平衡点，妥善处理二者之间的关系，才能使商流、物流都得以正常进行，成为有机统一的整体。

4. 速送性目标

要求配送中心迅速及时地把商品送到用户，这既与配送中心的位置布局有关，又与配送路线的合理组织有关。

5. 空间的有效利用目标

要求配送中心：一是有效利用土地面积的立体空间；二是合理安排商品储存，采用现代化机械设备提高运输效率。

6. 规模适当化目标

配送中心应当作好配送集中与分散是否适当的研究，实现配送中心机械设备、电子设备的合理设置及充分利用。

二、配送中心经营管理的内容

配送中心的高速运作有赖于良好的经营与管理，配送中心的经营管理主要包括配送计划管理、作业管理、财务管理、组织管理、信息管理和绩效管理等。

1. 配送计划管理

配送计划是根据配送的要求，在系统目标的约束下，事先做好全局筹划并对有关职能部门的任务进行安排和布置，主要包括：制定和实施配送订单计划、配送车辆安排、仓库统筹、路径优化计划，规划配送区域，规定配送服务水平等。

2. 作业管理

不同模式的配送中心作业内容有所不同。归纳而言，配送中心的作业管理主要有订单作业与备货作业、进货作业、装卸搬运作业管理、盘点作业管理、补货作业和流通加工作业。

配送中心作业管理非常复杂，涉及众多要素。配送中心有商品储存功能，但不可能备足市场上所有的商品，即使储备的商品品种十分丰富，也会不断有新商品的出现，这就很容易出现需求品种与配送中心供应品种之间的矛盾。如果市场上有多少种商品就储备多少种商品，就会使配送中心的成本极大地提高，同时还会出现商品品种储备，又会使消费者缺少商品的挑选余地，影响商品的销售。配送中心管理涉及到的要素主要有以下几个方面：

（1）配送中心的商品储存量

配送中心可以掌握商品进、销、存的各种信息，用种种方法计算出商品的最高、最低库存量，但不可能使商品库存数保持最合理，使储存商品的成本达到最低。市场是千变万化的，每年、每季、每天、每时的商品销售量都在不断的变化，需求量也在不断的变化，如果配送中心将商品的储存量无限放大，以不变应万变，将极大提高商品的储存成本。如果过分小心谨慎，减少商品储存量，将无法适应配送经营需求，出现商品脱销，二者均会激化商流、物流之间的矛盾，导致企业利润下降。

（2）配送中心的送货时间

在适当的时间将商品配送到用户是配送中心的基本运作要求。延迟送货会出现商品脱销，影响销售，提早送货会使经营现场存量增大，占用库位或堆积店面，影响店容；运送力量不够，交通状况不好会影响商品及时到位；采用应急送货，会使商品运输成本的提高；相对集中组织送货，又会使个别商品脱销。要货时间与到货时间与商店存量可供销售的时间差异、配送中心内部车辆、人力安排是否合理、路面交通状况好坏等均会影响商品到货时间，以致影响商品的销售和利润。

（3）配送中心的功能配置

配送中心承担了商品的储存保管、加工包装等多种功能，要完成这些功能，便要消耗大量的人力、物力和财力去精心组织与安排，另外各种功能之间的环节要安排与协调也十分繁琐，某一方面操作不好，就会影响配送中心的整体运作。配送中心的目的是为了节约成本、提高经济效益。配送中心在很大程度上会以效益为工作的主要出发点，在完善功能上，会偏重自身效益；这就要求配送中心摆正位置，正确处理好自身与用户二者的利益关系，共建"双赢"局面。

3. 财务管理

财务管理对于任何一个部门都是非常重要的，配送中心当然也不例外，随着配送中心从自营型向共营型等社会化形态的转变，财务管理这一职能将日趋独立。

4. 组织管理

配送中心高效率发挥作用的重要条件是有一个合理的组织结构。通过建立与配送中心相应原组织结构，明确配送中心每个岗位的任务、权利、责任、权责分明，紧密配合，协调沟通，有利于保证配送中心业务活动的顺利开展。

（1）配送中心组织结构的设计

组织结构是一个组织内部各要素的排列组合方式，主要包含三个内容：组织结构的复杂性、组织结构的规范性、组织结构的集权与分权。其中，复杂性是指组织结构内部各要素之间的差异性，包括组织内专业分工的程度、垂直领导的层级数及组织内人员在各部门、各地区分布情况等。规范性是指组织内的纪律、规章制度、工作程序、生产过程及产品的标准化程度。集权与分权是指组织内的决策权集中与分散的程度。进行配送中心组织设计应充分考虑以上各内容，形成完善的组织结构。

（2）配送中心的岗位设置

为促进配送中心功能的发挥，一般在配送中心应设置以下部门：

1）采购或进货管理部门。采购或进货管理部门主要负责订货、采购、进货等作业环节的安排及相应的事务处理，同时负责对货物的验收工作。

2）储存管理部门。储存管理部门主要负责货物的堆码、保管、提取、养护等作业运作与管理。

3）配货部门。配货部门主要负责对出库货物的拣选和组配作业进行管理。

4）流通加工管理部门。流通加工管理部门主要负责按照要求对货物进行包装、加工。

5）运输部门。运输部门主要负责按客户要求制订合理的运输方案，将货物送交客户，同时对完成配送进行确认。

6）营业管理部门。营业管理部门主要负责接收和传递客户的订货信息、送达货物的信息，处理客户投诉，受理客户退换货请求。

7）财务管理部门。财务管理部门主要负责核对配送活动完成后形成的各种单证，如配货单、出货单、进货单、库存单等，协调控制监督整体配送中心的货物流动，同时负责管理各种收费发票和配送收费统计、配送费用结算等工作。

8）退货作业部门。该部门主要负责商品退货作业的处理。当营业管理部门接收到退货信息后，负责安排车辆回收退货商品，再集中到仓库的退货处理区，重新清点整理，妥善处理。

由于配送中心的规模、作业内容、服务对象不同，岗位设置也不尽相同。可在此基础上根据实际增减岗位。

5. 信息管理

信息流系统和物流系统是结合在一起发生作用的，是支撑配送中心营运的两个车轮。信息流系统畅通与否直接决定着物流系统的流畅程度，主要表现在：第一，提高订货与收货的准确性；第二，及时掌握各用户的信息；第三，缓解人力不足等问题。因此，做好信息管理工作，对配送中心的发展十分重要。

现代配送中心大量采用电脑技术和信息技术，其应用范围已远远超出了资料处理、事务管理，正在跨入智能化管理的领域。例如，配送中心的配车计划与车辆调度电脑管理软体，在美、日等国已商品化。它能大大缩短配车计划编制时间、提高车辆的利用率、减少闲置及等候时间、合理安排配送区域和路线等。

又如，配送中心的自动分拣系统、自动化立体仓库、自动拣货系统（如电子票签拣货装置）的电脑控制和无线移动电脑在配送中心入库、出库、拣货、盘点、储位管理等方面的应用，实现配送中心物流作业的无纸化。

再如，建立配送中心自动补货系统，把供应商、配送中心、商场（POS 系统）的产、供、销三者组成网路与 ECR（集成供应链物流管理系统）。使传统的点（企业内资讯系统）发展到线（企业间资讯系统）、面（供应链上中下游垂直、水平整合），进而进入"体"（跨国'跨企业的供应链整合）的时代。以网路化的商业行销（电子商务），带动创造附加价值的新物流行销，促进商品流通、缩短流通通路、满足客户多样化个性化的需求。真正使商流、物流、资讯流、资金流融合为一体，实现商业自动化。

6. 绩效管理

配送中心的绩效评估是运用数量统计和运筹学方法，采用特定的指标体系，对照统一的评估标准，按照一定的程序，通过定量、定性分析，对配送中心在一定经营期间的经济效益和经营者的业绩，作出客观、公平和准确的综合评价。

第五节 配送计划的制定和实施

一、拟定配送计划应该考虑的因素

配送计划作为一种全局性的事前方案，对于整个配送活动具有客观上的指导性和过程上的规定性，是有效开展配送的第一步。因此，在拟定配送计划时，应该周全地考虑如下因素：

（一）配送的对象（客户）

由于配送中心的种类很多，因此配送的对象（客户）也有所不同，其出货形态也大不相同。这些客户可能是经销商、配送中心、大型超市、百货公司、便利店及平价商店等中的一种或几种。其中经销商、配送中心及大型超市等的订货量较大，它的出货形态可能大部分是整托盘出货，小部分为整箱出货；而超市的订货量其次，它的出货形态可能 10%属于整托盘出货，60%属于整箱出货，30%属于拆箱出货；而便利店及平价商店的订货量较小，它的出货形态可能 30%属于整箱出货，70%属于拆箱出货。配送中心可能同时出现整托盘、整箱及拆箱拣货的情形，此种情形由于客户层次不同以及订货量大小差异性大，订货方式非常复杂，同时有业务员抄单、电话订货、传真订货及计算机联机（EOS、POS）等方式，是配送中比较复杂的一种，难度也较高。配送中心的出货形态也可能出现整托盘及整箱拣货的形态（大型超市和百货公司）以及整箱及拆箱拣货的形态（超市及便利店）。此种情形由于客户层次征求，订货量大小差异小，订货大部分采用计算机联网方式（EOS、POS），是配送中比较简单的一种，难度也比较小。

（二）配送的货物种类

在配送中心所处理的货物种类不同，其特性也完全不同，如目前比较常见的配送货品有食品、日用品、药品、家电、化妆品、书籍等，它们各其特性，配送中心的厂房硬件及物流设备的选择也完全不同。

（三）货品的配送数量或库存量

这里的配送数量或库存量包含三个方面的含义：一是配送中心的出货数量；二是配送中心的库存量；三是配送中心的库存周期。

货品出货数量的多少和随时间变化趋势会直接影响到配送中心的作业能力和设备的配置。例如一些季节性波动、年节的高峰等问题，都会引起出货量的变动。

配送中心的库存量和库存周期将影响到配送中心的面积和空间的配置。因此应对库存量和库存周期进行详细的分析。一般进口商型的配送中心因船期的原因，必须拥有较长的库存量（约 2 个月以上）；而流通型的配送中心，则完全不需要考虑库存量，但需比较注意分货的空间及效率。

（四）物流渠道

目前，常见的物流渠道主要有如下形式：

1）工厂、配送中心、经销商、零售商、消费者。

2）工厂、经销商、配送中心、零售商、消费者。

3）工厂、配送中心、零售店、消费者。

4）工厂、配送中心、消费者。

因此，在制定物流配送计划时，必须了解物流渠道的类型，然后根据配送中心在物流渠道中的位置和上下游客户的特点进行规划。

（五）物流的服务水平

物流企业建设配送中心的一个重要的目的就是提高企业的服务水平，但物流服务水平的高低恰恰与物流成本成正比。也就是说，服务品质越高则其成本也越高；但是站在客户的立场而言，总希望以最经济的成本得到最佳的服务；所以原则上物流的服务水准，应该是合理的物流成本下的服务品质。

物流服务水平的主要指标包括订货交货时间、货品缺货率、增值服务能力等。企业应该针对客户的需求，制定一个合理的服务标准。

（六）物流的交货时间

物流服务品质中，物流的交货时间非常重要，因为交货时间太长或不准时都会严重影响零售商的业务，因此交货时间的长短与守时与否成为物流企业的重要评估项目。

所谓物流的交货时间是指从客户下单开始，订单处理、库存查询、理货、流通加工、装车及卡车配送到达客户手上的这一段时间。物流的交货时间依厂商的服务水准不同，可分为 2 小时、12 小时、24 小时、2 天、3 天、一周送达等几种。

（七）配送货物的价值

在制订配送计划时，还应该注意研究配送货物的价值。配送货物的价值与物流成本有很密切的关系，因为在计算物流成本时，往往会计算它所占货物单价的比例，因此如果货物的单价高，则其百分比相对会比较低，客户则能够负担得起；如果货物的单价低则其百分比，相对会比较高，则客户会感觉负担较重。

二、拟定配送计划的主要依据

1. 客户订单

一般客户订单对配送商品的品种、规格、数量、送货时间、送达地点、收货方式等都有要求。因此客户订单是拟定配送计划的最基本依据。

2. 客户分布、运输路线、距离

客户分布是指客户的地理位置分布。客户位置离配送地点的距离影响配送的路径选择，直接影响到输送成本。

3. 配送的各种货物的体积、形状、重量、性能、运输要求

配送货物的体积、形状、重量、性能、运输要求是决定运输方式、车辆种类、载重、容积、装卸设备的制约因素。

4. 运输、装卸条件

运输道路交通状况、运达地点及其作业地理环境、装卸货时间、天气气候等对输送作业的效率也起相当大的约束作用。

三、配送计划的主要内容

1）按日期排定客户所需商品的品种、规格、数量、送达时间、送达地点、送货车辆与人员等。

2）优化车辆行走路线与运送车辆趟次，并将送货地址和车辆行走路线在地图上标明或在表格中列出。

如何选择配送距离短、配送时间短、配送成本低的路线，需要根据客户的具体位置、沿途的交通情况等做出优先选择和判断。除此之外，还必须考虑有些客户或其所在地点环境对送货时间、车型等方面的特殊要求，如有些客户一般不在上午或晚上收货，有些道路在高峰期实行特别的交通管制等。因此，确定配送批次顺序应与配送线路优化综合起来考虑。

3）按客户需要的时间结合运输距离而确定启运提前期。

4）按客户要求选择送达服务的具体组织方式。

确定配送计划之后，还应将货物送达时间、品种、规格、数量通知客户，使客户按计划准备好接货工作。

四、配送计划的决策

1. 基本配送区域划分

划分基本区域就是将客户所在地的具体位置作一系统统计，并将其作区域上

的整体划分，将每一客户囊括在不同的基本配送区域之中，以作为下一步决策的基本参考。

2. 配送批次决定

当配送中心的货品性质差异很大，有必要分开配送时，就要根据每份订单的货品特性作优先级的划分。例如，生鲜食品与一般食品的运送工具不同，需分批配送；化学物品与日常用品的配送条件有差异，也要分开配送。

3. 暂定配送先后次序

信用是创造后续客源的要素，因而在客户要求的时间准时送货非常必要，在考虑其他因素做出确定的配送顺序前，应先按各客户的要货时间将配送的先后次序作概略的掌握。

4. 安排车辆

车辆安排要解决的问题是安排什么车型、什么种类的配送车，是使用自用车还是外雇车。要从客户方面、车辆方面及成本来共同考虑。在客户方面，必须考虑各客户的订货量、货物体积、重量以及客户接货地点的卸货特性限制；在车辆方面，要知道到底有哪些车辆可供调派以及这些车辆的积载量与重量限制；在成本方面，必须根据自用车的成本结构及外雇车的计价方式来考虑如何选择较划算。在安排车辆时，要全面考虑上述三方面的问题，以做出最佳决策。

5. 决定每辆车负责的客户

既然已作好配送车辆的安排，对于每辆车所负责的客户点数自然也就有了决定。

6. 路径选择

知道了每辆车需负责的客户点后，要以最快的速度完成这些客户点的配送，就必须根据各客户点的位置关联性及交通状况来作路径的选择。除此之外，对于有些客户所在环境或有其送达时间的限制也要考虑。

7. 确定最终送货顺序

作好车辆的调配安排及配送路径的选择后，根据各车辆的配送路径先后，即可确定客户的配送顺序。

8. 车辆装载方式

决定了客户的配送顺序，接下来就是如何将货品装车，以什么次序上车的问题。原则上，知道了客户的配送顺序先后，只要将货品依后送达先上车的顺序装车即可。但有时为妥善利用空间，可能还要考虑货物的性质（怕震、怕撞、怕湿）、形状、容积及重量来作弹性置放。此外，对于这些货品的装卸方式也有必要依货品的性质、形状等来决定。

练 习 题

1. 现代配送中心的含义是什么？
2. 简述现代配送中心的基本功能。
3. 配送中心有哪些主要类型？
4. 配送中心经营管理的目标有哪些？
5. 简述配送中心经营管理的内容
6. 制定本送计划的依据是什么？
7. 简述配送管理决策的主要内容。

案 例 分 析

上海联华生鲜食品加工配送中心

联华生鲜食品加工配送中心是我国目前设备最先进、规模最大的生鲜食品加工配送中心，总投资6000万元，建筑面积35 000米^2，年生产能力20 000吨，其中肉制品15 000吨，生鲜盆菜、调理半成品3000吨，西式熟食制品2000吨，产品结构分为15大类，约1200种生鲜食品；在生产加工的同时配送中心还从事水果、冷冻品以及南北货物的配送任务。连锁经营的利润源重点在物流，物流系统好坏的评判标准主要有两点：物流服务水平和物流成本。本案例（联华生鲜食品加工配送中心）就是在这两个方面都做得比较好的一个物流系统。

生鲜商品按其秤重包装属性可分为：定量商品、秤重商品和散装商品；按物流类型分：储存型、中转型、加工型和直送型；按储存运输属性分：常温品、低温品和冷冻品；按商品的用途可分为：原料、辅料、半成品、产成品和通常商品。生鲜商品大部分需要冷藏，所以其物流流转周期必须很短，节约成本；生鲜商品保值期很短，客户对其色泽等要求很高，所以在物流过程中需要快速流转。两个评判标准在生鲜配送中心通俗的归结起来就是"快"和"准确"，本文下面分别从几个方面来说明一下联华生鲜配送中心是如何做的。

1．订单管理

门店的要货订单通过联华数据通信平台，实时的传输到生鲜配送中心，在订单上制定各商品的数量和相应的到货日期。生鲜配送中心接受到门店的要货数据后，立即在系统中生成门店要货订单，按不同的商品物流类型进行不同的处理。

1）储存型的商品：系统计算当前的有效库存，比对门店的要货需求以及日均配货量和相应的供应商送货周期，自动生成各储存型商品的建议补货订单，采购人员根据此订单再根据实际的情况作一些修改，即可形成正式的供应商订单。

2）中转型商品：此种商品没有库存，直进直出，系统根据门店的需求汇总按到货日期直接生成供应商的订单。

3）直送型商品：根据到货日期，分配各门店直送经营的供应商，直接生成供应商直送订单，并通过 EDI 系统直接发送到供应商。

4）加工型商品：系统按日期汇总门店要货，根据各产成品或半成品的 BOM 表计算物料耗用，比对当前有效的库存，系统生成加工原料的建议订单，生产计划员根据实际需求做调整，发送采购部生成供应商原料订单。

各种不同的订单在生成完成或手工创建后，通过系统中的供应商服务系统自动发送给各供应商，时间间隔在 10 分钟内。

2. 物流计划

在得到门店的订单并汇总后，物流计划部门根据第二天的收货、配送和生产任务制订物流计划。

1）线路计划：根据各线路上门店的订货数量和品种，做线路的调整，保证运输效率。

2）批次计划：根据总量和车辆人员情况设定加工和配送的批次，实现循环使用资源，提高效率；在批次计划中，将各线路分别分配到各批次中。

3）生产计划：根据批次计划，制定生产计划，将量大的商品分批投料加工，设定各线路的加工顺序，保证和配送运输协调。

4）配货计划：根据批次计划，结合场地及物流设备的情况，做配货的安排。储存型物流运作。

商品进货时先要接受订单的品种和数量的预检，预检通过方可验货，验货时需进行不同要求的品质检验，终端系统检验商品条码和记录数量。在商品进货数量上，定量商品的进货数量不允许大于订单的数量，不定量的商品提供一个超值范围。对于需要重量计量的进货，系统和电子秤系统连接，自动去皮取值。

拣货采用播种方式，根据汇总取货，汇总单标识从各个仓位取货的数量，取货数量为本批配货的总量，取货完成后系统预扣库存，被取商品从仓库仓间拉到待发区。在待发区配货分配人员根据各路线各门店配货数量对各门店进行播种配货，并检查总量是否正确，如不正确向上校核，如果商品的数量不足或其他原因造成门店的实配量小于应配量，配货人员通过手持终端调整实发数量，配货检验无误后使用手持终端确认配货数据。

在配货时，冷藏和常温商品被分置在不同的待发区。

3．中转型物流运作

供应商送货和储存型物流需先预检，预检通过后方可进行验货配货；供应商把中转商品卸货到中转配货区，中转商品配货员使用中转配货系统按商品——路线——门店的顺序分配商品，数量根据系统配货指令的指定执行，贴物流标签。将配完的商品采用播种的方式放到指定的路线门店位置上，配货完成后统计单个商品的总数量或总重量，根据配货的总数量生成进货单。

4．加工型物流运作

生鲜的加工按原料和成品的对应关系可分为两种类型：组合和分割，两种类型在 BOM 设置和原料计算以及成本核算方面都存在很大的差异。在 BOM 中每个产品设定一个加工车间，只属于唯一的车间，在产品上区分最终产品、半成品和配送产品，商品的包装分为定量和不定量的加工，对于秤重的产品/半成品需要设定加工产品的换算率（单位产品的标准重量），原料的类型区分为最终原料和中间原料，设定各原料相对于单位成品的耗用量。

生产计划/任务中需要对多级产品链计算嵌套的生产计划/任务，并生成各种包装生产设备的加工指令。对于生产管理，在计划完成后，系统按计划内容出标准领料清单，指导生产人员从仓库领取原料以及生产时的投料。在生产计划中考虑产品链中前道与后道的衔接，各种加工指令、商品资料、门店资料、成分资料等下发到各生产自动化设备。

加工车间人员根据加工批次加工调度，协调不同量商品间的加工关系，满足配送要求。

5．配送运作

商品分捡完成后，都堆放在待发库区，按正常的配送计划，这些商品在晚上送到各门店，门店在第二天早上将新鲜的商品上架。在装车时按计划依路线门店顺序进行，同时抽样检查准确性。在货物装车的同时，系统能够自动算出包装物（笼车、周转箱）的各门店使用清单，装货人员也据此来核对差异。在发车之前，系统根据各车的配载情况出具各运输的车辆随车商品清单、各门店的交接签收单和发货单。

商品到门店后，由于数量的高度准确性，在门店验货时只要清点总的包装数量，退回上次配送带来的包装物，完成交接手续即可，一般一个门店的配送商品交接只需要 5 分钟。

思考题

联华生鲜食品加工配送中心是如何对订单进行有效管理的？

第五章　配送中心作业管理

学习目标与要求

　　了解在进行配货管理时应控制的相应环节及备货对配送活动的重要作用；理解流通加工的地位和作用以及促使流通加工出现的原因；掌握配送中心装卸搬运作业的相关知识和配送中心装卸搬运方法，熟悉订单处理模式、备货及配货的各种具体方法等内容；掌握几种典型产品的流通加工技术，以及实现流通加工和理化的方法；了解掌握配送中心装卸搬运设备、设施及装卸搬运方案的设计方法。

第一节　订单作业与备货作业

一、配货订单的管理与控制

　　（一）订单处理模式

　　订单是配送中心开展配送业务的依据。订单处理是指从接到客户订货单开始到准备着手拣货为止的作业阶段，这是配送中心顺利实施业务活动的第一步，是企业的核心业务。配送中心订单处理模式通常为订单准备、订单传递、订单登录、按订单供货及订单处理状态跟踪。

　　1）订单准备。即将客户所需产品的订货单在指定时间内进行收集和整理。

　　2）订单传递。即将准备好的订单传递到相关职能部门。

　　3）订单登录。即将客户的正式订单输入订单处理系统。

　　4）按订单供货。即配送中心的备货、理货、加工、储存、运输等业务部门按客户订单的要求，各自保质保量地完成任务，确保货物及时准确地送达顾客手中。

　　5）订单处理状态追踪。配送中心为客户提供货物后，并不等于配送服务即告完结，客户对配送商品的质量、数量等方面的满意情况如何；客户对配送服务的满意度多大；客户使用配送产品后对产品、服务的意见和建议；客户今后的产品配送情况等都是订单处理状态追踪的内容。配送中心要建立动态的订单管理系统，及时了解、反馈客户的各种情况，争取与客户建立长期的配送关系。

　　（二）订单处理系统

　　订单处理系统主要包括两种作业，即客户询价、报价与订单的接收、确认与输入。

1. 客户的询价和报价

企业经营的最终目的是对经济效益的追求。配送中心的客户在配送中心下达订单之前，需要对配送成本进行相应的了解，向配送中心询价即是其获得配送成本信息的方式。通常，配送中心将客户的询价信息输入中心的自动报价系统，通过自动报价系统对客户的要求进行综合评价、分析，选择与客户进行合作的方案。自动报价系统的作业流程如下：

1）要求询价者输入下数据：客户名称、询问商品的名称、商品的详细规格、商品等级等。

2）自动报价系统根据这些数据调用产品明细数据库、客户交易此商品的历史数据库、此客户报价的历史数据库、客户数据库、厂商采购报价等，以取得此项商品的报价历史资料、数量折扣、客户以往交易记录及客户折扣、商品供应价等数据。

3）配送中心按其所需净利与运送成本、保管成本等来计算销售价格。

4）由报价单制作系统打印出报价单，经销售主管审核后即可送交客户。

5）报价单经客户签回后即可成为正式订单。

2. 订单的接受、确认与输入

配送中心接受客户订货的方式主要有传统订货方式和电子订货方式两种。

（1）传统订货方式

传统订货方式是指利用人工方法书写、输入和传送订单，其方法包括：

1）货铺。配送中心按客户的购货单直接将商品放在货架上。

2）巡货配送。配送中心按巡货人员列出需补充商品的订单为客户整理货架。

3）口头电话。客户利用电话将需要的商品名称、数量告知配送中心，实施口头订货。

4）传真订货。客户将缺货信息整理成文，利用传真机传给配送中心。

5）邮寄订单。客户将订单邮寄给配送中心。

6）客户自行取货。客户自行到配送中心看货、补货。此种方式多为小型零售商因位置靠近配送中心而采用。

7）业务员跑单、接单。业务员到客户处推销产品，而后将订单带回或用电话将订单告知公司。

（2）电子订货方式

电子订货方式是指配送中心借助计算机信息处理系统，将订货信息转为电子信息由通信网络传送订单的一种订货方法。其方法主要如下：

1）订货簿或货架标签配合手持终端机和扫描机。订货人员携带订货簿及手持终端机巡视货架，若发现商品缺货就用扫描器扫描订货簿或货架上的商品条形码标签，再输入订货数量，当所有的订货资料皆输入完毕后，利用数据机将订货信息传给总公司或配送中心。

2）POS 系统订货。客户若有 POS 收银机，则可在商品库存档内设定安全存量。每当销售一笔商品时，电脑自动扣除该商品库存。当库存低于安全存量时，便自动生成订单，经确认后便通过通讯网络传给总公司或配送中心。

3）订货应用系统。客户的计算机信息系统里若有订单处理系统，可将订货信息通过与配送约定的共同格式，在约定的时间里将订货信息传出。

配送中心接到客户的订单后，需对订单的内容进行确认并实施处理。处理订单的作业流程。

1）确认需求品种、数量及日期。

2）确认客户信用。

3）确认订单价格。

4）确认加工包装（是否需要特殊的包装、分装或贴标签等）。

5）设定订单号码。

6）建立客户档案，详细登录客户情况，以利于日后查询。

7）确定存货查询及按订单分配存货的方式。

8）输出订单资料。

配货订单的传送方式多种多样，在接收订单时，配送中心需考虑每笔订单的订购数据及法律效力等问题。

若订单由报价单确认而来，则可由系统报价数据转换为订购数据；若订单由计算机网络传送，则需根据电子数据交换标准格式将数据转化成内部订单文件格式。输入转换后的订单资料需由销售人员核查，然后在客户指定出货日期出货，所有的核查可经访问库存控制数据库、拣货产能调用数据库、包装产能调用数据库、运送设备产能调用数据库、人力资源调用数据库等查核其资源能力，数据确认即可转入待出货订单数据库中，并减少上述各数据库中的数量。

当销售部门无法如期配送时，可由销售部门跟客户协调是否分批交货或延迟交货，然后按协调结果修改订单数据文件。

销售人员还需检查客户付款状况及应收账款数是否超出公司所规定的信用额度，超出额度时则需由销售主管核准，然后再输入订购数量。

当商品退回时，可按订单号码找出原始订单数据及配送数据，修改其内容并标示退货记号，以备退货数据处理。

3. 订单处理系统的设计要点

1）所需输入数据包括客户资料、商品规格资料、商品数量等。

2）日期及订单号码、报价单号码（报价单号码由系统自动填写，但可修改）。

3）具备按客户名称、客户编号、商品名称、商品编号、订单号码、订货日期、出货日期等查询订单内容的功能。

4）具备客户的多个出货地址记录，可根据不同交货地点开立发票。

5）可查询客户信用、库存数量、产能分配及设备工具使用状况、人力资源分配。

6）具备单一订单或批次订单打印功能。

7）报价系统具备由客户名称、客户编号、商品名称、商品编号、最近报价日期、最近订货数据等查询该客户的报价历史、订购出货状况和付款状况等资料，作为对客户进行购买力分析及信用评估的标准。

8）可由销售主管或高层主管随时修改客户信用额度。

9）具备相似产品、可替代产品资料，当库存不足无法出货时，可向顾客推荐替代品以争取销售机会。

10）可查询未结订单资料，以利出货作业的跟催。

二、备货管理

备货是配送的基本环节。客户的订单经订单处理系统作业后，进行的第一个环节就是备货部门。

（一）备货的概念

备货是配送的基础工作，是配送中心根据客户的需求，为配送业务的顺利实施而从事的组织商品货源和进行商品储存的一系列活动。

配送中心接到客户的订单后，必须拥有相应的商品保证配送，包括具体的商品种类、商品等级、商品规格及商品数量。若配送中心是大型或综合型的"存货式配送"企业，可利用现有的商品满足顾客的需要，及时按单进行配送；但配送中心若是小型的"订单式配送"企业就必须立即组织备货人员联系供货商，组织客户所需商品货源。

在配送中心的经营活动中，拥有客户需要的商品是成功实施配送活动的重要内容。但由于配送中心的类型不同，商品的掌握状况也不尽相同。实施"存货式配送"的配送中心拥有一定的存储设备，日常可以储存一定数量的商品现货；而实施"订单式配送"的配送中心，由于不拥有存储商品的设施，必须建立广泛而密切的商品供应网络系统，一旦客户下达订单，及时调货，保证配送。

虽然各配送中心组织货源的方式不同，但各类配送中心的备货人员都必须掌握全面的商品专业知识和购进信息，熟悉各类商品的供货渠道和供货最佳时间，在进货指令下达后，能够及时购进、补充客户或仓库需要的商品种类、等级、规格和数量，保证配送合同的按期完成。

实施"存货式配送"的配送中心，其备货作业还需要备货人员掌握相应的货物存储专业知识，更好地养护与保管存储商品，及时提出补充货源的建议，做到仓库商品的先进先出，随进随出，既不过量库存商品，占压资金，又能存储足量的商品，保证日常配送活动的需要。

（二）备货的内容

作为配送活动的准备环节，备货业务包括两个基本内容，即组织货源和储存货物。

1. 组织货源

组织货源又叫筹集货物或采购货物，是配送中心开展后续配送业务活动的重点。

（1）组织货源的流程

组织货源流程是配送中心选择和购买配送所需商品的全过程。在这个过程中，配送中心首先要寻找相应的供应商，调查其产品在数量、质量、价格、信誉等方面是否能满足购买要求；其次，在选定了供应商后，以订单方式传递购买计划和需求信息给供应商并商定借款方式，以便供应商能够准确地按照配送中心的要求进行生产和供货；最后，要定期对货源的组织工作进行评价，以寻求提高备货效率的模式。组织货源流程见图 5-1。

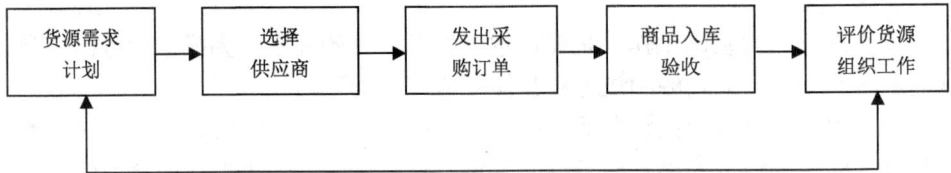

图 5-1   组织货源流程

（2）选择供应商

配送中心若要顺利地开展配送业务，就必须拥有高质量的商品。为保证配送货物的商品质量，备货人员要严格选择货物供应商。选择供应商包括以下步骤：

1）确认供应商的资格。判定供应商是否合格的主要标志是：能否提供优质的产品；发货是否及时；发货的数量是否准确；价格是否合理以及服务态度是否良好。

2）确认供应商的能力。对供应商提供符合要求的产品能力的确定，主要包括对供应商能力和质量体系的评价；对产品样品的评价；对比类似产品的历史情况的了解；对比类似产品的实验结果的了解；对比其他用户的使用经验的掌握。

3）实施合约控制。企业应与供应商达成明确的质量保证协议，以明确规定供应商应负的质量保证责任。协议通常应包括下列内容：信任供应商的质量体系；随发运的货物提交规定的检验（试验）数据及过程控制记录；由供应商进行 100% 的检验（试验）；实施本企业规定的正式质量体系；由本企业或第三方对供应商的质量体系进行定期的评价；内部接受检验和筛选。企业还要与供应商就验证方法达成明确的协议，以验证购进的产品是否符合要求。为进一步改进产品的质量，协议中还可包括双方交换的检验数据。验证方法协议的主要内容是规定检验项目、检验条件、检验规程、抽样方法、抽样数据、合格判据、供需双方需交换的检验资料、验证地点等。

为解决供应商和本企业之间的质量争端，企业还应制定有关制度和程序，对常规问题和非常规问题的处理做出规定，并规定疏通本企业与供应商之间处理质量事宜时的联系渠道和措施等。

4）验收。对于供应商运达的货物，企业要进行验收，以确保购进产品的质量。验收控制的工作程序主要包括：检验部门对购进的货物进行点数、称重或度量；对所购进货物由验收人员编制并签署按程序编号的验收报告；超过原订货数量的进货不得验收，若有批准例外；验收时，若发生拒收，应清楚地持标签表明；收货中发现数量不足时，应立即进行核查调节；凡发生应由运输人员或销售人员负责的材料短缺、材料损坏或退货等情况，应立即办理追索。

5）检验。对所购商品的检验是保证配送货物质量的重要措施。企业必须建立健全取样制度，采取"封闭"检验法，对货物实施检查，对不合格的采购品，由采购部和其他相关部门综合评定，确定处理意见。

经上述步骤执行后，若企业发现供应商按照双方约定执行合同无误，企业就可将其列入商品供应网络中，与其建立长期的购买关系；若合同执行中，发现双方观点略有争议，双方可协商解决，在问题得以解决的基础上，双方仍可建立长期的合作关系。

2. 储存货物

储存货物是配送中心购货、进货活动的延续。在配送活动中，适量的库存可保证客户的随时需要，是配送业务顺利完成。

配送中心的货物储存有两种表现形态。一是暂时库存，即按照分拣、配货工序的要求，在理货场地储备少量货物；二是储备形态，即按照一定时期配送活动的要求和货源到货周期有计划的储备商品。储备形态是使配送持续运作的资源保证，其储备的合理与否，直接影响配送的整体效益。进行商品的合理储存，通常要注意以下几个方面：

（1）商品储存的合理数量

商品储存的合理数量是指在一定的条件下，根据企业具体经营情况，为了保证正常的商品配送业务所制定的合理储存标准。确定商品储存的合理数量要考虑客户的需求量、配送中心的条件、配送过程的需要及配送企业的管理水平等因素的影响作用。

商品的储存量由经常储存和保险储存两部分构成。经常储存是指配送中心为满足日常配送需要的商品储存;保险储存是指为防止因商品需求变动而造成影响,避免商品脱销,保证连续不间断的配送而建立的商品储存。两种储存定量的确定,要在考虑各种影响因素的基础上运用科学的定量方法计算得出。

（2）商品储存的合理结构

商品储存结构是指不同品种、规格、花色的商品之间储存数量的比例关系。经由配送中心配送的商品品种多,数量大,特别是大型的综合配送中心,产品种类更是千差万别。社会对不同的商品需求量是不同的,并且各种需求不断的发生变化。因此,配送中心在确定商品储存合理数量的同时,还要特别注意不同的商品储存数量之间的合理比例关系及其变化对商品储存数量和商品储存结构的影响。

（3）商品储存的合理时间

储存商品的目的是为了满足客户的订货需要,因此,配送中心在确定商品储存的合理时间时,要注意该种商品的生产周期和商品的物理、化学及生物性能,使商品既不脱销断档,又能在最大限度地减少商品损耗的前提下保证商品的质量。

（4）商品储存的合理空间

商品储存的合理空间就是在库房内合理地摆放商品。商品在仓库内的摆放要有利于商品配送,拥有较大库存的配送中心一般规模较大,经营品种较多,有条件的配送中心可以建"高架自动化仓库",按不同类别、不同配送客户的需要设置多个出货点;在合理布置商品存放货架时,还要注意设计有利于仓储机械工作的通道,保证仓储安全的空间。

在货物储存期间,商品表面上是处于静止状态的,但从物理、化学及生物角度分析,商品内部是在不断的变化、运动着的,这种变化危害着商品的使用价值。同时,库房内的环境使得商品的内在运动易受到外界的变化而加速。因此配送中心的备货人员在备货时,要注意调整仓库的温湿度,防止和减少外界不利因素对商品的影响,延缓商品质量的变化过程,降低商品的损失和损耗。

（三）备货的作用

1. 备货可使配送中心的配送活动得以顺利开展

作为配送中心实施经营活动的基础,备货作业是配送中心各项具体业务活动的第一关。任何配送活动,如果没有相应的货物作保证,再科学的管理方法,再先进的配送设施,也无法完成配送任务,可谓"巧妇难为无米之炊"。备货业务作为"炊中之米",开展得好坏,直接影响到配送活动的其他后续业务活动的开展。如果备货人员业务不精,不熟悉供货商的情况,没有建立供货网络系统,接到订单后再接触供货商,与他们洽谈进货价格、进货渠道、进货时间等基本业务,势必使商品购进时间加长、占压资金过多,这样既浪费了时间,又增加了进货成本,进而导致配送总成本上升。若供货渠道不畅,还会使企业面临无货或缺货的尴尬境地,导致企业无法按期配送货物,丧失商品信誉,降低市场竞争力。如果备货人员拥有各类商品的供货网络系统，熟悉各供货商的供货能力、供货成本、供货时间，能够及时地按照客户的订单组织货源，根据企业的需要补充库存，就可使企业的业务顺利开展下去，通过良好的配送服务赢得客户的首肯，进而赢得客户的信任和企业良好的服务信誉，为企业进一步拓展市场打下坚实的基础。

2. 备货可使社会库存结构合理，降低社会总成本

目前，"零库存"的概念已被我国越来越多的企业接受。"零库存"并不等于不设库存，而是将社会总体的库存结构进行合理的调整，通过资源整合，形成库存集中化。即生产企业和商业零售组织不设库存或少设库存，由大型或综合型配送中心实施产品供、存、销业务。

生产企业的原材料、零部件及产成品由配送中心统一提供，可使生产企业用于购买原材料、零部件及进行销售的资金有所减少，进而降低了企业的生产总成本，使企业的产品在市场上更具竞争力。同时由于企业不再分出人力、物力用于原料的购进和产品的储运，企业可以拥有更多的生产能力和市场销售能力，可以生产出更多更好的产品销到更广泛的地区。如,宝供储运对宝洁公司产品的配送业务。同样，大型的零售组织也可自己不设库存，改由配送中心统一采购所需销售商品，集中配送，如沃尔玛。这些大型零售组织的商业网点遍布世界各地或国内各省，各分店自行采购，既无法保证商品的质量、种类和数量，又无法降低成本，所以他们就利用自己的配送中心共同采购，集中配送。这种工商生产与经营企业自己不设库存，将购物、发送业务交由配送中心承担的做法，优化了社会库存结构，从而使社会总成本降低。

对配送中心来说，"零库存"思想的深入发展，将使企业拥有更大的发展空间。但订单的多少，直接来自于企业的备货能力。企业备货能力强，能够根据市场的需求，客户的要求，及时、准确、保质、保量地将产品安全配送到指定地点，就会赢得市场的需要，被市场接受，参与到整合库存资源的行列中来，获取自己的经济效益。

3. 备货可使配送中心节约库存空间，减低配送成本，增加经济效益

通过科学的备货方式，配送中心可以确定适当的库存商品数量，合理的库存结构。在减少不必要库存占用的前提下，使库存成本下降，从而降低产品的配送成本。与此同时，由于调整了库存结构，剔除了不合理的库存占用，使企业拥有了扩展业务的空间，新业务的增加，既增强了适应市场变化的能力，又大大提高了企业的整体经济效益。

（四）备货方式

任何一种事物的产生都是伴随某种需要而来的。配送中心作为流通中介，它对商品的需要是基于配送用户的要求。在货物配备的过程中，配送中心的订货方式、采购质量、交货期以及储存商品的质量，直接影响着配送活动的顺畅进行与配送企业的整体效益。配送中心为保证客户需求的满足，应树立以需求为中心的备货思想，实行科学的备货方式，在客户不需要某种商品时，避免和减少过早的保留库存，在客户需要时又能以足够的库存满足需求。

1. 与 MRP 系统相结合的备货方式

MRP（material requiring planning）系统是一种以物料需求计划为核心的生产管理系统。在为生产企业实施原材料、零部件配送时，配送中心可以针对其多品种、少批量的特点，利用资源共享的优势，将客户、配送中心及供应商三位一体，运用 MRP 系统进行备货。在 MRP 系统中，针对物料需求在品种、数量和交货期等方面要求的西化所导致的管理复杂度而开发计算机信息管理系统。配送中心可以利用这一系统，将客户的需求计划、供应商的供货信息和自己的配送计划集成起来，实行同步性一次生成采购计划。如果需求有变化，只要将相关数据输入计算机管理系统，经过系统运算，就可迅速重新编排采购计划。运用 MRP 系统进行备货的主要步骤如下：

1）商品查询。通过商品快速分类查询，对每一种商品，按需用的额度，规定优选原则。在简化采购商品的品种规格基础上，保持一定批量以争取优惠。

2）编制计划。编制可以延续到未来某个任意时期的周密计划，既可以按需采购，又可以保证足够的采购提前期和采购预算，防止因突发性采购而增加额外的采购费用。

3）控制采购权限，规范采购管理。在系统中设置每一个采购员的采购范围和支付权限，规定超出限额的审批层次和权限内容。

4）控制库存量。对每一种商品规定最大储存量和最长储存期限，超过最大值时，系统发出提示信号。

5）建立供应商文件认证目标，以保证购进商品的质量。对于没有建立主文件的供应商，系统将拒绝向其采购。

6）通过提供多种查询途径（如采购单耗、供应商号）跟踪采购订单以及采购合同执行情况。

7）控制付款程序。付款前，系统将自动进行一系列对比，如商品性能、合格数量、交货日期与采购单是否一致，报价单与发票金额是否一致，各方相符后才能执行付款程序。

运用 MRP 系统进行备货，可使配送中心简化采购计划和调配，形成批量采购，简化运输管理，减少库存，降低配送成本，提高整体配送效率。

2. JIT方式为主的备货方式

JIT（just in time）的理念是"在恰当的时候，把恰当的商品以恰当的质量、恰当的数量送到恰当的地点"。体现在生产上就是准时进货，准时生产，准时销售；体现在配送中就是准时进货、准时配货、准时送货。恰时恰量的准时进货是JIT方式的关键，如果进货太多太早，就会增加企业库存，提高库存成本，降低企业效益；而进货太迟太少，又会影响生产和配送进程，同样也会影响企业效益。利用JIT方式进行备货，一方面可以保证各种商品订货量的准确性及相应的产品质量；另一方面可使企业得到准确和及时的批量运输。实施JIT方式备货的主要步骤如下。

（1）实施"看板"管理

所谓"看板"就是一种作为信号或指令的传递卡片，它被应用于配送过程中的各个环节，是控制个环节之间生产数量、时间、进程的一种凭据。"看板"管理是把看板作为"生产指令"、"取货指令"、"运输指令"，用以控制生产量和调节生产计划的一种管理方法。它是在生产过程中，由下道工序（要货单位）根据看板卡片规定的品种、数量和时间，到上道工序（供货单位）领取原材料或物品，确保各生产环节准时、合理、协调地进行生产的一种控制方法。如送货部要在1:00～3:00为五个商业网点送去其各需商品，配货部就要在22:00～1:00将这五个商业网点的货物各自备齐并装配完毕，而进货部要在22:00之前将五个商业网点所需的货物全部购进，以保证次日凌晨能按时发货。

看板管理的特点是，把传统工序中由前工序向后工序送货制，改为后工序向前工序取货制，去掉了环节中不必要的商品储存，达到了准时化生产的要求，减少了资金占用，提高了生产效益。

（2）获取信息，进行订货

配送中心的备货人员通过JIT独特的看板信号系统获得需求信息后，再利用供应链关系的信息共享系统与供应商及时交换采购商品的供应信息，及时确定采购数量，进行网上采购。

（3）确保需求数量

备货人员利用与固定供应商建立的一种及时采购和及时供应的利益伙伴关系，保证所需数量的正确性。

（4）确定进货时间

根据客户不同的要货时间，备货人员规定供应商将货物运抵配送中心的具体时间。

配送中心的备货方式中还包括定量、定期、经济订购批量等传统的方式，这些方式虽然是就配送所需而采购，但采购的终点是静止的库存。其采购费用的降低是以库存费用的增加为代价的，采购的订货量也与库存水平密切相关，配送中心在利用时可与库存理论中的订购方式内容相结合。

三、配货管理

（一）配货管理的概念

配送中心为了顺利、有序、方便地向众多客户发送商品，对组织进来的各种货物进行整理，并依据订单要求进行组合的过程即为配货。配送中心组织进来的货物或暂存于理货现场，或储备于中心仓库，它们品种繁多，数量巨大。

配货主要包括理货和配装两方面的内容。理货是指理货人员根据理货单上的内容说明，按照出货优先顺序、储位区域号、配送车辆趟次号、门店号、先进先出等出货原则和方法，把需要出货的商品整理出来，经复核人员确认无误后，放置到暂存区，准备送货上车的工作。配装是指集中不同客户的配送货物，进行搭配装载，以充分利用运能、运力的工作。

不同客户需求的货物不仅品种、规格不一，且数量差异很大。有时一个客户的商品数量过少，无法装一个车辆，配送中心就把同一条送货线路上不同用户的货物组合、配装在同一辆载货车上，或把不同线路但同一区域的多家店铺的货物混载于同一辆车上进行配送，这样不仅能充分利用载货车两的容积和提高运输效率，降低运输成本，而且可以减少交通流量，改变交通拥挤状况。

配货环节是配送中心区别于传统仓储行业的明显特征。传统的仓储业虽然也进行进货、存货和发货活动，但都是些辅助性工作，是依附生产、经营部门的"蓄水池"，其地位是从属的、被动的。而配送中心作为顺应市场经济发展而产生的新型流通组织，虽然也从事传统储存业的基本业务，但它增加了配货业务，这极大地增强了其自身的灵活性、竞争力和生存力。它不再依附于哪个行业或企业，它变进货储存为按需组货，变单纯的发货为配组送货，这些改变，使它提高了库存利用率，加大了车辆配载率，使空置、闲置的资源得到了全面的利用。可以说，配送中心通过有效的组织配货和送货，不仅承担了保证货畅其流，价值转移的任务，更重要的是盘活了存储运输资源，使整个社会资源重新分配并得到充分利用。因此没有配货就无所谓配送中心，配货是整个配送作业的关键环节。

（二）编制配货计划

配送中心进行配送的商品种类多、数量大，客户的需求各有不同，为使配货活动能够顺利、有序地进行，配送中心必须依据实施配货活动的基本任务和配货原则进行配货计划的贬值。

1. 配货工作的基本任务

配货工作的基本任务是保证配送业务中所需的商品品种、规格、数量在指定的时间内组配齐全并装载完毕。

配送中心内存放的商品数量大、品种杂、规格多，每日发送商品的次数和装配配送车辆的趟次也比较高。若没有高度的计划管理，极易出现各种疏漏，影响后续业务的正常进行。因此配送中心编制配货计划，保证客户需求的商品能在最短的时间内以最合理的方式完好无损地配齐、经济合理地配载，是使配送业务顺利实施的前提条件。

2. 配货的原则

（1）准时性

准时性原则是保证配送中心利益及客户需求都得以满足的双赢原则。按照客户的要求准时进货、准时发火，对配送中心来说不需占用大量库存和资金，可保持库存的合理周转；对客户来说，能够保证货物的及时到位，既不耽误生产或销售，又可使企业不存在库存，节约库存费用。

（2）方便性

在配送商品中，有些商品是常需产品或畅销产品，有些商品则生产周期或需求周期较长。配送中心在摆放商品时，要根据配送商品的配送规律，合理进行拜访，以方便配货为前提，做到将常需商品和畅销商品摆放到靠近配送作业的通道旁边，以便于理货人员进行理货作业时的商品取放，节约理货时间。

（3）优先性

对于下列客户，配送中心可以优先进行配货：

1）具有优先权的客户。

2）依客户等级划分，重要性程度比较高的客户。

3）依订单交易量或交易金额划分，对公司贡献大的订单。

4）依客户信用状况划分，信用较好的客户。

3. 配货计划的编制

配货计划的科学性及合理性，直接影响配送中心配送业务的绩效。一个较为完善的计划编制的步骤是：

（1）进行市场调查

配送作业是配送中心的内部业务活动，在工作时不同具体客户直接交流，只按照订货单进行配货作业。但它不能无视市场状况，只考虑自己的业务流程。脱离实际的业务安排是盲目的，没有依据的，会给企业带来资源的极大浪费。因此，配货管理部门在编制具体配货计划时，首先要进行市场调查，收集客户信息，了解影响配货工作的因素。例如，哪些商品是畅销品，其畅销的原因是什么，这些商品在本配送中心的日需求量将是多少，它们继续畅销的时间会有多长？各种商品的生产周期和需求周期时间是多少等。然后根据这些因素的综合影响合理安排配货作业指标。

（2）确定配货顺序

配货是配送业务的环节之一。它需要与其他部门进行经常性的沟通协调，以确定不同时期的配货顺序。实际生产经营存在一定的周期性和淡旺季，且不同企业的淡旺季不同。处于旺季的企业急于赶工、抓时机，往往要货急、要货数量大，而旺季一过，这些企业的需求倾向明显发生变化，需求量会降低或根本不需要。因此，配货部门要经常与备货部门及送货部门联系，了解客户订单的变化倾向，不断调整自己的配货顺序，将最需配送的货物优先配装，以保证客户的需要和企业的利益。另外，确定配货顺序还要考虑优先原则，使拥有优先权、交易量大、信用度好的客户享有优先配货的权利。

（3）确定配货作业指标

配送中心进行配货作业时，需确定的考核指标包括以下几项：

1）分拣配货率。分拣配货率是指从库存的货物种类中分拣出的货物种类占全部库存货物种类的比重。计算公式为

$$PHD=PI/ZI$$

式中，ZI——库存种类数；

PI——分拣种类数；

PHD——分拣配货率。

分拣配货率越高，说明分拣配货效率越好。影响配货人员配货效率的因素主要有：单位时间内处理订单的件数和处理货物品种数；每天的发货品种数；每个订单的品种数；每个订单的作业量与配货人员的数量；中心内作业场地的宽度及允许作业的时间等。因此，对分拣配货率的确定要综合分析。

2）配货方式和配货路线。不同配货方式的作业程度不同，所采用的配货路线也不同。配送中心要根据自己的配送业务类型、商品的品种数、客户订单的数量，确定配货的方式及路线，确定配货路线要尽量减少在一条配货路线上重复的次数。配货路线一经确定，要由计算机信息系统打印成《商品配货路线图》，提供给配货人员，供他们在进行拣选商品时使用。

3）配货人员的数量和机械类型及种类。配货人员包括理货人员和装卸人员两种。通常，一轮配货如果人多速度就快，但过多的人员会造成人均工作量的不足，配货计划要根据配送中心的日均发货量的大小确定适当的配货人员数。同时，配货人员的数量与配货机械的自动化程度有着密切的关系。配货工具自动化程度高的配送中心需要的配送人员数量少，利用人工配载工具的配送中心为了保证配货速度配货人员数量就要增多。

4）确定配装方案。如果一辆车需配装不同客户的商品，就需要考虑商品间的理化性能、客户指定地点的路径方向及区域等方面的问题，然后再按商品性能相近、路线方向一致或区域同属的配装原则制定配装方案。

（4）进行指标控制

1）定期对各项指标进行考评。有计划不认真执行等于没有计划，执行计划不实施检查等于不执行计划。因此配货管理部门在计划的执行过程中，要定期对计划的执行情况进行监督检查，评价各种指标的完成进度和质量。

2）修订和调整配货计划。如果某项指标在执行时发现与计划不符，管理人员要及时查找出偏差的原因。计划与实际不符的原因主要有两方面：一方面是客观原因，即市场环境发生了变化，客户的需求也随即发生调整，计划人员要及时研究新的市场需求，修订配货计划。另一方面是主观原因，即管理人员在制定计划时对情况了解不足，编制计划有误，使实际与计划难以衔接；或是配货人员执行不利，造成计划没有按期完成。前者需要管理人员主动修改计划，后者则要求管理人员加大管理力度，敦促基层配货人员增强责任心。

（三）配货管理方式

配货是很复杂、工作量很大的配送业务，尤其是客户多，品种规格多，而需求批量又小时，如果再加上需求频度很高，就必须在很短的时间内完成配货工作。所以，选择合理的配货方式，高效率地完成配货工作，在某种程度上决定着配送中心的服务质量和经济效益。配送中心常用的配货方式有：

1. 拣选式配货

拣选式配货是由负责理货的工人或理货机械，巡回于货物的各个储货点，按理货单指令，取出所需货物，巡回一遍，为一个客户将货配齐。配齐后的货物立即配装。拣选式配货可采取单一拣选和摘果式拣选。

（1）拣选式配货的形式

选择拣选式配货形式时应考虑配送中心的设备、客户的要求及作业量的大小等因素，其方式主要有：

1）人工拣选配货。即配货作业由人来进行，人、货架、集货设备（货箱、托盘等）配合完成配货作业，在实施时，由人一次巡回或分段巡回于各货架之间，按订单拣货，直至配齐。

2）人工加手推作业车拣选配货。配货作业人员推车一次巡回或分散巡回于货架之间，按订单进行分拣，直至配齐。它与人工拣选配货基本相同，区别在于借助半机械化的手推车作业，拣选作业量大、单品或单件较重、体积较大时，可以减轻配货作业人员的劳动强度。

3）机动作业车拣选配货。配货人员乘车辆或台车为一个客户或多个客户拣选配货，车辆上分放各客户的拣选容器，拣选的货物直接放入容器，每次拣选配货作业完成后，将容器内的货物放到指定的货位，或直接装卸到配送车辆上。这种拣选配货作业有时配以装卸工具，作业量更大，而且在拣选过程中就地进行货物装箱或装托盘的处理。

4）传动输送带拣选配货。配货人员只在附近几个货位进行拣选配货，传动输送带不停地运转，分拣配货作业人员或按指令将货物取出放在传动输送带上，或者放入传动输送带上的容器内。传动输送带运转到末端时把货物卸下来，放到已划好的货位上待装车发送。这种拣选配货方式，可减轻劳动强度，改善劳动条件。

5）拣选机械拣选配货。自动分拣机或由人操作的叉车、分拣台车巡回于一般高层货架间进行拣选，或在高层重力式货架一端进行拣选。这种拣选方式一般是在标准货格中取出单元货物，以单元货物为拣选单位，再利用传动输送带或叉车、台车等设备集货、配货，形成更大的集装货载或直接进行配送。

6）回转式货架拣选配货。即配货人员和回转式货架配合进行拣选配货，配货人员固定在拣货的位置，按客户的订单操纵回转货架作业，当订单上的货物回转到配货人员面前，将货物取出，也可同时将几个客户共同需要的货物拣选出来进行配货。

（2）拣选式配货的适用范围

1）客户数量不多，但需要的种类颇多，且每种商品的需求数量差异较大。

2）不同客户间需求的产品种类有较大的差异。

3）客户临时的紧急需求。

4）客户需求的大件商品。

采用拣选配货法，能够保证配货的准确无误，对某个客户来讲可以不受其他因素的制约进行快速配货，可以按客户要求的时间，调整配货的先后次序，而且配好的货可以不经分放直接装到送货车辆上，有利于简化工序、提高效率。

拣选配货法机动灵活，既可以采取机械化水平较高的工具作业，也可以实施人工操作。例如，拣选工具可以是专门配置设计的车辆、传送设备，也可以是一般作业车辆（汽车、手推车），甚至可以用人力进行拣选。因此这种方法易于实行，尤其是在配送工作开展初期或小型配送中心客户不多且技术装备较差等情况，使用这种方法既简便又快捷。

2. 分货式配货

分货式配货又称播种式，是由负责理货的工人或理货机械每次集中取出货物，然后巡回于客户的指定货位之间，到达一个货位将该客户所需的数量分出，每巡回一次，将若干客户所需货物分放完毕。如此反复进行，最后，将各客户所需货物全部配齐，一轮的配货任务即告完成。

（1）分货式配货的形式

1）人工分货配货。在货物体积较小、重量较轻的情况下，人工从普通货架或重力式货架上一次取出若干个客户共同需求的某种货物，然后巡回于各客户配货货位之间，将货物按客户订单上的数量进行分放，完成后，再取第二种货物，如此反复直至分货、配货完毕。

2）人工加手推作业车分货配货。配货人员推车至一个存货点将各客户共同需要的某种货物去处，利用手推车的机动车可在较大的范围内巡回分放配货。

3）机械作业车分货配货。用台车、平板作业车一次取出数量较多、体积和重量较大的商品，然后由配货人员驾车巡回分放配货。

4）传动输送带加人工分货配货。传动输送带一端和货物储存点衔接，另一端分别同客户的配货货位相接。传动输送带运行过程中，一端集中取出各客户共同需要的货物，置输送带上输送到各客户货位，另一端配货作业人员取下该货位客户所需之货物。

5）分货机自动分货配货。分货机在一端取出多客户共同需求的货物随着分货机上输送带运行，按计算机预先设定的指令，在与分支机构连接处自动打开出口，将货物送入分支机构，分支机构的终点是客户集货货位。

6）回转式货架拣选配货。回转货架可以看成若干个分货机的组合，当货物不多又适于回转货架储存时，可在回转货架出货处，边从货架取货，边向几个客户货位分货，直至配货完毕。

（2）分货式配货的适用范围

1）客户数量多，且需求的种类有限，每种商品的需求数量也不大。

2）各客户之间需求的产品种类差别不大。

3）客户有比较稳定的计划需求。

4）需要搬运的货物体积不大。

采用分货配货法，可以提高配货速度，节省配货的劳动消耗，提高劳动效率。尤其当客户数量很多时，反复拣选会使工作异常重复和繁琐，采用分货作业就可避免。实行分货配货法进行作业时，一般可以利用各种作业车辆，包括专业车辆、一般车辆甚至手推车。但大规模配送中心的分货作业，需要有非常大的分货能力，因此要在配送中心建立专业的分货设施。

3. 直起配货法

直起配货法是拣选配货法的一种特殊形式。当客户所需商品种类很少，且每种商品数量又很大时，送货车辆可以直接开抵储存场所装车，随时送货。这种方式将配货和送货合为一体，减少了工序，增加了效率，特别适于大宗生产资料配送。

第二节　进货作业

一、进货流程

在物流中心的基本作业流程中进货作业是其他作业环节的开始，主要内容包括核验单据、装卸、搬运、分类、验收，确认商品后，将商品按预定的货位储存入库的整个过程。商品进货作业是后续作业的基础和前提，进货工作的质量直接影响到后续作业的质量。其作业流程包括以下主要环节：

1. 进货作业计划

物流中心的进货作业计划制定的基础和依据，是采购计划与实际的进货单据，是供应商的送货规律以及送货方式，或物流中心运输能力及方式。进货作业的制订必须依据订单所反映的信息，掌握商品到达的时间、品类、数量及到货方式，尽可能准确预测出到货时间，以尽早作出卸货、储位、人力、物力等方面的计划和安排。进货作业计划的制订有利于保证整个进货流程的顺利进行，同时有利于提高作业效率，降低作业成本。

2. 进货前的准备

在商品到达物流中心之前，必须根据进货作业计划，在掌握入库商品的品种、数量和到库日期等具体情况的基础上做好进货准备，做好入库前的准备，是保证商品入库稳中有绪的重要条件。准备工作的主要内容如下：

1）储位准备。根据到货商品的性能及包装、单位重量、单位体积、到货数量等信息，结合商品分区、分类和储位管理的要求，预先确定商品的理货场所和储存位置。

2）人员准备。依照到货时间和数量，预先计划并安排好接运、卸货、检验、搬运货物的作业人员。

3）搬运工具准备。根据到货商品的性能及包装、单位重量、单位体积、到货数量等信息，确定检验、计量、卸货与搬运方法，准备好相应的检验设备、卸货及码货工具与设备，并安排好卸货站台空间。

4）文件准备。根据到货计划，准备到货的单证核查相关文件，准备相关验收标准。

3. 接运与卸货

有些商品通过铁路、公路、水路等公共运输方式转运到达，需物流中心从相应站港接运商品，对直接送达物流中心的商品，必须及时组织卸货入库。

4. 分类与标示

在对商品进行初步清点的基础上，需按储放地点、唛头标志进行分类并作出标记。在这一阶段，要注意根据有关单据和信息，对商品进行初步清理验收，以及时发现问题，查清原因，明确责任。

5. 核对单据

进货商品通常会具备下列单据或相关信息：送货单、采购订单、采购进货通知、供应方开具的出仓单、发票、磅码单、发货明细表等；除此之外，有些商品还有随货同行的商品质量保证说明书、检疫合格证、装箱单等；对由承运企业转运的货物，接运时还需审核运单，核对货物与单据反映的信息是否相符。

6. 入库验收

入库验收是对入库的商品，按规定的程序和手续进行数量和质量的检验，也是保证库存质量的第一个重要的工作环节。商品的检验方式有全检和抽检两种。全检，主要是数量的全检，主要是针对重要的商品在批量到货，或抽检发现问题时进行。抽检，物流中心对大批量到货商品、规格尺寸和包装整齐商品，多数采用抽检的方式，进行抽样检查。商品检验方式，一般由供货方和接货方双方通过签订协议或在合同中明确规定。

7. 进货信息的处理

商品清点，验收完毕，就可通过搬运码放过程进入指定储位储存，进入储存阶段。与此同时，必须进行进货过程中相关信息的处理，进货作业信息是指示后续作业的基础，因此，掌握并处理好进货信息非常重要。在这一阶段，首先必须将所有进货入库单据进行归纳整理，并详细记录验收情况，登记入库商品的储位，然后依据验收记录和其他到货信息，对库存商品保管账目进行账务处理，商品验收入库，库存账面数量与库存实物数量同时增加。有些到货信息还必须及时通过单据或库存数据，反馈给供应商和本公司采购、财务等部门，为采购计划的制订和财务货款结算提供依据。

二、进货计划

进货作业包括实体上的接收，即从货车上将货物卸下，并核对该货品的数量及状态，（数量检查、品质检查、开箱等），以及将必要信息给予书面化等。

（一）进货系统设计原则

为了搬运者安全有效地卸货，使配送中心能迅速正确地收货，在规划进货计划时要注意以下原则：

1）多利用配送车司机来卸货，以减轻公司作业员负担及避免卸货作业的拖延。
2）尽可能将多样活动集中在一个工作站，以节省必要空间。
3）尽可能平衡停泊码头的配车，例如按照进出货需求状况制定配车排程，不要将耗时的进货放在高峰时间。
4）将码头、月台至储区的活动尽量保持直线流动。

5）依据相关性安排活动，使距离最小化或减少步行的机会。

6）安排人力在高峰时间使货品能维持正常迅速地移动。

7）考虑使用可流通的容器，以减少更换容器的动作。

8）为方便后续存取及能方便查询的需要，应详细记录进货资料。

9）为小量进货准备小车。

10）在进出货期间尽可能省略不必要的货品搬运及储存。

（二）进货时考虑的因素

1）进货对象及供应厂商总数，即一日内的供应厂商数目。

2）商品种类与数量，即一日内的进货品项数。

3）进货车种与车辆台数：车数/日。

4）每一车的卸（进）货时间。

5）商品的形状、特性。如散货、单元的尺寸及重量、包装形式、是否具危险性、人工搬运或机械搬运、产品的保存期限等。

6）进货场地人员数。

7）配合储存作业的处理方式。

8）每一时刻的进货车数调查。

三、卸货

卸货即是将货品由车辆搬至码头的作业，在这个过程中要注意车辆与月台间的间隙。一般卸货码头为作业安全与方便，常采用下列四种设施：可移动式楔块、升降平台、车尾附升降台和吊钩卸货。

除了使用以上四种设施来克服车辆与月台间的间隙外，若车辆后车厢高度与码头月台同高，则可考虑直接将车辆尾端开入停车台装卸货的方式，这样不但可让车辆与月台更紧密结合，使得装卸作业方便有效率，且对于货品安全也更能发挥保护效果。

四、货品的编号

进货作业是物流中心作业的第一阶段，为了让后续作业能够迅速正确地进行，并使货品品质及作业水准也得到妥善维持，在进货阶段就将货品做好清楚有效的编号，这是一项不可缺少的手续。编号就是将货品按其分类内容，进行有次序的编排，用简明的文字、符号或数字代替货品的名称、类别及其他有关信息的一种方式。

货品编号应遵循以下原则：

1）简易性：应将货品化繁为简，便于货品活动的处理。

2）完全性：要使每一项货品都有一种编号代替。

3）单一性：每一个编号只能代表一项货品。

4）一贯性：要统一而有连贯性。

5）充足性：其所采用的文字、记号或数字，必须有足够的数量来编号。

6）扩充弹性：为未来货品的扩展及产品规格的增加预留编号，使编号能按照需要自由延伸，或随时从中插入。

7）组织性：编号应有组织，以便存档或查询相关资料。

8）易记性：应选择易于记忆的文字、符号或数字，或富于暗示及联想性。

9）分类展开性：若货品过于复杂而使编号庞大，则应使用渐进分类的方式作层次式的编号。

10）应用机械性：管理电脑化为目前趋势，因此编号应考虑与事务性机器或电脑的配合。

五、货物入库的验收

商品验收是按照验收业务作业流程，核对凭证等规定的程序和手续，对入库商品进行数量和质量检验的经济技术活动的总称。凡商品进入仓库储存，必须经过验收，只有验收后的货物，方可入库保管。

（一）验收的作用

所有到库的商品必须在入库前进行验收，只有在验收合格后方可正式入库。这样做的必要性在于，一方面，各种到库商品来源复杂，渠道繁多，从结束其生产过程到进入仓库前，经过一系列储运环节，受到储运质量和其他各种外界因素的影响，质量和数量可能会发生某种程度的变化；另一方面，各类商品虽然在出厂时都经过了检验，但有时也会出现失误，造成错检或漏检，使一些不合格商品按合格商品交货。商品验收的作用，主要表现在以下几个方面：

1. 验收是做好商品保管、保养的基础

商品的验收工作是做好商品保管的基础。商品经过长途运输、装卸搬运后，包装容易损坏、散失，没有包装的商品更容易发生变化。这些情况都将影响到商品的保管。所以在商品入库时，必须将商品的实际情况搞清楚，判明商品的品种、规格、质量等是否符合国家标准或供货合同规定的技术条件，数量上是否与供货单位所附凭证相符，这样才能分类分区按品种、规格分别进行堆码存放，针对商品的实际情况，采取相应的措施对商品进行保管保养。

2. 验收记录是仓库提出退货、换货和索赔的依据

商品验收过程中，若发现商品数量不足，或规格不符、质量不合格时，仓库检验人员会做详细的验收记录，据此由业务主管部门向供货单位提出退货、换货或向承运责任方提出索赔等要求。倘若商品入库时未进行严格的验收，或没有做

出详细的验收记录，而在保管过程中，甚至在发货时才发现问题，就会造成责任难分，从而丧失理赔权，带来不必要的经济损失。所以，商品只有经过严格的检验，在分清了商品入库前供货单位以及各个流转环节的责任后，才能将符合合同规定，符合企业生产需要的商品入库。

3. 验收是避免商品积压，减少经济损失的重要手段

保管不合格品，是一种无效的劳动。对于一批不合格商品，如果不经过检查验收，就按合格商品入库，必然造成商品积压；对于计重商品，如果不进行检斤验数，就按有关单据的供货数量付款，若实际数量不足，就会造成经济损失。

4. 验收有利于维护货主利益

改革开放使我国经济与世界经济的联系日益紧密，进口商品的数量和品种不断增加。对于进口商品，国别、产地和厂家等情况更为复杂，必须依据进口商品验收工作的程序与制度，严格认真地做好验收工作。否则，数量与质量方面的问题就不能得到及时发现，若超过索赔期，即使发现问题，也难以交涉，这就会给货主造成重大的经济损失。

可见，把好商品验收关是十分重要的，任何疏忽大意，都会造成保管工作的混乱，给国家和企业造成经济损失。

（二）验收的作业流程及其作业内容

商品验收工作包括验收准备、核对证件和实物检验三个作业环节。

1. 验收准备

仓库接到到货通知后，应根据商品的性质和批量提前做好验收前的准备工作，大致包括以下内容：

1）人员准备。安排好负责质量验收的技术人员或用料单位的专业技术人员，以及配合质量验收的装卸搬运人员。

2）资料准备。收集并熟悉待验商品的有关文件，例如技术标准、订货合同等。

3）器具准备。准备好验收用的检验工具，例如衡器、量具等，并检验其准确性。

4）货位准备。确定验收入库时存放的货位，计算和准备堆码垫垛材料。

5）设备准备。大批量商品的数量验收，必须要由装卸搬运机械的配合，因此应做设备的申请调用。此外，对于特殊商品的验收，例如：有毒物品、腐蚀品、放射品等，还要准备相应的防护用品。

2. 核对凭证

入库商品必须具备下列凭证：

1）入库通知单和订货合同副本，这是仓库接受商品的凭证。

2）供货单位提供的材质证明书、装箱单、磅码单、发货明细表等。

3）商品承运单位提供的云淡，若商品在入库前发现残损情况，还要有承运部提供的货运记录或普通记录，作为向责任方交涉的依据。

4）核对凭证，也就是将上述凭证加以整理全面核对。入库通知单、订货合同要与供货单位提供的所有凭证逐一核对，相符后才可进行下一步的实物检验。

3. 实物检验

实物检验就是根据入库单和有关技术资料对实物进行数量和质量的检验。

1）数量检验。这是保证物资数量准确不可缺少的重要步骤，一般在质量检验之前，由仓库保管职能机构组织进行。按照商品性质和包装情况，数量检验分为三种形式：计件、检斤、检尺求积。

① 计件是按件数供货或以件数为计量单位的商品，做数量验收时清点件数。一般情况下，计件商品应全部逐一清点，固定包装物的小件商品，如果包装完好，打开包装会对保管不利。国内货物只检查外包装，不拆包检查。进口商品按合同条款进行数量验收。

② 检斤是按重量供货或以重量为计量单位的商品，做数量验收时的称重。金属材料、化工产品多数是检斤验收。按理论换算重量供应的商品，先要通过验尺，例如，金属材料中的板材、型材等，检尺后再按规定的换算方法换算成重量验收。对于进口商品，原则上应全部检斤，但如果订货合同规定理论换算重量交货，则按合同规定处理。所有检斤的商品，都应填写磅码单。

③ 检尺求积是对以体积为计算单位的商品，例如，木材、竹材、砂石等，先检尺、后求积所做的数量验收。凡是经过数量检验的商品，都应该填写磅码单。

在做数量验收之前，还应根据商品的来源，包装的好坏或有关部门的规定，确定对到库商品是采用抽验还是全验的方式。在一般情况下，数量检验应全验，即按件数全部进行点数，按重量供货的全部检斤，按理论重量供货的全部检尺，然后换算为重量，以实际检查结果的数量作为实收数。但如果商品管理机构有统一规定时，则可按规定办理。

2）质量检验。质量检验包括外观检验、尺寸检验、机械物理性能检验和化学成分检验等形式。仓库一般只做外观检验和尺寸精度检验，后两种检验如果有必要，则由仓库技术管理职能机构取样，或委托专门检验机构检验。

① 商品外观检验。在仓库中，质量验收主要指商品外观检验，由仓库保管职能机构组织进行。外观检验是指通过人的感觉器官，检验商品的包装外形或装饰有无缺陷；检查商品包装的牢固程度；检查商品有无损伤，如撞击、变形、破碎等；检验商品是否被雨、雪、油污等污染，有无潮湿、霉毒、生虫等。外观有缺

陷的商品，有时可能影响其质量，所以，对外观有严重缺陷的商品，要单独存放，防止混杂，等待处理。凡经过外观检验的商品，都应填写"检验记录单"。商品的外观检验，即通过直接观察商品包装或商品外观来判别质量情况，大大简化了仓库的质量验收工作，避免了各个部门反复进行复杂的质量检验，从而节省大量的人力、物力和时间。

② 商品的尺寸检验。由仓库的技术管理职能机构组织进行。进行尺寸精度检验的商品，主要是金属材料中的型材、部分机电产品和少数建筑材料。不同型材的尺寸检验各有特点，例如，椭圆材主要检验直径和圆度；管材主要检验壁厚和内径；板材主要检验厚度及其均匀度等。对部分机电产品的检验，一般由用料单位派人员进行。尺寸精度检验是一项技术性强，很费时间的工作，全部检验工作量大，并且有些产品质量的特性只有通过破坏性的检验才能测定，所以一般采用抽验的方式进行。

③ 理化检验。是对商品内在质量和物理化学性质所进行的检验，主要是针对进口商品。对商品内在质量的检验要求一定的技术知识和检验手段，目前大多数仓库不具备这些条件，所以一般由专门的技术检验部门进行。

以上的质量检验是在商品交货时或入库前的验收。在某些特殊情况下，还有完工时期的验收和制造时期的验收，即在供货单位完工和制造过程中，由需方派人员到供货单位检验。应当指出，即使是供货单位检验过的商品，由于运输条件差，或者商品质量不稳定，也会在入库时发生质量问题，所以交货时和入库前的检验，在任何情况下都是有必要的。

商品验收方式分为全验和抽验。在进行数量和外观验收时一般要求全验。在质量验收时，若商品批量小，规格复杂，包装整齐或要求严格验收，通常采用全验的方式。全验需要大量的人力、物力和时间，但是可以保证验收的质量。当批量大、规格简单、包装整齐，供货单位的信誉较好，人工验收条件有限的情况下，通常采用抽验的方式。随着商品质量和储运管理水平的提高以及数理统计方法的应用，为抽验方式提供了物质条件和理论依据。

商品验收方式和有关程序应由供货方和保管方共同协商，并通过协议在合同中加以明确规定。

（三）商品入库中的问题处理

商品验收过程中，可能会发现诸如证件不全、数量短缺、质量不符合要求等问题，应针对不同情况及时处理。

1）验收中发现问题需等待处理的商品，应单独存放，妥善保管，防止混杂、丢失、损坏。

2）在磅差规定范围内数量短缺的，可按原数入账，凡超过磅差规定范围的，应查对核实，做好验收记录和磅码单交主管部门，会同货主向供货单位办理交涉。

凡实际数量多于原发数量的，可由主管部门向供货单位退回多发数，或补发货款。在商品入库验收过程中发生数量不符的情况，其原因可能是发货方在发货过程中出现了差错，误发了商品，或者是在运输过程中漏装或丢失了商品。

3）质量不符合规定时，应及时向供货单位办理退、换货，或征得供货单位同意待为修理，或在不影响使用的前提下降价处理。商品规格不符或错发时，应先将规格对的予以入库，规格不对的做成验收记录交给主管部门办理换货。

4）证件未到或不齐时，应及时向供货单位索取，到库商品应作为待检验商品堆放在待验区，待证件到齐后再进行验收。证件未到之前，不能验收、不能入库，更不能发料。

5）属承运部门造成的商品数量短少或外观包装严重残损等，应凭接运提货时索取的"货运记录"向承运部门索赔。

6）如果价格不符，供方多收部分应拒付，少收部分经过检查核对后，应主动联系，及时更正。

7）"入库通知单"或其他证件已到，在规定的时间内未见商品到库时，应及时向有关部门反映，以便查询处理。

在商品验收过程中，如果发现商品数量或质量存在问题，应该严格按照有关制度进行处理。这样有利于分清各方的责任，并促使有关责任部门吸取教训，以改进今后的工作。在对验收过程中，发现的问题进行处理时应注意以下几个方面。

1）商品入库凭证未到齐之前不得正式验收。如果入库凭证不齐或不符，仓库有权拒收，或暂时存放，等凭证到齐再验收入库。

2）现商品数量或质量不符合规定，要会同有关人员当场作出详细记录，交接双方应在记录上签字。如果是交货方的问题，仓库应该拒绝接收。如果是运输部门的问题就应该提出索赔。

3）数量验收后，计件商品应及时验收，发现问题要按规定的手续，在规定的限期内向有关部门提出索赔要求。超过索赔期限，责任部门对形成的损失将不予负责。

第三节　装卸搬运作业

一、装卸搬运概述

装卸搬运是衔接整个物流过程的必要环节，物流系统各个环节或同一环节的不同活动之间，都必须进行装卸搬运作业。

（一）含义

装卸搬运通常是指在同一地域范围进行的、改变物品的存放状态和空间位置为主要内容和目的的活动。即将不同散装、包装或整体之原材料、半成品和产成品，在平面垂直方向加以提起、放下或移动，可能是要运送，也可能是要重新摆放物料，而使货物能适时、适量移到适当位置或存放场所的一种作业过程。严格来讲，装卸搬运是两个不同的概念，装卸是指物品在指定地点以人力或机械装入运输设备或卸下；搬运则指在同一场所内，对物品进行水平移动为主的物流作业。由于在物流系统的物流结点，改变物品的存放状态和空间位置的作业常常是垂直和水平交替进行，这些统称为装卸搬运。

（二）装卸搬运作业的特点

一般来说，装卸搬运具有以下特点：

1. 作业量大

装卸搬运作为一种附属性、伴生性的活动，其操作在物流运动过程中无处不在，无时不有。在货物的供应需求过程中，随着运输方法的变更、仓库的中转及翻垛、货物的集疏、物流的调整等，搬运作业量会大幅度地提高。

2. 对象复杂

在物流过程中，货物的多种多样，它们在性质上、形态上、重量上、体积上以及包装方法上都有很大区别。即使是同一种货物在搬运前的不同处理方法，也可能会出现完全不同的搬运作业。不同的储存方法，不同的运输方式在搬运设备运用、搬运方式的选择上都提出了不同的要求。

3. 作业不均衡

装卸搬运作业是一种支持、保障性活动。它会受到货物产需衔接、市场机制等条件的制约，随着物流量的波动而呈现出不均衡的特点。各种运输方式由于运量上的差别、运速的不同，使得港口、码头、车站等不同物流结点也会出现集中到货或停滞等待的不均衡搬运。

4. 对安全性要求高

装卸搬运作业是一种衔接性的活动，需要人与机械、货物相结合。因此，对人、机械和货物的安全性都要求较高。而工作量大、情况多变、作业环境复杂等又导致了搬运作业中大量存在不安全的因素和隐患。与其他物流环节相比，装卸搬运作业的安全系数较低。

（三）装卸搬运作业的作用

在仓储管理的工作过程中，始终伴随着装卸搬运活动。比如，在卸货、数量和质量检查、储区、拣选区、拣选取货、包装点、分类点、发货准备区等之间都离不开搬运活动。

1. 装卸搬运作业质量影响货物的质量与数量

货物从进货、储存到出货，往往要经过数次的搬运，若搬运不当，就会造成货物的损坏、变形、散失、溢出等，甚至有可能一些货物完全失去使用价值。

2. 良好有序的装卸搬运系统能降低装卸搬运成本

装卸搬运作业的目的在于提高生产力，降低装卸搬运成本。一个良好有序的装卸搬运系统可消除瓶颈现象，使物流畅通，确保生产效率水平，使人力和设备有效利用。有效装卸搬运可以加速货物移动，缩短运输距离，减少总作业时间，降低储存和相关成本。良好装卸搬运系统不但改善工作环境，而且保证货物安全和完好，降低保险费用。

3. 装卸搬运是货物的不同运动过程之间互相转换的桥梁

装卸搬运把物流的各环节之间或在一个环节之内连接成为一种连续的物流作业过程，以实现物流合理化。虽然运输可以产生空间的效用，保管可以产生时间的效用，而搬运本身并不产生任何价值。但是，搬运的这种辅助作用恰恰是运输和保管前后必然发生的作业。因此，采取措施，积极地使它实现合理化，是非常必要的。

二、装卸搬运作业的方法

装卸搬运作业的方法，可以按作业对象、作业手段、装卸设备、作业方式的不同进行分类。

（一）按作业对象分

1. 单件作业法

单件作业法是指单件、逐件地装卸搬运，是人工装卸搬运阶段的主导方法。

2. 集装作业法

集装作业法是指将货物先进行集装，再对集装件进行装卸搬运的方法。它分为：集装箱作业法、托盘作业法、滑板作业法、货捆作业法、网袋作业法、挂车作业法等。

3. 散装作业法

散装作业法是指对颗粒状或粉末的大宗物资，在不进行包装的情况下，运用专门的散装设备（车或船），来实现货物的运输。这种专用的散装设备实际上是一种扩大了的包装。如，煤炭、矿石、水泥、化肥、石油、化学物品等采取散装作业法提高装卸搬运效率。它又分为：重力法、倾翻法、机械法和气力输送法等。

（二）按作业手段和组织水平分类

1. 人工作业法

人工作业法是使用人力或人工作业的方法，是一种古老的作业方法。劳动强度大，作业效率低，安全程度差，不适应现代生产与物流的要求。

2. 机械化作业法

机械化作业法是指以各种装卸搬运机械，采用多种操作方法来完成货物的装卸搬运作业方法。机械作业方法是目前仓库内装卸搬运作业的主流。

3. 综合机械化作业法

综合机械化作业法是指从以机械化，人力作业为中心，转向综合措施作业为中心。要求作业机械设备和作业设施、作业环境的理想配合，要求对装卸搬运系统进行全面的组织、管理、协调，并辅之以计算机管理为中心的自动化控制系统，它是代表装卸搬运作业发展方向的作业方式。

（三）按装卸搬运设备作业特点划分

1. 间歇作业法

间歇作业法是在货物支承状态和空间位置的改变过程中，有断续、间歇、重复、循环进行的。即在两次作业中存在一个空程准备过程的作业方法。这种作业法主要使用起重机械、工业车辆和专用机械进行作业。

2. 连续作业法

连续作业法是货物支承状态和空间位置的改变，是连贯、持续地流水般地实现装卸搬运作业的方法。它主要使用连续输送机械和该机械在组合成的专用机械作业，如带式输送机等的作业。

三、装卸搬运作业的流程

配送中心实施配送活动时，绝大部分时间是耗用在商品的装卸搬运上，商品的装卸搬运费用占整个经营费用的 30%～40%。因此，设计一个合理、高效、柔性的装卸搬运系统，并合理地组织装卸搬运活动，对缩短商品的装卸搬运时间，压缩库存资金占用，是十分必要的。

合理的配送中心装卸搬运的流程主要包括以下内容：

1）绘制商品装卸搬运图。

2）按搬运作业顺序作出商品活性指数变化图，并计算活性指数。

3）对装卸搬运的缺点进行分析改造，作出改进设计图，计算改进后的活性指数。

四、搬运活性分析

搬运活性指数是指物品存放状态对装卸搬运作业的方便（难易）程度。搬运指数越大，越容易搬运，反之则相反。装卸搬运的工序、工步就是要设计得使物料或货物的活性指数逐步提高（至少不降低），这也叫做步步活化。

装卸搬运货物或物品的流程一般为：散放（集中）、装箱（搬起）、支垫（升起）、装车（运走）、移动。从这一流程中可以看出，散放在地上的物品要运走，需要集中、搬运、升起、运走四次作业。作业次数最多，最不方便，即它的活性水平最低，活性指数定为 0；集装在箱中的物品，只要进行后面三次作业即可运走，物料搬运作业较为方便，活性指数为 1；以此类推，活性指数最高的是处于运行状态的物品，因为不需要再进行其他作业就能运走。物品处于不同状态的活性指数关系见表 5-1。

表 5-1　物品的活性区分及活性指数

物品所在状态	作业种类				还需要的作业数目	搬运活性指数
	集中	搬起	升起	运走		
散放在地上	√	√	√	√	4	0
在集装箱上	×	√	√	√	3	1
放在托盘上	×	×	√	√	2	2
放在车上	×	×	×	√	1	3
放在输送机上	×	×	×	×	0	4

五、装卸搬运作业的原则

1. 有效原则

有效原则是指尽可能减少或避免不必要的装卸搬运。在仓储管理中，应做到计划周密，调度得当，使装卸搬运作业量最小，所消耗的活劳动和物化劳动最少。

2. 连续作业原则

连续作业原则是指在装卸搬运作业时，尽可能互相衔接，不停顿、不间断地实现流水作业，互相协调，保持作业的连续性。

3. 最短距离原则

最短距离原则是指任何两点之间货物的装卸搬运，应取最短距离，在装卸搬运作业量一定的情况下，使所发生的总装卸搬运距离最短，尽量避免作业中的对流、迂回、重复装卸搬运。

4. 装卸搬运活化原则

货物存放状态对装卸搬运作业的方便程度，称为货物的"活化"，若用数字来表示，便成为"活性指数"。在装卸搬运过程中，下一步比前一步的活性指数高，下一步比上一步更便于作业，即称为"活化"。货物的"活化"，可以省力节能，提高装卸搬运作业的工作效率。

5. 协调兼顾原则

装卸搬运作业与物流其他环节之间，各工序、工步之间，装货点与卸货点之间，以及在管理、工艺、设备、设施等方面，要协调兼顾进行，才能提高效率。

六、装卸作业合理化措施

1. 减少和消除无效作业

所谓无效作业是指在装卸作业活动中超出必要的装卸、搬运量的作业。显然，它对装卸作业的经济效益有重要影响。为了有效地防止和消除无效作业，可从以下几个方面入手：

1）尽量减少装卸次数。物资进入流领域之后，常常要经过多次的主动装卸作业。要使装卸次数降低到最小，尤其要避免没有物流效果的装卸作业。

2）提高被装卸物资的纯度。物资的纯度指物资中含有水分、杂质与物资本身使用无关的物质的多少。物资的纯度越高则装卸作业的有效程度越高。反之，无效作业就会增多。

3）包装要适宜。包装是物流中不可缺少的辅助作业手段。包装的轻型化、简单化、实用化会不同程度地减少作用于包装上的无效劳动。

4）减少装卸作业的距离。物资在装卸、搬运当中，要实现水平和垂直两个方向的位移。选择最短的路线完成这一活动，就要避免多余的无效劳动。

5）提高物资装卸、搬运的灵活性。所谓物资装卸、搬运的灵活性是指物资在进行装卸作业中的难易程度。所以，在堆放货物时应事先考虑到物体装卸作业的方便性。

6）实现装卸作业的省力化。物资装卸搬运使物资发生垂直和水平位移，必须通过做功才能实现。因此，在物资装卸中应尽可能地利用重力进行装卸，减轻劳动强度和能量的消耗。例如将设有动力的小型运输带（板）斜放在货车、卡车或站台上，使物资在倾斜的输送带（板）上移动，靠重力的水平分力完成装卸；搬运作业中，把物资放在台车上，由器具承担物体的重量，人只要克服滚动阻力即可使物资水平移动；利用重力式移动货架，将滑动摩擦变为滚动摩擦等，都会大大节省劳动强度。

2. 装卸作业的机械化

装卸机械化程度一般可分为三个阶段，即简单装卸器具阶段、专用高效的装卸机具阶段和依靠电子计算机实现全自动化阶段。以哪个阶段为目标实现装卸作业的机械化，涉及到经济条件、生产力发展、社会的需要等许多方面的问题。但由于装卸搬运的机械化能把工人从繁重的体力劳动中解放出来，尤其对于危险品的装卸作业，机械化能保证人和货物的安全。因此，装卸搬运机械化程度应不断地提高。

3. 推广组合化装卸

在装卸作业过程中，要根据物资的种类、性质、形状重量的不同来确定不同的装卸作业方式。在物资装卸中，处理物资装卸方法有三种形式：普通包装的物资逐个进行装卸，叫做分块处理；将颗粒状物资不加包装而原样装卸，叫做散装处理；将物资以托盘、集装箱、集装袋为单位进行组合后进行装卸，叫做集装处理。对于包装的物资，应尽可能进行集装处理，实现单元合化装卸，大大节约装卸作业时间。

第四节　盘　点　作　业

货物盘点检查是对仓库储存货物按预定计划或有针对性地进行清点，对于准确了解和掌握储存物的数量、质量、动态变化有着重要意义。

一、盘点作业的必要性

（一）盘点的概念

商品因不断的进出库，在长期的累积下，库存账面数量容易与实际数量产生不符的现象。有些商品因存放时间过久、储存措施不恰当，导致变质、丢失等，造成损失。为了有效地控制商品数量，对各储存场所清点库存数量的作业，叫盘点作业。盘点结果的盈亏往往差异很大，物流中心必须要引起重视。

盘点作业是业务流程比较复杂的作业活动，它不仅要求系统的处理方式要灵活方便，而且要求各个部门协调配合。在实务操作方面，盘点作业时首先必须要求客户把当月的单据全部结掉，如实物入库。如果入库单滞后，则要求业务主管检查各种单据是否处理完毕，同时要求采购部，销售部和存货控制部在盘点前合理安排业务，尽可能避免或少出现在盘点进行过程中出现新的出入库作业。

（二）盘点的作用

1）确保各项商品安全与完好。
2）挖掘作业潜力，提高仓库利用率。
3）确保库存记录的真实性。
4）有利于了解物流中心有关商品储存的各项制度的执行情况。

二、盘点的主要内容和检查项目

1）检查商品的账面数量与实存数量是否相符。
2）检查商品的堆放及维护情况。
3）检查各种商品有无超储积压、损坏变质的现象。
4）检查商品的收发情况，以及有无按先进先出的原则发放商品。
5）检查对不合格品及呆废商品的处理情况。
6）检查安全设施及安全情况。

三、盘点作业方法

就像账面库存与实际库存一样，盘点也分为账面盘点和现货盘点。所谓"账面盘点"又称为"虚盘"，就是把每天入库及出库商品的数量及单价，记录在计算机或账簿上，而后不断地累计、加总，计算账面上的库存量及库存金额。而"实物盘点"亦称为"实地盘点"或"实盘"，也就是实地去清点调查仓库内的库存数，再根据商品单价计算实际库存金额的方法。

因此要得到正确的库存情况并确保盘点无误，最直接的方法就是看账面盘点与现货盘点的结果是否完全一致。一旦存在差异，即"料账不符"，就是检查究竟是账面盘点出现错误，还是现货盘点错误，这样才能得出正确结果及决定责任归属。

1. 账面盘点

账面盘点是把每天入库及出库的货物的数量及单价，记录在存货账面上，而后不断地累计、加总，算出账面上的库存量及库存金额。这种方法适合于少量且单价高的货物。账面盘点法的记载形式如表 5-2 所示。

表 5-2　货品总账

品名：									编号：		
请购点：						经济订购量：					
日期		订购		入库			出库		现存		附注
月	日	数量	请购单	数量	单价	金额	数量	金额	数量	金额	

2. 现货盘点

现货盘点又称为实地盘点。现货盘点法按时间频率的不同又可分为"期末盘点"及"循环盘点。"

期末盘点法是对储存保管的全部在库货物，不论是否有出入动态，全部进行盘点清查。通常用于清仓查库或年终盘点。这种方法的工作量大，检查的内容多，有时还须关闭仓库，以防止和减少盘点中的混乱与疏漏。

循环盘点法是将每天或每周当作一个周期来盘点，通常是对价值高或重要的货物进行盘点。因此，货物应按其重要程度科学地分类，对重要的货物进行重要管理，加强盘点，防止出现差错。这种方法在一个循环周期内，每种货物至少清点一次，这样有利于节约人力，经济方便。

四、盘点结果的处理

通过盘点落实货物出入库及保管情况，从而了解问题的所在，解决导致在库存货出现盈亏的问题。

（一）盘点出现盈亏的原因分析

1）货物入库登记账卡时看错数字。

2）运转途中发生的损耗在入库检查中未被发现。

3）盘点时计算有误，或计算方法不符。

4）由货物本身的情况而产生的自然损耗。

5）因气候或温湿度影响而发生腐蚀、硬化、变质、生锈、发霉等导致货物失去原有使用价值而发生数量短缺。

6）液体货物容器破损而损耗。

7）包装或分割出库时发生错误使数量短缺。

8）衡器、量具不准或使用方法不当引起数量错误。

（二）盘点后出现问题的处理

1. 盘点后出现盈亏的处理

发生盈亏的原因查清之后，要研究处理办法，并及时办理调整货物账卡的手续，使其实物、账、卡均相符，如表5-3所示。

表5-3 货物盘点盈亏调整

货物编号	商品名称	单　位	账面数量	实存数量	单价	盘　盈		盘　亏		备　注
						数量	金额	数量	金额	

2. 积压货物与废旧货物的处理

积压货物是指企业不需要或不对路的货物，或已过时被淘汰的货物。废旧货物是指已完全失去使用价值的货物。对于保管期过长、长期呆滞的积压货物，可采取降价出售或联系与其他企业调换等。对于废旧货物应报经批准，尽早报废处理，这对于改善流动资金结构和加速其周转期具有重要意义。

第五节　补　货　作　业

一、补货系统原理

传统企业只注重追求本身成本的降低，忽视了整个供应体系的成本；而新的物流理念则引导企业朝垂直整合的方向发展，重视整体体系的成本，由这个整合观念而产生的新的顾客服务理念就是"有效的顾客反应（ECR)"。

1）ECR 是将流通企业与制造商紧密结合在一起，不只是追求个别企业的高效率，而是把重点放在"整体"供货系统的共同效率化，并以此削减整体成本，降低整个库存与有形资产投资，对市场做出迅速反应，及时满足客户的需求。

2）ECR 的核心是要求制造商、批发商和零售商共同关注市场需求，使客户以更低的成本和更快的速度，获得更好的服务和物品供应。

3）推行 ECR 将达到下列成效：有效的物品结构是使卖场空间及库存周转率发挥最大效用；有效率的补货作业包括补货系统的时间安排、采用 EDI 促进信息共享化、物流共同配送。

二、自动分拣系统

对于配送中心而言，分拣系统是其核心设施，而现在先进的分拣系统，一般都是自动分拣系统。

（一）自动分拣系统作业描述

自动分拣系统是第二次世界大战后在美国、日本中广泛采用的一种自动分拣系统，目前已经成为发达国家大中型物流中心不可缺少的一部分。该系统的作业过程可以简单描述如下：物流中心每天接收成百上千家供应商或货主通过各种运输工具送来的成千上万种商品，在最短的时间内将这些商品卸下并按商品品种、货主、储位或发送地点进行快速准确的分类，将这些商品运送到指定地点。同时，当供应商或货主通知物流中心按配送指示发货时，自动分拣系统在最短的时间内从庞大的高层货架存储系统中准确找到要出库商品的所在位置，并按所需数量出库，将从不同储位上取出的不同数量的商品，按配送地点的不同运送到不同的理货区域或配送站台集中，以便装车配送。

（二）自动分拣系统的主要特点

1. 能连续、大批量地分拣货物

由于在大生产中使用的流水线自动作业方式，自动分拣系统不受气候、时间、人的体力等限制，可以连续运行 100 个小时以上，同时由于自动分拣系统单位时间分拣件数多，因此其分拣能力是人工分拣系统的数倍，每小时可分拣 7000 件包装商品，如用人工则每小时只能分拣 150 件左右，同时分拣人员也不能在这种劳动强度下连续工作 8 小时。

2. 分拣误差率极低

自动分拣系统的分拣误差率大小主要取决于所输入分拣信息的准确性，准确程度又取决于分拣信息的输入机制。如果采用人工键盘或语音识别方式输入，则误差率在 3% 以上；如采用条形码扫描输入，除非条形码的印刷本身有差错，否则不会出错。因此，目前自动分拣系统主要采用条形码技术来识别货物。

3. 分拣作业基本是无人化

国外建立自动分拣系统的目的之一就是为了减少人员的使用，减轻员工的劳动强度，提高人员的使用效率。因此自动分拣系统能最大限度地减少人员的使用，基本做到无人化。分拣作业本身并不需要使用人员，人员的使用仅局限于以下工作：

1）送货车辆抵达自动分拣线的进货端时，由人工接货。

2）由人工控制分拣系统的运行。

3）分拣线末端由人工将分拣出来的货物进行集载、装车。

4）自动分拣系统的经营、管理与维护。

例如，美国一公司配送中心面积为 10 万米^{2}左右，每天可分拣近 40 万件商品，仅使用 400 名左右员工，其中部分人员都在从事上述工作，自动分拣线做到了无人化作业。

（三）自动分拣系统的组成

自动分拣系统一般由控制装置、分类装置、输送装置及分拣道口组成。控制装置的作用是识别、接收和处理分拣信号，根据分拣信号的要求指示分类装置，按商品品种、按商品送达地点或按货主的类别对商品进行自动分类。这些分拣需求可以通过不同方式（如条形码扫描、色码扫描、键盘输入、重量监测、语音识别、高度检测及形状识别等），输入到分拣控制系统中去，分拣控制系统根据对这些分拣信号的判断，决定某一种商品该进入哪一个分拣道口。

分类装置的作用是根据控制装置发出的分拣指示,当具有相同分拣信号的商品经过该装置时,该装置发出动作,使其改变在输送装置上的运行方向,进入其他输送机或进入分拣道口。分类装置的种类很多,一般有推出式、浮出式、倾斜式和分支式几种,不同的装置对分拣货物的包装材料、包装重量、包装物底面的平滑程度等有不完全相同的要求。

输送装置的主要组成部分是传送带或输送机,其主要作用是使待分拣商品鱼贯通过控制装置、分类装置。在输送装置的两侧,一般要连接若干分拣道口,使分好类的商品滑下主输送机(或主传送带),以便进行后续作业。

分拣道口是已分拣商品脱离主输送机(或主传送带)进入集货区域的通道,一般由钢带、皮带、滚筒等组成滑道,使商品从主输送装置滑向集货站台,在这里工作人员将该道口的所有商品集中后,或是入库储存,或是组配装车并进行配送作业。

以上四部分装置通过计算机网络连接在一起,配合人工控制及相应的人工处理环节,构成一个完整的自动分拣系统。

(四)自动分拣系统的适用条件

第二次世界大战以后,自动分拣系统逐渐开始在西方发达国家投入使用,成为发达国家先进的物流中心、配送中心或流通中心所必需的设施条件之一。但因其要求使用者必须具备一定的技术经济条件,因此在发达国家,物流中心、配送中心或流通中心不用自动分拣系统的情况也很普遍。在引进和建设自动分拣系统时,一定要考虑以下条件:

1. 一次性投资巨大

自动分拣系统本身需要建设短则 40~50 米、长则 150~200 米的机械传输线,还有配套的机电一体化控制系统、计算机网络及通信系统等。这一系统不仅占地面积大,动辄 2 万米 ^{2} 以上,而且一般自动分拣系统都建在自动主体仓库中,要建 3~4 层楼高的立体化仓库,库内需要配备各种自动化的搬运设施,这项投资丝毫不亚于建立一个现代化工厂所需要的硬件投资。这种巨额的先期投入要花 10~20 年才能收回,如果没有可靠的货源作保证,则只有可能由大型生产企业或大型专业物流公司投资,小企业无力进行此项投资。

2. 对商品外包装要求高

自动分拣机只适于分拣底部平坦且具有刚性包装的规则商品。袋装商品、包装底部柔软且凹凸不平的商品,包装容易变形、易破损、超长、超薄、超重、超高、不能倾覆的商品,不能使用普通的自动分拣机进行分拣。为了使大部分商品都能用机械进行自动分拣,可以采取两条措施:一是推行标准化包装,使大部商品的包装符合国家标准；二是根据所分拣的大部分商品的统一的包装特性，定制特定的分拣机。但要让所有商品的供应商都执行国家的包装标准是很困难的，定制特定的分拣机又会使硬件成本上升，并且越是特别，其通用性就越差。因此公司要根据经营商品的包装情况，确定是否建或建什么样的自动化分拣系统。

第六节　流通加工作业

一、流通加工概述

（一）流通加工概念

流通加工是配送企业在配送系统内，按用户要求，设立加工场所进行的加工活动，如卷板展平、开片、下料、原木锯材、型煤加工、玻璃集中套裁等，力求把货物变为用户需要的尺寸、规格或成分等。配送流通加工是流通加工的一种，但配送流通加工又不同于一般流通加工的特点，它只取决于用户要求，其加工的目的单一，但可取得多种社会效果，比如可以提高运输效率，降低消耗，减轻生产企业负担，满足用户需要，提高配送质量，增加配送效益等。同时，也可完善配送功能，提高配送的总体经济效益。

流通加工和一般的生产型加工在加工方法、加工组织和生产管理等方面并无显著区别，但在加工对象、加工程度方面差别较大，其主要区别如下：

1）流通加工的对象是进入流通领域的商品，具有商品的属性；而生产加工的对象不是最终产品而是零配件、半成品，加工使物品发生物理、化学变化。

2）流通加工过程大多是简单加工，而不是复杂加工，一般来讲，如果必须进行复杂加工才能形成人们所需的产品，那么，就需要由生产加工来完成，生产过程理应完成大部分加工活动，流通加工对生产加工是一种辅助及补充，它绝不是对生产加工的取消或代替。

3）从价值观点看，生产加工目的在于创造价值及使用价值，而流通加工则在于完善其使用价值，并在不做大改变情况下提高价值。

4）流通加工的组织者是从事流通工作的人员，能密切结合流通的需要进行加工活动，从加工单位来看，流通加工由商业或物资流通企业完成，而生产加工则由生产企业完成。

5）商品生产是为交换和消费而生产的，流通加工纯粹是为流通创造条件的，这种为流通所进行的加工与直接为消费进行的加工从目的来讲是有区别的。

（二）流通加工的作用

流通加工的作用有以下几方面：

1. 提高加工材料利用率

利用流通加工环节集中下料，可将生产厂直接运来的简单规格产品，按使用部门的要求下料。例如，将钢板进行剪板、切裁；钢筋或圆钢裁制成毛坯；木材加工成各种长度及大小的板、方等。集中下料可以优材优用、小材大用、合理套裁，取得很好的技术经济效果。

2. 方便用户

用量小或临时需要的使用单位，缺乏进行高效率的初级加工能力，依靠流通加工可使使用单位省去进行初级加工的设备及人力，从而方便了用户。目前发展较快的初级加工有：将水泥加工成生混凝土，将原木或板方材加工成门窗、冷拉钢筋及冲制异型零件和钢板打孔等。

3. 提高加工效率及设备利用率

建立集中加工点，可以采用效率高、技术先进、工量大的专门机具和设备。这样做可提高加工质量，提高设备利用率，提高加工效率。从而降低了加工费用及原材料成本。例如，一般的使用部门在对钢板下料，采用气割的方法，留出较大的加工余量，这样出材率低，加工质量也不好。集中加工后，利用高效率的剪切设备，在一定程度上防止了上述缺点。

4. 充分发挥各种输送方式的优势

流通加工环节将实物的流通分成两个阶段。一般说来，从生产厂到流通加工点这段输送距离长，而从流通加工点到消费环节这段距离短。第一阶段是在数量有限的生产厂与流通加工点之间进行定点、直达、大批量的远距离输送，因此可以采用船舶、水车等大量输送的手段；第二阶段则是利用汽车和其他小型车辆输送经过流通加工后的多规格、小批量、多用户的产品。这样可以充分发挥各种输送手段的优势，加快输送速度，节省运力运费。

5. 改变功能，提高收益

在流通过程中可以进行一些改变产品某些功能的简单加工。其目的除上述几点外，还在于提高产品销售的经济效益。例如，内地的许多制成品（如洋娃娃玩具、时装、轻工纺织产品、工艺美术品等）在深圳进行简单的装满加工，改变了产品外观功能，仅此一项就可使产品售价提高20%以上。所以，在物流领域中，流通加工可以成为高附加值的活动。这种高附加值的形成，主要着眼于满足用户的需要，提高服务功能，它是贯彻物流战略思想的表现，是一种低投入、高产出的加工形式。

二、流通加工的类型

按加工目的的不同，有以下基本的流通加工形式：

（1）为弥补生产领域加工不足的深加工

有许多产品在生产领域的加工只能到一定程度，这是由于存在许多限制因素限制了生产领域不能完全实现终极的加工。例如，钢铁厂的大规模生产只能按标准规定的规格生产，以使产品有较强的通用性，使生产能有较高的效率和效益。

（2）为满足需求多样化进行的服务性加工

需求存在着多样化和多变化两个特点，为满足这种要求，经常是用户自己设置加工环节。

（3）为保护产品所进行的加工

在物流过程中，直到用户投入使用前都存在对产品的保护问题，防止产品在运输、储存、装卸、搬运、包装等过程中遭到损失，保障使用价值能顺利实现。

（4）为提高物流效率，方便物流的加工

有一些产品本身的形态使之难以进行物流操作，进行流通加工，可以使物流各环节易于操作。

（5）为促进销售的流通加工

流通加工可以从若干方面起到促进销售的作用。如将零配件组装成用具；车辆以便于直接销售；将蔬菜、肉类洗净切块以满足消费者要求等。这种流通加工可能是不改变"物"的本体，只进行简单改装的加工，也有许多是组装、分块等深加工。

（6）为提高加工效率的流通加工

许多生产企业的初级加工由于数量有限，加工效率不高，难以投入先进科学技术。流通加工以集中加工的形式，克服了单个企业加工效率不高的弊病，以一家流通加工企业代替了若干生产企业的初级加工工序，促使生产水平有所提高。

（7）为提高原材料利用率的流通加工

流通加工利用其综合性强、用户多的特点，可以实行合理规划、合理套裁、集中下料的办法，这就能有效提高原材料利用率，减少损失浪费。

（8）衔接不同运输方式，使物流合理化的流通加工

在干线运输及支线运输的结点，设置流通加工环节，可以有效解决大批量。低成本、长距离干线运输与多品种、少批量、多批次末端运输之间的衔接问题，在流通加工点与大生产企业间形成大批量、定点运输的渠道，又以流通加工中心为核心，组织对多用户的配送。也可在流通加工点将运输包装转换为销售包装，从而有效衔接不同目的的运输方式。

（9）以提高经济效益，追求企业利润为目的的流通加工

流通加工的一系列优点，可以形成一种"利润中心"的经营形态，这种类型的流通加工是经营的一环，在满足生产和消费的基础上取得利润，同时在市场和

利润引导下使流通加工在各个领域中能有效地发展。

（10）生产、流通一体化的流通加工形式

依靠生产企业与流通企业的联合，或者生产企业涉足流通，或者流通企业涉足生产，形成的对生产与流通加工进行合理分工、合理规划治理组织，统筹进行生产与流通加工的安排，这就是生产、流通一体化的流通加工形式。这种形式可以促成产品结构及产业结构的调整，充分发挥企业集团的经济技术优势，是目前流通加工领域的新形式。

三、流通加工合理化

1. 不合理流通加工的几种主要形式

流通加工是在流通领域中对生产的辅助性加工，从某种意义上讲，它不仅是生产过程的延续，更是生产本身或生产工艺在流通领域的延续。这种延续可能有正、反两方面的作用，即一方面可以有效地补充和完善了生产产品的使用价值，另一方面是如果设计不当，会对生产加工和流通加工产生负效应，所以应尽量避免不合理的流通加工。

不合理的流通加工主要表现在以下方面：

（1）流通加工地点设置的不合理

流通加工布局是否合理是流通加工能否有效的根本性因素。

1）一般而言，为衔接少品种、大批量生产与多样化需求的流通加工，加工地应该设置在需求地区，这样才有利于实现大批量的干线运输与多品种末端配送的物流优势。如果将流通加工地设置在生产地区，其不合理之处如下：

① 多样化需求的产品多品种、小批量，由产地向需求地的长距离运输会出现体积、重量增加的不合理。

② 在生产地增加了一个流通加工环节，同时增加了近距离运输、装卸、储存等一系列物流活动。在这种情况下，不如由原生产单位完成这种加工而无须另外设置专门的流通加工环节，这样社会效益与企业效益会更好。

2）一般而言，为方便物流的流通加工，它应设在产地出地。如果将其设置在消费地，则不但不能解决物流问题，又在流通中增加了一个中转环节，因而是不合理的。

3）即使是产地或需求地设置流通加工的选择是正确的，流通加工在小地域范围的选址也要正确，如果处理不善，仍然会出现不合理。这种不合理主要表现在交通不便，流通加工与生产企业或客户之间距离较远，流通加工点的投资过高（如受选址的地价影响），加工点周围社会、环境条件不良等。

（2）流通加工作用不大，形成多余环节

有的流通加工过于简单，或对生产及消费者作用不大，甚至有时流通加工盲目，这样不能解决品种、规格、质量、包装等问题，相反增加了环节与成本，这也是流通加工设置（无论设置在何地）不合理而容易被忽视的一种形式。

（3）流通加工方式选择不当

流通加工方式包括流通加工对象、流通加工工艺、流通加工技术和流通加工程度等。流通加工方式的确定，实际上是与生产加工的合理分工。分工不合理，本来应由生产加工完成的，却错误地由流通加工完成，都会造成不合理。

流通加工不是对生产加工的代替，而是一种补充。所以，一般而言，如果工艺复杂，技术装备要求较高，或加工可以由生产过程延续或轻易解决的，都应由生产加工完成。如果流通加工方式选择不当，就会出现与生产加工争夺市场、争夺利益的恶果。

（4）流通加工成本过高，效益不好

流通加工之所以能够有生命力，重要优势之一是有较大的产出投入比，因而可以有效起到补充完善的作用。如果流通加工成本过高，则不能实现以较低投入实现更高使用价值的目的。除了一些必需的、从政策要求进行的加工外，都应看成是不合理的流通加工。

2．流通加工合理化

流通加工合理化的含义是实现流通加工的最优配置，在满足社会需求这一前提的同时，合理组织流通加工生产，并综合考虑运输与加工、加工与配送、加工与商流的有机结合，以达到最佳的加工效益。为避免各种不合理现象，对是否设置流通加工环节，在什么地点设置，选择什么类型的加工，采用什么样的技术装备等，需要做出正确抉择。具体来说，实现流通加工合理化主要考虑以下几方面：

（1）加工和合理运输结合

在干、支线运输转运点，设置流通加工，既充分利用了干、支线转换本来就必须停顿的环节，又可以大大提高运输效率及运输转载水平。

（2）加工和配送结合

将流通加工设置在配送点中，一方面按用户和配送的需要进行加工，另一方面加工又是配送业务流程中分货、拣货、配货的一环，加工后的产品直接进入配货作业，这就无须单独设置一个加工中心环节，使流通加工有别于独立的生产，而使流通加工与中转流通紧密地结合起来。同时，配送之前有加工，可使配送服务水平大大提高。这是当前对流通加工作合理选择的重要形式，如煤炭、水泥等产品的流通中已表现得较为突出。

（3）加工和配套结合

在流通中往往有"配套"需求，而配套的主体来自各个生产单位，但全部依靠现有的生产单位有时无法实现完全配套，如进行适当流通加工，可以有效促成配套，大大提高流通的桥梁与纽带作用。

（4）加工和商流相结合

通过加工有效促进销售，使商流合理化，也是流通加工合理化的考虑方向之一。

（5）加工和节约相结合

节约能源、节约设备、节约人力、节约耗费是流通加工合理化考虑的重要因素，也是目前我国设置流通加工，考虑其合理化是较普遍的形式。

对于流通加工合理化的最终判断，是看其是否能实现社会和企业本身的效益，是否取得了最优效益。对流通加工企业而言，与一般生产企业的显著不同之处是，流通加工企业更应树立以社会效益为第一观念，只有这样才有生存价值和发展空间。

练 习 题

1. 如何选择适合本企业的备货和配货方式？
2. 具体介绍备货作业的内容。
3. 简单介绍配送中心的进货流程。
4. 配送中心装卸搬运的方法有哪些？
5. 配送中心装卸搬运应遵循的原则有哪些？
6. 流通加工在物流系统中地位如何，有哪些作用？
7. 列举流通加工的类型。
8. 实现流通加工合理化应注意哪些因素？

案 例 分 析

连邦软件赢在"连锁"与"配送"

在软件盗版的丛林中，首创正版软件连锁经营的"连邦"，经过短短 5 年的经营，已在全国 145 个城市建有近 300 家专卖店，销售额平均年增长率超过 100%，从 1994 年时不到 500 万元到 1998 年超过 3.5 亿元，成为国内软件流通的主渠道。其独创的"连邦软件销售排行榜"被誉为中国软件市场的"晴雨表"。短短一年半内连获三次风险投资：中保信、香港联邦和综艺股份接踵而来。从 1999 年开始，"连邦"开始大规模进军电子商务领域，现已建立以"珠穆朗玛"网站为核心的电子商务体系，目前首页访问人次已超过 200 万，每月的销售额已接近 100 万元人民币。经过国内外众多专家的考察，商业潜力极大，成为目前国内最大、最成熟的电子商务体系。2000 年，"连邦"提出了"一个中心，两件大事"的口号：一个中心是指继续发展"加盟连锁店"；两件大事，一件是建立"网上连邦"，开展 B2B 业务。另一件是力争在香港二板市场上市，同时向加盟者转让部分股权。

　　研究"连邦"，会发现最具特色的是其独特的"连锁经营"模式。连邦的"连锁经营"既有"直营连锁"又有"特许加盟连锁"。为什么连邦同时采用两种"连锁经营"模式运作？其"物流配送"如何解决？

一、连锁方式

　　连锁经营中，正规连锁（也称直营连锁）需要大量资金，发展往往受到限制，而特许连锁的优势恰恰在于总部无需增加资金投入，就可以控制众多独立店铺扩大经营，占据市场，获得利益。在"连邦"现有的 256 家连锁专卖店中，有 206 个特许经营店，占总数的五分之四。"连邦"选择正规连锁和特许连锁两种形式。

　　"连邦"总部采用正规连锁与特许连锁并行的方式。一方面采用正规连锁建立直营店，如在一些重要城市北京、上海、广州、武汉、成都等地，由总部直接投资或控股经营，在产权上是从属关系；另一方面采用特许连锁在其他一些城市建立特许加盟店（有时也称授权专卖店或特许店），如在合肥、太原、长沙等地特许授权给加盟者，由加盟者来经营，在产权上与总部没有从属关系。

　　世界上成功的连锁经营企业，如麦当劳、肯德基等都是采取特许经营方式，它们的特许加盟店开遍了世界各地。一般来说，连锁企业在开设了一定数量的直营店之后，就会马上考虑用特许连锁的方法来发展加盟店。其一是可以成为加盟店的样板店、培训店；其二是以特许连锁的方法来发展加盟店，总部出资较少，不需要较大投资；其三是中小型商店在世界各国零售业占总数的大部分，在商业竞争激烈的零售业规模经营的发展推动中，具有加入连锁体系的选择可能性，也就是说，存在着庞大的、现成的加盟者市场。

　　"连邦"也正是采取这种模式，从 1994 年刚刚成立之时建立 7 个直营店之后，就开始紧锣密鼓地、大规模地建立特许加盟店。特许加盟店虽然不需要总部投入过多的资金，但是要成功地经营却并非易事。如果有哪个环节出现问题，就可能会导致全盘皆输。因此，对于总部来说，必须要有一整套运作模式。

　　首先，"连邦"将开办加盟店所涉及的风险降至最低，例如，他们对合作伙伴的选择、资金实力、店址选择等都经过详尽的调查分析，才开始谈合作；其次是确保加盟者可以遵循总部既定的模式和经营规范；第三是持续地协助引导加盟店；总部市场部定期检查加盟店，并给予实质性的职员，帮助加盟店订立营业计划和改善经营绩效，进行有效的市场及营业分析，给予广告宣传及品牌形象的支持；第四是监督考核加盟店，经常保持总部与加盟店的有效沟通，加强考核，纠正加盟店的不良做法。总部根据各专卖店的经营绩效、资金实力、信誉情况等事先约定一个信用额度，超过了额度，总部有权停止供货，限期付清账款，如果长期拖欠总部货款，总部有权取消其加盟店资格。

二、物流配送

　　"连邦"软件销售连锁组织的物流配送是随着整个组织的规模变化而不断发展

的，无论是规模较小时采用的总店制，还是规模逐渐扩大以后发展成的储运部，以至后来成立的物流中心。物流配送组织的演变从一个侧面反映了"连邦"软件销售连锁组织这些年来的超速发展，充分说明了连锁组织总部采取的组织调整策略适应了市场和组织系统变化的格局。

1. 商品采购

首批采购：商品采购一般分为首批采购和日常采购。首批采购是指对新上市产品进行的第一批采购，日常采购是指除首批采购外的其他采购行为。对于畅销产品的首批采购，确定合适的采购量是至关重要的。如果采购量小，就有可能缺货，少则一两天，多则一个星期，这样会失去宝贵的热卖机会，造成经济损失，如果再碰上厂商因压盘紧张等原因缺货，损失就更大了。相反，如果采购量大，轻则造成资金占用，重则造成死库存，损失可能更大。对于畅销产品的首批采购量，"连邦"实施谨慎的采购原则，一般由产品经理根据各地专卖店的征订量，考虑其他综合因素后，凭经验判断来确定。首批采购量不会因量大而造成死库存，因为首批采购量中有 200～500 套代销量，即使有少量的死库存，由于与厂商的合作关系一向良好，也能与厂商调换。如果订货量偏少的话，有可能不能满足专卖店的需求，回头再找厂商要货，一是延误时间，二是厂商处可能缺货。出现这种情况，厂商会优先支持"连邦"，因为他们知道"连邦"拿走货之后，都是直接销售给最终客户，不会去炒货。

日常采购：日常采购量的决定主要依据订单管理系统。对于每种产品，"连邦"会定期设置一个最低库存量和一个最高库存量值，而且会定期进行调整。最低库存量值与最大库存量值的设置，是根据产品的畅销程度、产品所处的销售生命周期、资金占用大小、采购的容易程度、货源紧张程度等情况进行的人为设置。这个人为设置是根据实际销售经验而确定的。

2. 配发货

总部给各地专卖店配发货产品一般分为三类：代销产品、配货产品、订货产品。装箱清单上会明确注明各产品的发货性质。软件开发商根据与连邦总部，总部根据代销总数量依据各地专卖店的销售能力和付款信誉来确定给专卖店的代销量。代销产品不用预先支付货款，在代销期间内销售不出去可以通过总部退还场上，没有任何库存风险。产品的代销期为半年至一年。代销期结束后，总部会发通知要求各地专卖店退回代销产品。

配货产品是总部根据原先与专卖店的约定数量，主动配发给专卖店的产品。针对市场上一些当期不太畅销的产品，连邦总部事先不会发通知要求各地专卖店征订，但这些产品仍可能有一定的销售量，为了提高这些产品到达专卖店的速度，促进销售，"连邦"总部依据这些产品的销售程度和专卖店的销售能力，直接给各专卖店作为配货产品配发一定数量的产品，一般大城市的专卖店为 3～5 套，小城市为 1～2 套。配货产品先收取货款，由各地专卖店承担库存风险，各专卖店在收到货后一两个月内可以退回总部，超过期限不允许退回总部。实施配货产品政策，一是减少由专卖店订货到总部确认发货这个环节过程，使产品到货速度加快；二是鼓励专卖店积极开发当地市场，增加促销活动，变不太畅销的产品为畅销产品，拓宽畅销产品的范围。

订货产品是指根据专卖店的订货单配发的产品，包含首批征订的产品和日常订购的产品。订货产品的品种和数量主要是由各专卖店负责制定，订货产品先收取货款，由各地专卖店承担库存风险，无特殊情况下不允许退回总部。

3. 厂商直供

统一进货可以给连锁店带来规模优势，使其供货价格比别人更具竞争力。但是如果所有商品全部由总部统一供货，就会存在发给各个专卖店货物速度慢的问题。"连邦"就此探索出一条由厂商直接供货而结算由总部统一负责的途径。事实证明，"连邦"采用的这种方法是行之有效的。

由于软件市场增长速度放慢，市场竞争显得更加激烈，其中一个问题就是物流的速度和成本。各地连邦软件专卖店当地的竞争者是直接由厂商发货，包装费甚至运费是由厂商负责，不仅到货快，而且总成本低。而连邦总部尽管最早从厂商处拿到货，但要办理入库、打印标签、分货、然后发货，货到专卖店时已经比当地竞争对手晚了一步，而且总部承担包装、分货成本，运费等还由专卖店自己承担，增加了总成本。对于在外地的厂商，"连邦"总部收到货的时间几乎和各地连邦软件专卖店当地竞争者拿到货的时间差不多，如果再由"连邦"总部发货各专卖店，时间最长可能会耽误一周左右。现在厂商之间的竞争也很激烈，有些厂商为了达到占领更多市场份额的目的，往往新产品还未上市，广告早已提前一个月打出。用户看到广告以后经常到各个零售店里询问。对于一些畅销产品，有时前后也就相差一两个小时，"连邦"就是因为没有货，用户只好到竞争对手那里去了，店里也就少卖了几十套。如果到货速度比竞争对手晚一周左右，情况将不堪设想。

为了保持连邦专卖店名副其实的"大而全"的产品形象，"连邦"总部和厂商签署协议，由厂商直接供货，总部统一和厂商结算。单据的传递是其关键，连邦和厂商约定，厂商制作一份发货单，传真一份给专卖店，一份给"连邦"总部。专卖店收到由厂商直接发来的货并检验无误后，在发货单上盖章签字后传真给"连邦"总部，总部根据专卖店的确认单制作专卖店的物流单，并办理产品入库手续，按规定和厂商结算。这样一来，不仅提高"连邦"总部的工作效率，使产品到各专卖店的速度加快，而且还降低成本，运输费、包装费由厂商承担，减少资金占用。

思考题

配送中心对连锁经营企业的成本和利润有什么影响？

第六章　配送运输管理

🔖 学习目标与要求

　　掌握运输的概念和运输的基本方式；掌握各类运输工具的特点，能够根据配送的需要选择适当的运输工具；理解运输装载合理化的意义，并掌握合理化的相关方法；了解网络经济时代运输的发展趋势。

第一节　运输的概念和货物运输方式

一、运输的概念

　　运输是指人或货物借助运输工具和运输设施在空间产生的位置移动。在物流系统中，运输是最重要的环节之一，它承担物流改变空间状态的重要任务。只有与包装、装卸搬运、储存保管、流通加工、配送和信息处理等功能有机结合，运输才能最终圆满完成改变物的空间状态、时间状态和形质状态，实现物品从供应地到接受地的流动转移任务。

　　运输包括生产领域和流通领域的运输。生产领域的运输一般在企业内部进行，称为企业内部运输。企业内部运输包括原材料、在制品、半成品和成品的运输，是直接为产品生产服务的，也称为物流搬运。流通领域的运输则是在大范围内，将货物从生产领域向消费领域转移，或从生产领域向物流网点，或物流网点向消费地移动的活动。由此可见，流通领域的运输与搬运功能是近似的，它们之间的区别仅仅在于空间范围的大小。流通领域的运输空间范围较大，可以跨城市、跨区域、跨国界，而搬运仅限于一个部门内部，如车站内、港口内、仓库内或车间内。因此，在物流运输中，将生产领域内的运输称为"搬运"，将小宗货物从物流网点到用户的短途、末端运输称为"配送"。

二、货物运输的基本方式

（一）铁路运输方式

　　铁路运输方式是指在铁路上以车辆组编成列车载运货物、由机车牵引的一种运输方式。它主要承担长距离、大批量的货物运输，是我国现代最重要的货物运输方式之一，具有昼夜不间断、全天候作业的特点。

　　铁路运输的优点是运量大，速度快，成本低，一般不受气候的影响，能够准确掌握货运时间；缺点是运输基建投资较大，运输范围受铁路线限制。

（二）公路运输方式

公路运输方式是指在公路上使用机动车辆或是人力车、畜力车等非机动车辆载运货物运输的一种方式，适用于近距离、小批量的货运，或是水运、铁路难以到达地区的长途、大批量货运。公路运输是现代交通运输的重要方式之一。

公路运输的优点是机动灵活，可实现"门到门"运输，不需要转运或反复搬运。即使采用其他运输方式，多数情况下也需要公路运输作为集疏运手段。公路运输的缺陷也很突出，载重量小，不适宜装载重、大、长件货物，不适宜长途运输，能耗高，污染大，车辆运行中震动较大，容易发生货损事故，运输成本较水运和铁路运输都高。

（三）水路运输方式

水路运输是一种最古老，也是现代化程度较高的一种运输方式，它利用船舶和其他浮运工具在江河、湖泊、水库等天然或人工水道和海洋上运送旅客与货物。一般主要承担大批量、远距离的运输。

由于水路运输多是天然形成，不像铁路、公路需要大量资金投资修建，又因船舶运量较大，所以无论在运输能力还是在运输成本上水路运输都处于优越地位。水路运输的缺点是速度慢，受港口、气候等因素影响大。

（四）航空运输方式

航空运输是利用飞机或其他航空器在空中进行货物运输。其优点是速度极快；不受地形限制，在其他运输工具都达不到的地区仍然可以进行空运。飞机的振动较轻，空中货物也不可能被盗，因此航空运输是一种十分安全的运输形式，近年来发展很快。

由于航空运输的成本很高，所以需要空运的货物种类较少，一般是价值量高、运费承担能力强的贵重货物，如电子设备、精密仪器；或者是时令货物，如生猛海鲜、时装、鲜花等；或者是应急物资，如急救药品器材、救灾物资、战时军需品等。

（五）管道运输方式

管道运输是一种新型的运输方式，它是指由钢管、泵站和加压设备等组成的利用管道加压输送气体、液体、粉状固体的运输方式，一般由管线和管线上的各个站点组成。

管道运输的主要优点是运量大，运费低，能耗少，较安全可靠，一般受气候环境影响小，劳动生产率高。因为运输设备在运输过程中静止不动，不存在其他运输方式中普遍存在的运输设备随货物移动消耗动力所产生的无效运输。并且，管道是密封的，货物不会散失，也不会污染环境。

管道运输的缺点是通用性差，目前主要用于运送原油、天然气、煤浆等。

综上所述，物流货物运输包括铁路、公路、水路、航空和管道运输，各种运输方式均是物流货物运输系统的子系统。

三、各种运输方式的主要技术经济指标

1. 货物运输量

货物运输量是反映交通运输业工作量的数量指标。铁路主要用货物发送吨数表示，公路和水运部门按经营量进行计算，水运可按航次、装卸情况或排水吨位来推算。

2. 货物周转量

货物周转量是反映交通运输业工作量的数量指标。货物运输量只表示货物的运送吨数，而不能反映所运送的距离。货物周转量指标是一个全面反映运输数量和运输距离的复合产量指标，如铁路货物周转量是指一定时间内（年、月）铁路局在货运工作方面所完成的货物吨公里数。

3. 货物平均运程

货物的平均运程，即货物的平均运输距离，表示平均每吨货物运送的距离。货物的平均运程与货物周转量和运输费用的大小、车辆周转的速度、货物的送达时间有关。各类货物平均运程，是分析各地区之间和国民经济各部门、各企业之间经济联系的重要指标之一。

4. 货车周转时间

货车周转时间，是指货车在完成一个工作量的周转过程中平均花费的时间。这一指标是考核运输部门与有关部门的协作关系和工作效率，以提高专用线作业与管理水平，是加速货车周转时间的关键之一。

5. 货物装卸量

货物装卸量，是指进出车站、港口范围内装卸货物的数量，以"吨"表示。它是衡量车站、港口货物装卸工作量大小的数量指标。

6. 运送速度

运送速度，是各种运输方式技术经济效果的重要指标之一，在保证质量良好

地完成运输任务的前提下，用最快的速度把商品送达目的地，尽可能缩短在途时间，是对运输的基本要求。

各种运输方式的技术经济特征见表 6-1。

表 6-1　各种运输方式的技术经济特征

运输方式	铁路运输	道路运输	水路运输	航空运输	管道运输
运输成本	成本低于公路	成本高于铁路、水路和管道运输，仅比航空运输成本低	运输成本一般较铁路低	成本最高	成本与水运接近
速度	长途快于公路运输，短途慢于公路		速度较慢	速度极快	
能耗	能耗低于公路和航空运输	能耗高于铁路和水路运输	能耗低，船舶单位能耗低于铁路，更低于公路	能耗极高	能耗最小，在大批量运输时与水运接近
便利性	机动性差，需要其他运输方式的配合和衔接，才能实现"门一门"的运输	机动灵活，能够进行"门一门"运输	需要其他运输方式的配合和衔接，才能实现"门一门"运输	难以实现"门一门"运输，必须借助其他运输工具进行集疏运	运送货物种类单一，且管线固定，运输灵活性差
投资	投资额大，建设周期长	投资小，投资回收期短	投资少	投资大	建设费用比铁路低 60％左右
运输能力	能力大，仅次于水路	载重量不高，运送大件货物较为困难	运输能力最大	只能承运小批量、体积小的货物	运输量大
对环境的影响	占地多	占地多，环境污染严重	土地占用少		占用的土地少，对环境无污染
适用范围	大宗低值货物的中、长距离运输，也适用于大批量、时间性强、可靠性要求高的一般货物和特种货物的运输	近距离、小批量的货运或是水运、铁路难以到达地区的长途、大批量货运	运距长，运量大，对送达时间要求不高的大宗货物运输，也适合集装箱运输	价值高、体积小、送达时效要求高的特殊货物	单向、定点、量大的流体状且连续不断货物的运输

第二节　运输工具的选择与标准化

一、运输工具的选择

（一）运输车辆的选择

运输车辆是主要的运输工具。运输车辆的选择，主要指车辆的选择和载重量选择。合理选择车辆，不仅可以保证货物完好无损，而且可以提高车辆载重量的利用率，提高装卸的工作效率，缩短运达期限，并减少运输费用。在通常情况下，车辆的选择应满足运输费用最少这一基本要求。此外，其影响因素主要还包括货物的类型、特性与批量，装卸工作方法，道路与气候条件，货物运送的速度以及运输工作的动力及材料的消耗量等。

1. 车辆类型的选择，主要对通用车辆和专用车辆的选择

针对不同类型货物的运输需要采用相应的专用车辆，可以保证货物的完好无损，减少劳动消耗量，改善劳动条件，提高安全及运输经济效益。

专用车辆主要用于运输特殊货物，或在有利于提高运输工作效率的前提下装置随车装卸机械而用于运输一般货物。在某些情况下，采用水泥运输车与通用汽车相比，可以减少水泥损失和运输费用达 30%，而采用面粉专用运输车与采用通用汽车运输袋装面粉相比，运输费用可以降低约 50%。

2. 车辆载重量的选择

确定车辆最佳载重量的首要因素是货物批量。当进行大批量货物运输时，在道路法规允许的范围内采用最高载重量车辆是合理的。而当货物批量有限时，车辆的载重量与货物批量相适应，否则如果车辆载重量过大，必将增加材料和动力的消耗，增加运输成本。而在特殊情况下，对于在往复式路线上运输小批量货物，采用汇集式运输时，可选择载重量较大的车辆。

（二）集装箱

集装箱是具有一定规格和强度，专为周转使用的容器。这种容器和货物的外包装及其其他容器不同，它是进行货物运输，便于机械装卸的一种成组工具。集装箱的特点如下：

1）能长期反复使用，具有足够的强度。

2）在途中转运时，不动箱内的货物，可以直接换装。

3）在一种或多种运输方式中，便于快速装卸和搬运。

4）便于货物的装满和卸空，具有 1 立方米（35.3147 立方英尺）以上的内容积。

二、运输工具标准化的意义

适合多种运输方式的运输工具，应当有统一的标准，以便于过轨、接驳、装卸。在满足运输条件的基础上，应选择适当的运输工具使得运输成本最低。客观上，企业有运输工具的选择权。例如，当客户要求运输到货的时间太过紧促，在现有条件下，企业只能采取高速运输。但是，对于企业而言，就没有运输工具的选择权，也没办法进行运输工具标准化。运输工具标准化可结合企业以往大量的历史数据及相关业务人员的经验一起确定下来，其决策可与运输路径优化一起进行。

运输工具标准化有利于解决货物运输中的安全和环保问题；有利于降低物流成本，提高物流企业的经济效益；有利于先进物流技术装备在我国的推广；有利于规范货运市场秩序，实现全国货运标准的统一。

第三节　运输装载合理化

一、运输装载合理化的意义

运输与保管不同。运输是在运动中进行的，具有点多、线长、面广、流动、分散等特点。运输过程的费用较高，综合分析计算社会物流费用，可发现运杂费接近总费用的50%，因此，运输成了降低物流费用最具有潜力的领域。运输是物流系统中一个涉及面广的复杂系统，要实现系统最优化，必须对整个运输过程进行研究，找出不合理因素，组织合理运输。

1. 运输装载合理化的含义

所谓运输的合理化，就是在实现物资从生产地至使用地的转移过程中，充分、有效地运用各种运输工具的运输能力，以最少的人、财、物消耗，及时、迅速、按质按量和安全地完成运输任务。其目标是运输距离最短、运输环节最少、运输时间最短和运输费用最省。

2. 运输装载合理化的意义

运输合理化的意义体现在以下三个方面。

1）可以充分利用现有运输工具的装载能力和环境资源，提高运输效率，促进各种运输方式的合理分工，以最小的社会运输劳动消耗，及时满足国民经济的运输需要。

2）可以选择最佳的运输线路，减少运输环节，以最快的时间和速度达到目的地，从而加速货物流通，既可及时供应市场，又可降低物资部门的流通费用，加速资金周转，减少货损货差，取得良好的社会效益和经济效益。

3）可以充分发挥运输工具的效能，节约运力和劳动力，消除运输中的种种浪费现象，提高商品的运输质量。不合理的运输将造成大量的人力、物力、财力的浪费，并相应地转移到产品成本中去，人为地增加了产品的价值，提高了产品价格，从而增加了需求方的负担。

不合理的运输是在现有条件下可以达到的运输水平而未达到，从而造成运力浪费、运输时间增加、运费超支等问题的运输形式。

二、评价运输装载合理化的要素

由于运输是物流中最重要的功能要素之一，物流合理化在很大程度上依赖于运输合理化。

运输合理化的影响因素很多，起决定性作用的有五个方面的因素，称作合理运输的"五要素"。

1）运输距离。在运输时，运输时间、运输货损、运费、车辆或船舶周转等运输的若干技术经济指标，都与运距有一定的比例关系，运距长短是运输是否合理的一个最基本因素。缩短运输距离从宏观、微观来说都会带来好处。

2）运输环节。每增加一次运输，不但会增加起运的运费和总运费，而且必须要增加运输的附属活动，如装卸、包装等，各项技术经济指标也会因此下降。所以，减少运输环节，尤其是同类运输工具的环节，对合理运输有促进作用。

3）运输工具。各种运输工具都有其使用的优势领域，对运输工具进行优化选择，按运输工具特点进行装卸运输作业，最大限度地发挥所用运输工具的作用，是运输合理化的重要一环。

4）运输时间。运输是物流过程中需要花费较多时间的环节，尤其是远程运输，在全部物流时间中，运输时间占绝大部分，所以，运输时间的缩短对整个流通时间的缩短有决定性的作用。此外，运输时间短，有利于运输工具的加速周转，充分发挥运力的作用，有利于货主资金的周转，有利于运输线路通过能力的提高，对运输合理化有很大贡献。

5）运输费用。前文已提及运费在全部物流费中占很大的比例，运费高低在很大程度决定整个物流系统的竞争能力。实际上，运输费用的降低，无论对货主企业来讲还是对物流经营企业来讲，都是运输合理化的一个重要目标。运费的判断，也是各种合理化实施是否行之有效的最终判断依据之一。

从上述五方面考虑运输合理化，就能取得预想的结果。

三、不合理运输装载的表现形式

不合理运输是在现有条件下可以达到的运输水平而未达到，从而造成了运力浪费、运输时间增加、运费超支等问题的运输形式。目前我国存在的主要不合理运输形式有以下几种：

1. 返程或启程空驶

空车无货载行驶，可以说是不合理运输的最严重形式。在实际运输组织中，有时候必须调运空车，从管理上不能将其看成不合理运输。但是，因调运不当，货源计划不周，不采用运输社会化而形成的空驶，是不合理运输的表现。造成空驶的不合理运输主要有以下几个原因：

1）能利用社会化的运输体系而不利用，却依靠自备车送货提货，这往往出现单程重车，单程空驶的不合理运输。

2）由于工作失误或计划不周，造成货源不实，车辆空去空回，形成双程空驶。

3）由于车辆过分专用，无法搭运回程货，只能单程实车，单程回空周转。

2. 对流运输

亦称"相向运输"、"交错运输"，指同一种货物，或彼此间可以互相代用而又不影响管理、技术及效益的货物，在同一线路上或平行线路上作相对方向的运送，而与对方运程的全部或一部分发生重叠交错的运输称为对流运输。已经制定了合理流向图的产品，一般必须按合理流向的方向运输，如果与合理流向图指定的方向相反，也属对流运输。

在判断对流运输时需注意的是，有的对流运输是不很明显的隐蔽对流，例如不同时间的相向运输，从发生运输的那个时间看，并未出现对流，可能做出错误的判断，所以要注意隐蔽的对流运输。

3. 迂回运输

是舍近取远的一种运输。可以选取短距离进行运输而不办，却选择路程较长路线进行运输的一种不合理形式。迂回运输有一定的复杂性，不能简单处之，只有当计划不周、地理不熟、组织不当而发生的迂回，才属于不合理运输，如果最短距离有交通阻塞、道路情况不好或有对噪音、排气等特殊限制而不能使用时发生的迂回，不能称为不合理运输。

4. 重复运输

本来可以直接将货物运到目的地，但是在未达目的地之处，或在目的地之外的其他场所将货卸下，再重复装运送达目的地，这是重复运输的一种形式。另一种形式是，同品种货物在同一地点一面运进，同时又向外运出。重复运输的最大毛病是增加了不必要的中间环节，这就延缓了流通速度，增加了费用，增大了货损。

5. 倒流运输

是指货物从销地或中转地向产地或起运地回流的一种运输现象。其不合理程度要甚于对流运输，其原因在于，往返两程的运输都是不必要的，形成了双程的浪费。倒流运输也可以看成是隐蔽对流的一种特殊形式。

6. 过远运输

是指调运物资舍近求远，近处有资源不调而从远处调，这就造成可采取近程运输而未采取，拉长了货物运距的浪费现象。过远运输占用运力时间长、运输工具周转慢、占压资金时间长，远距离自然条件相差大。又易出现货损，增加了费用支出。

7. 运力选择不当

指未选择各种运输工具优势而不正确地利用运输工具造成的不合理现象，常见的有以下若干形式：

1）弃水走陆。在同时可以利用水运及陆运时，不利用成本较低的水运或水陆联运，而选择成本较高的铁路运输或汽车运输，使水运优势不能发挥。

2）铁路、大型船舶的过近运输。不是铁路及大型船舶的经济运行里程却利用这些运力进行运输的不合理做法。主要不合理之处在于火车及大型船舶起运及到达目的地的准备、装卸时间长，且机动灵活性不足，在过近距离中利用，发挥不了运速快的优势。相反，由于装卸时间长，反而会延长运输时间。另外，和小型运输设备比较，火车及大型船舶装卸难度大、费用也较高。

3）运输工具承载能力选择不当。不根据承运货物数量及重量选择，而盲目决定运输工具，造成过分超载、损坏车辆及货物不满载、浪费运力的现象。尤其是"大马拉小车"现象发生较多。由于装货量小，单位货物运输成本必然增加。

8. 运输工具使用不充分

所谓运输工具使用不充分是指运输工具没有得到充分利用。比如在配送中对同一路线上的客户，在能够进行配载运输时而采用了分别运输。

上述的各种不合理运输形式都是在特定条件下表现出来的，在进行判断时必须注意其不合理的前提条件，否则就容易出现判断的失误。例如，如果同一种产品，商标不同，价格不同，所发生的对流，不能绝对看成是不合理，因为其中存在着市场机制引导的竞争，优胜劣汰，如果强调因为表面的对流而不允许运输，就会起到保护落后、阻碍竞争甚至助长地区封锁的作用。类似的例子，在各种不合理运输形式中都可以举出一些。

再者，以上对不合理运输的描述，主要就形式本身而言，是主要从微观观察得出的结论。在实践中，必须将其放在物流系统中做综合判断，在不做系统分析和综合判断时，很可能出现"效益背反"现象。单从一种情况来看，避免了不合理，做到了合理，但它的合理却使其他部分出现不合理。只有从系统角度，综合进行判断才能有效避免"效益背反"现象，从而优化全系统。

四、组织合理化运输装载的有效措施

1. 合理选择运输方式

各种运输方式都有着各自的适用范围和不同的技术经济特征，选择时应进行综合比较分析，首先要考虑运输成本的高低和运行速度的快慢；还应考虑货物的性质、数量的大小、运距的远近和货主需要的缓急程度。

2. 合理选择运输工具

根据不同商品的性质、数量及对温度、湿度等的要求，选择不同类型、吨位的车辆。

3. 选择正确的运输路线

运输路线的选择，一般应尽量安排直达、快速运输，尽可能缩短运输时间。按照货物的合理流向，选择最短路径、避免迂回、倒流等不合理运输现象发生。提高里程利用率，从而达到节省运输费用、节约运力的目的。

4. 提高货物包装质量，并改进配送中的包装方法

货物运输路线的长短、装卸操作次数的多少会影响到货物的完好，所以应合理地选择包装材料，以提高包装质量。另外，有些商品的运输路线较短，且要采取特殊放置。

5. 配载装车

是充分利用运输工具载重量和容积，合理安排装载的货物及载运方法以求得合理化的一种运输方式。配载运输也是提高运输工具实载率的一种有效形式。

配载运输往往是轻重商品的混合配载，在以重质货物运输为主的情况下，同时搭载一些轻泡货物，如海运矿石、黄沙等重质货物，在仓面捎运木材、毛竹等，铁路运矿石、钢材等重物上面搭运轻泡农、副产品等，在基本不增加运力投入情况下，在基本不减少重质货物运输情况下，解决了轻泡货的搭运，因而效果显著。

6. 发展特殊运输技术和运输工具

依靠科技进步是运输合理化的重要途径。

例如，专用散装及罐车，解决了粉状、液状物运输损耗大、安全性差等问题；袋鼠式车皮、大型半挂车解决了大型设备整体运输问题；"滚装船"解决了车载货的运输问题，集装箱船比一般船能容纳更多的箱体，集装箱高速直达车船加快了运输速度等，都是通过用先进的科学技术实现合理化。

五、运输路线的优化

运输路线的优化即车辆运行路线和时间的合理安排，它是车辆运行路线选择问题的延伸，受到的约束条件较多，如每个停留点规定的提货数量和送货数量、所使用的多种类型的车辆载重量和载货容积各不相同、车辆在路线上休息前允许的最大行驶时间（美国运输部安全条款规定至少 8 小时需要有 1 次休息）、停留点规定的在一天内可以进行提货的时间、允许提货后再提货的时间、司机只能在一天的特定时间进行的短时间休息或进餐等。这些约束条件使问题更加复杂，甚至使人们难以去寻求最优化的解。

下面就车辆从一个仓库出发，向多个停留点送货，然后在同一天内返回该仓库这个问题进行讨论，合理地安排运行路线和时间。

1. 运行路线和时间的安排原则

1）相互接近的停留点的货物尽快装在同一辆车上运送。车辆的运行路线应将临近的停留点串起来，以使停留点之间的运行距离最小化，这样也就使总的路线上的运行时间最短。如图 6-1 所示，将有关停留点的货物分配给车辆，从而将各点串联起来的示意图，其中图 6-1（a）串联得不太合理，车辆的运行路线较长，应尽量避免；图 6-1（b）是较为合理的串联方法。

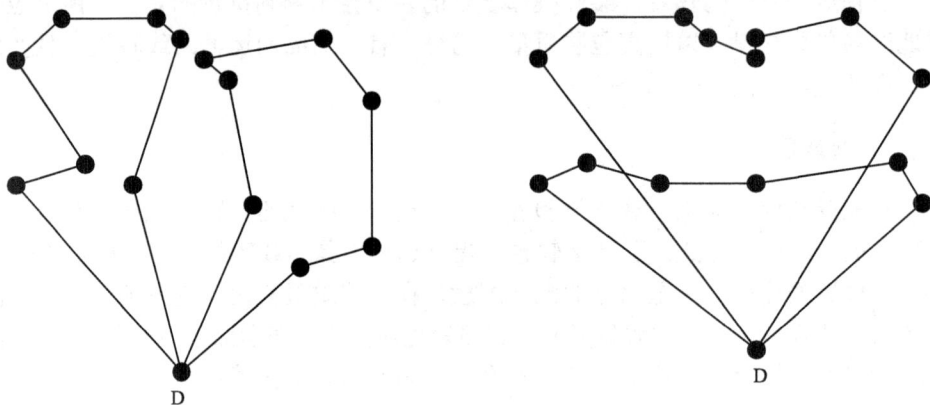

（a）仓库之间较差的串联　　　　　　　　　　（b）仓库之间较好的串联

图 6-1　停留点之间的串联

2）集聚在一起的停留点安排在同一天送货。当停留点的送货时间是安排在一周的不同日期进行时，应将集聚在一起的停留点安排在同一天送货，要避免不是同一天送货的停留点在运行路线上中叠，这样有助于使所需的服务车辆数目最少，并使一周中的车辆运行时间和距离最小化。图 6-2 所示的是较好的集聚和较差的集聚的例子。

3）运行路线从离仓库最远的停留点开始。合理的运行路线应从离仓库最远的停留点开始将该集聚区的停留点串联起来，然后返回仓库。一旦确认了最远的停留点之后，送货车辆应满载与这个关键停留点临近的一些停留点的货物。这辆运货车满载后，再从剩下的停留点中选择一个最远的停留点，用另一辆运货车满载与这个停留点临近的一些停留点的货物。按此程序进行下去，直至所有停留点的货物都分配给运货车辆。

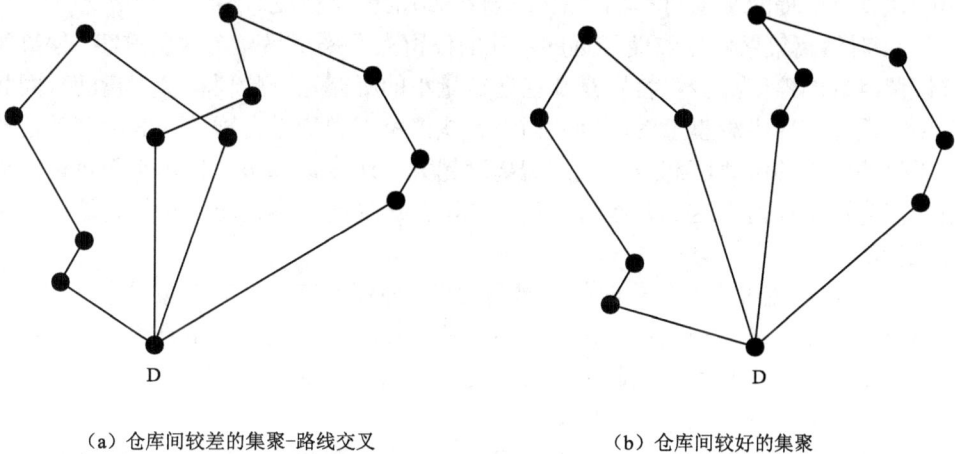

（a）仓库间较差的集聚-路线交叉　　　　　（b）仓库间较好的集聚

图 6-2　同一天停留点集聚

4）一辆运货车顺次途经各停留点的路线应成泪滴状。运货车辆顺次途经各停留点的路线不应交叉，并应成泪滴状（见图 6-3）。不过，停留点工作时间的约束和在停留点送货后再提货的要求往往会导致路线的交叉。

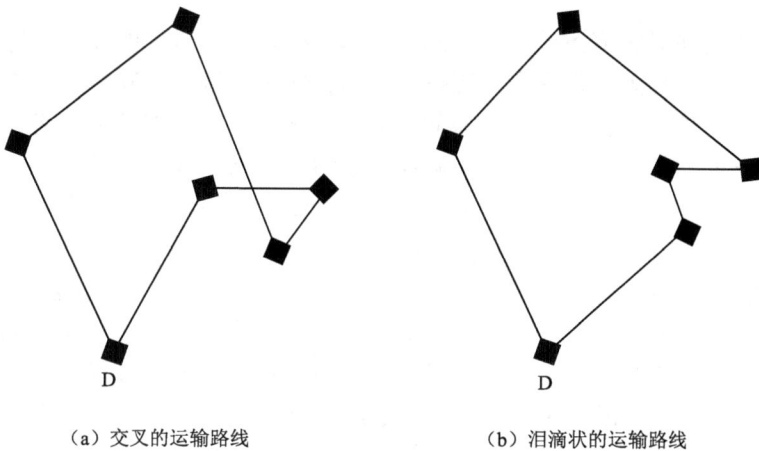

（a）交叉的运输路线　　　　　　　　（b）泪滴状的运输路线

图 6-3　运输路线示意

5）最有效的运行路线通常是使用大载重量的运输车辆的结果。在运输货物时，最好是使用同一辆载重量达到能将路线上所有停留点所要求运送的货物都装载的送货车，这样可以将服务区停留点的总运行距离或时间最小化。因此在多种规格车型的车队中，应优先使用载重量最大的送货车。

6）提货应在送货过程中进行，而不要在送货结束后再进行。提货应尽可能在送货过程中进行，以减少交叉路程量，而在送货结束后再进行提货经常会发生路程交叉。提货在送货过程中进行，需要做到合理安排，这取决于送货车辆的形状、提货量以及所提的货物对车辆内后续送货通道的影响程度。

7）对偏离集聚停留点路线远的单独的停留点可采用另一个送货方案。偏离集聚停留点远的停留点少，特别是那些送货量小的听露点一般要花费大量的时间和费用，因此使用小载重量的车辆专门为这些停留点送货是合理的，其经济效益取决于该停留点的偏离度和送货量。偏离度越大，送货量越小，使用小载重量的车辆专门为这些停留点送货越经济。另一个可供选择的方案是租用车辆为这些停留点送货。

8）应当避免听露点工作时间太短的约束。停留点工作时间太短常会迫使途经停留点的顺序偏离理想状态。由于停留点的工作时间约束一般不是绝对的，因此如果停留点的工作时间确实影响到合理的送货路线，则可以与停留点商量，调整其工作时间或放宽其工作时间约束。

上述的原则可以很容易地帮助调度人员制定出满意的（不一定是最优的）、现实可行的合理路线和时间安排。当然上述的原则也仅是合理路线设计的指引，调度人员面对的车辆运作的许多复杂情况并不是上述原则所能全部包容的。遇到特殊的约束条件，调度人员要根据自己的经验灵活处置。

2. 制定车辆运行路线

当附加了许多约束条件之后，解决车辆运行路线和时间的安排问题就变得十分复杂，而这些约束条件在实际工作中常常会发生。例如，停留点的工作时间约束，不同载重量和容积的多种类型的车辆，一条路线上允许的最大运行时间，不同区段的车速限制，运行途中的障碍物（湖泊、山脉等），司机的短时间休息等。这里介绍一种比较简单的方法，它可以为这些复杂的问题求得一个满意解，虽然不一定是最优的解。这个方法称为扫描法。

用扫描法确定车辆运行路线的方法十分简单，甚至可用手工集散。一般来说，它求解所得方案的误差率为10%左右，这样的误差率通常是可以接受的，因为调度员往往需要在接到最后一份订单后一小时内就制定出车辆运行路线。

扫描法由两个阶段组成，第一个阶段是将停留点的货物运量分配给运货车，第二个阶段是安排停留点在路线上的顺序。由于扫描法是分阶段操作的，因此有些时间方面的问题，如路线上的总时间和停留点工作时间的约束等，难以妥善地处理。

扫描法的步骤可简述如下：

1）将仓库和所有的停留点位置画在地图上或坐标图上。

2）通过仓库位置放置一直尺，直尺指向任何方向均可，然后顺时针或逆时针方向转动直尺，直到直尺交到一个停留点。此时判断累积的装货量是否超过送货车的载重量或载货容积（首先要使用最大的送货车辆），如是，将最后的停留点排除后将路线确定下来，再从这个被排除的停留点开始继续扫描，从而开始一条新的路线。这样扫描下去,直至全部的停留点都被分配到路线上。

3)对每条运行路线安排停留点顺序,以求运行距离最小化。停留点的顺序可参照前面的仓库集聚较好的路线或"泪滴"状路线。

【例6-1】某公司从其所属的仓库用送货车辆到各用户点提货,然后将客户的货物运回仓库,以便集运成大的批量再进行远程运输。全天提货量见图6-4(a),提货量以件为单位。送货车每次可运载1万件,完成一次运行路线一般需要一天时间。该公司要求确定:需多少条路线(即多少辆送货车);每条路线上有哪几个客户点;送货车辆途经有关客户点的顺序。

如图6-4(b)所示,通过仓库点放置一直尺,直尺指向北,然后逆时针方向转动直尺进行扫描,在直尺交到的客户点提货,直到装满送货车辆的载重量一万件(不能超载)。一旦客户点被分配给某辆送货车后,用"泪滴"状路线确定一条线路上各客户点的服务顺序。如第一条线路为从汽车站仓库出发,依次经过直尺左边的4000件、1000件、3000件和2000件客户点,凑足一整车(即一万件)后返回汽车站。最终的路线设计见图6-4(b)。

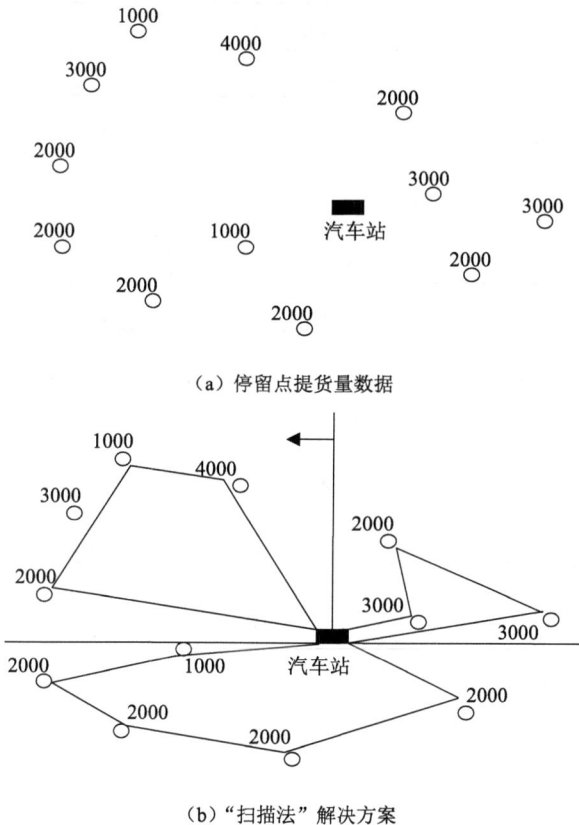

(a)停留点提货量数据

(b)"扫描法"解决方案

图6-4 扫描法确定路线

3. 安排车辆运行时间

上述的车辆运行路线的设计是假定几辆送货车服务一条路线。如果线路短，就会发生送货车辆在剩余的时间里得不到充分利用的情况。实际上，如果第二条路线能在第一条路线任务完成后开始，则完成第一条路线的送货车辆可用于第二条路线的送货。因此，送货车的需求辆取决于路线之间的衔接，应合理安排运行时间，使车辆的空闲时间最小。

【例 6-2】假设有一个车辆运行路线和时间安排问题，该问题中涉及的车辆都是相同规格的。各条路线的出发时间和返达时间如表 6-2 所示。

表 6-2   各路线的出发时间和返达时间

路线号	出发时间	返达时间
1	8:00 a.m.	10:25 a.m.
2	9:30 a.m.	11:45 a.m.
3	2:00 p.m.	4:53 p.m.
4	11:31 a.m.	3:21 p.m.
5	8:12 a.m.	9:52 a.m.
6	3:03 p.m.	5:13 p.m.
7	12:24 p.m.	2:22 p.m.
8	1:33 p.m.	4:43 p.m.
9	8:00 a.m.	10:34 a.m.
10	10:56 a.m.	2:25 p.m.

按图 6-5 所示，将车辆的运作时间合理地安排在各条线路，可以用最少的车辆数完成规定的任务。

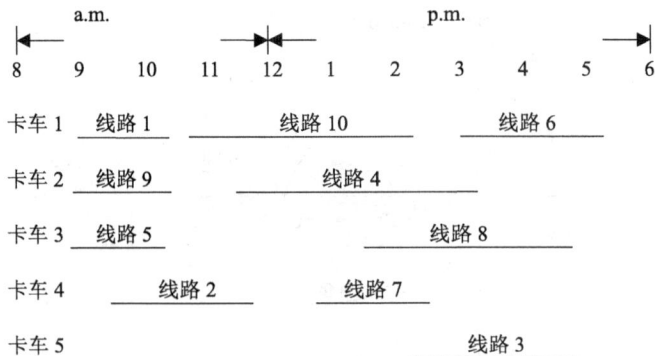

图 6-5   合理安排运作次序使所需车辆数最少

第四节　网络经济时代运输的发展趋势

　　明确未来交通运输的发展趋势，对明确交通运输的发展目标、制定物流发展战略至关重要。

一、运输的集约化

　　运输发展到一定阶段，再要长足发展，主要取决于两方面的因素：一是投入生产的人力资源、自然资源和资本的数量和质量；而是综合运用这些资源进行生产所必需的科技水平、管理水平和经济体制。单纯依靠增加投入、铺新摊子、追求数量，通过数量扩展来实现运输经济增长，忽视科学技术和管理的作用，这是"粗放型"运输。而依靠提高科技水平、增加产品的科技含量、加强科学管理和建立合理的运输体制，通过提高运输效益促进运输发展，则是"集约型"运输。

　　粗放型运输增长方式给我国经济的健康发展带来了十分严重的影响。由于运输能力的增长主要是一种数量型扩张，由此导致运输效益低下，产业结构失衡。所以，转变粗放型运输增长方式，尽快提高运输增长的质量和效益，进入优化增长的轨道，关系到我国运输企业能否面对国际竞争，从而也关系到未来几十年我国运输发展的前景。

　　集约化经营是生产社会化的必然要求。集约化经营的优势之一是规模效益，而规模适当的基本标志是能有效地发挥运输能力的运转效率和最大限度地提高劳动生产率。

　　"集约化"运输是现代运输的经营方式，它与"粗放型"运输的经营方式是相对而言的。所谓"集约化经营"，就是一种"高投入、高产出、高效益"的经营方式。也就是说，"以较多的资金、科技或劳动的投入，获取较多的产出，并获取较高的社会效益、经济效益和环境效益"的一种经营模式。

　　建立有效的经营管理系统，是运输集约化经营的一项基本要求。有效的经营管理系统至少应该包括三个层次的含义：一是经营管理权限的完整性，能保证运输过程按照运输的要求进行；二是权限的有效性，保证企业各项管理权限能落到实处；三是高效率管理，运输生产点多面广，需要及时决策处理，没有高效率的管理，很难做出正确的决策。集约化经营还要求企业有完整的规章制度等。总之只有具备一定规模的经营组织、必要的经营管理权限和完整的经营管理规章制度，按照责、权、利相结合的原则有机结合起来，才能建立起集约化经营的运作体系。

二、运输的标准化

　　交通运输标准化是指以交通运输为一个大系统，制定系统内部设施、机械装备、包括专用工具等的技术标准，仓储、配送、装卸、运输等各类作业标准，以及作为交通运输突出特征的信息标准，并形成与物流其他环节以及国际接轨的标准化体系。

随着信息技术和电子商务、电子数据、供应链的快速发展，交通运输行业已进入快速发展阶段，而运输的标准化和规范化已成为先进国家交通运输运作效率和效益的特征，是提高竞争力的必备手段。目前，许多国际组织都致力于标准化研究工作。到目前为止，国际标准化组织 ISO/IEC 已制定了 200 多项与交通运输设施、运作模式与管理、基础模数、数据信息交换相关的标准，许多发达国家在此基础上也相继制定了与国际标准相兼容的系列标准。

目前，我国运输行业已建立了一批标识标准体系，如《公路运输术语》；同时《道路车辆分类与代码》、《公路数据库编目编码规则》、《集装箱公路中转站站级划分及设备配备》等一些重要的国家标准已投入实施。这些标准的实施对于规范我国交通运输业发展中的基本概念，促进行业迅速发展并与国际接轨起到了重要作用。

从标准化的体系框架来看，交通运输标准化主要涉及四个方面，包括基础性标准、现场作业标准、信息化标准和物流服务规范。具体包括系统内部设施、机械设备、装运工具等各个分系统的技术标准；系统内各个分领域如配送、装卸、运输等方面的工作标准；以系统为出发点，各分系统与分领域中技术标准与工作标准的配合性，统一整个交通运输系统的管理标准。

随着经济一体化进程的加快，我国交通运输标准化工作正在引起政府主管部门和企业的高度重视。我国的交通运输标准体系正处于起步阶段，有关部门也做了大量的工作，但由于标准化和规范化体系不健全，有关业务流程数据和规则的不统一，造成了货物流通和信息交换不畅、中间环节增多、物流速度减慢、运输费用增加，大大降低了交通运输物流系统的效率和效益，制约着物流体系的建立，严重影响了我国交通运输物流的快速发展。同时，这些标准还应与国际标准接轨，进行推广。

三、运输的信息化

交通运输信息就是充分运用先进的信息技术手段实现交通运输大系统的实现。交通部制定的《公路、水运交通信息化——"九五"规划和 2010 年方针纪要》指出："将在全国交通运输系统建立一个以计算机技术、通信技术和信息网络技术为基础的全方位的现代化信息网络，发展和应用各种信息业务、信息系统，为各级交通主管部门决策，为交通企事业单位的经营管理提供准确及时的信息服务，以达到决策科学化、办公自动化和经营管理现代化，并为我国交通信息系统的智能化奠定信息化基础。"从中可以看出，我国的交通信息化建设应该集中于以下几个方面：

1）搞好交通行业各级政府办公业务系统的建设，形成系统规范、内容丰富、及时更新的各级政府办公业务资源网，在信息安全保密的前提下，实现各级政府间办公业务的网络化、信息资源共享化和公开化，最大限度地满足交通行业和社会需求。

2）建立客运、资源管理信息系统和信息服务系统，实现运输服务管理的现代化。

重点开发和完善售票、查询、交易、口岸管理，运输工具动态管理和调度、货源和运力信息等计算机管理信息系统，积极推进电子商务的应用，加快以信息技术改造传统运输企业的步伐。

3）采用 3S［地理信息系统（GIS），全球卫星定位系统（GPS），遥感系统（RS）］技术开发交通事故紧急救援系统和安全运营保障技术，开发路况信息系统和车辆调度技术等，完善网络环境下的电子收费系统、路政运政管理信息系统和高速公路监控系统等。

4）将 3S 技术应用于交通运输业，推动传统运输企业向现代物流企业的转变。

5）做好智能运输系统（ITS）的基础工作，并在完善基础设施（包括道路、港口、机场和通信等）的基础上，致力于关键技术的开发和示范工程的建设，从个别已经可以应用或有条件应用或者当前迫切需要解决的项目入手，选择适当的切入点，发展我国的 ITS。

交通信息化是一个动态的、不断更新和进步的过程，公路、水路交通运输的发展必将越来越多地依靠信息技术的进步和科技进步。

四、运输的智能化

运输的智能化就是将先进的信息技术、数据通信技术、电子控制技术以及计算机处理技术等有效地运用于整个运输管理系统，从而将道路使用者、交通管理者、汽车、道路及其相关的服务部门有机地联系起来，使交通运输的运行功能进入智能化阶段。

智能运输系统是运输智能化的具体体现。它是综合运用先进的信息通信、网络、自动控制、交通工程等技术，改善交通运输系统的运行情况，提高交通效率和安全性，减少交通事故，降低环境污染，从而建立起一个智能化的、安全、便捷、高效、舒适、环保的综合交通运输体系。

目前，我国城市的机动车保有量正以 15%的增长率快速增长，而城市道路的增长率则仅为 3%左右。经济的高速发展和城市化进程的加快，使我国的城市交通基础设施承受着巨大的压力。同时，低效率利用及管理技术落后并存的现象又加剧了交通设施短缺造成的困难，在大中城市普遍存在着人车混行，运输效能低下的状况。

我国不可能等一切硬件设施都发展起来了再解决交通问题，解决交通问题的途径只能是两手抓：一方面要增加交通基础设施建设的投入；更重要的一方面是要采用以信息技术为主导的 ITS 技术。比如，在已有路网的基础上，交通智能化可以减少交通事故，提高路网通行能力和效率，降低环境负面影响的作用；而通过 ITS 的有效管理和调配，可以最大限度地使用已有道路，同时协调多种方式的运输渠道。

据统计，ITS 技术的应用可以减少 10% 的废气排量、20% 的交通延时、30% 的停车次数。运输系统的智能化发展具有重大的社会效益和经济效益，这将是综合运输系统的智能化得以充分发展的内在动力。可以预料，运输智能化将成为 21 世纪现代化地面运输系统的基本模式和发展方向，它是交通运输进入信息时代的重要标志。

五、运输的绿色化

绿色运输指在运输过程中抑制运输对环境造成危害的同时，实现对运输环境的净化，使运输资源得到充分利用。它具有学科的交叉性、多目标性、多层次性、时域性和地域性等特征。绿色运输战略不仅对环境保护和经济可持续发展具有重要意义，还会给企业带来巨大的经济效益。

"绿色运输"里的绿色是一个特定的形象用语，是泛指保护地球生态环境的活动、行动、计划、思想和观念在运输及其管理活动中的体现。下面从绿色运输的目标、行为主体、活动范围及其理论基础四个方面剖析绿色运输的内涵。

第一，绿色运输的最终目标是可持续发展，实现该目标的准则是经济利益、社会利益和环境利益的统一。一般的运输活动主要是为了实现企业的赢利，满足顾客需求，扩大市场占有率等，这些目标最终均是为了实现某一主体的经济利益。而绿色运输在上述经济利益的目标之外，还追求节约资源、保护环境这一既具有经济属性，又具有社会属性的目标。尽管从宏观角度和长远利益看，节约资源、保护环境与经济利益的目标是一致的，但对某一特定时期、某一特定的经济主体却是矛盾的。按照绿色运输的最终目标，企业无论在战略管理还是战术管理中，都必须从促进经济的可持续发展这个基本原则出发，在创造商品的时间效益和空间效益，满足消费者需求的同时，注重按生态环境的要求，保持自然生态平衡和保护自然资源，为子孙后代留下生存和发展的权利。

第二，绿色运输的行为主体不仅包括专业的运输企业，还包括产品供应链上的制造企业和分销企业，同时还包括不同级别的政府和运输行政主管部门等。在产品生命周期的每个阶段都不同程度地存在着环境问题。专业运输企业对运输、包装、仓储等运输作业的绿色化负有责任和义务。作为供应链上的制造企业，既要设计绿色产品，还应该与供应链上其他企业协调起来，从节约资源、保护环境的目标出发，改变传统的运输体制，制定绿色运输战略和策略。因为绿色运输战略是连接绿色制造和绿色消费之间的纽带，也是使企业获得持续竞争优势的战略武器。另外，各级政府和运输行政主管部门在推广和实施绿色运输战略中具有不可替代的作用，因为运输具有跨地区和跨行业的特性，绿色运输的实施不是仅靠某个企业或在某个地区就能完成的，它需要政府的法规约束和政策支持。例如，制定统一的运输器具标准，限制运输工具的环境污染指标，规定产品报废后的回收处理等责任等。

第三，从绿色运输的活动范围看，它包括运输作业环节和运输管理全过程的绿色化。从运输作业环节来看，包括绿色运输、绿色包装、绿色流通加工等。从运输管理过程来看，主要是从环境保护和节约资源的目标出发，对现行运输体系进行改进。

第四，从绿色运输的理论基础看，包括可持续发展理论、生态经济学理论和生态论理学理论。首先，运输过程不可避免地要消耗资源和能源，污染环境。要实现持续的发展，就必须采取各种措施，形成运输与环境之间共生发展的模式。其次，运输系统既是国民经济系统中的一个子系统，又通过物料流动、能量流动建立起了与生态系统之间的联系和相互作用，绿色运输也是通过经济目标和环境目标之间的平衡实现生态与经济利益的协调发展。另外，生态论理学告诉我们，不能一味追求眼前的经济利益而过度消耗地球资源，破坏子孙后代的生存环境。绿色运输及其管理战略将迫使人们对运输中的环境问题进行反思和控制。

实施绿色运输管理为企业创造的经济价值体现在以下三个方面：

1）绿色运输有利于树立良好的企业形象，使企业更容易获得投资者的青睐。

2）企业通过对资源的节约利用，对运输和仓储的科学规划和合理布局，将大大降低运输成本，降低运输过程的环境风险成本，从而为企业拓展利润空间。

3）自然资源的回收、重用等逆向运输举措，可以降低企业的原料成本，提升客户服务价值，增强企业的竞争优势。

绿色运输研究既具有多学科交叉的特点，同时又具有较强的实践性。研究绿色运输的最终目的在于引导和促进企业顺应 21 世纪经济可持续发展和运输发展的要求，实施环境友好的绿色运输战略。企业实施绿色运输战略，既具有明显的社会价值，又可带来巨大的经济价值。

练　习　题

1．什么是运输？主要运输方式的特点是什么？

2．反映各种运输方式的主要技术经济指标有哪些？

3．如何评价运输装载的合理化？

4．组织合理化运输装载的有效措施是什么？

5．简述用扫描法确定车辆运行路线的步骤。

6．试述网络经济时代运输的发展趋势。

案 例 分 析

百胜物流公司降低连锁企业运输成本之道

作为肯德基、必胜客等业内巨头的指定物流提供商，百胜物流公司抓住运输环节大作文章，通过合理地安排运输、降低配送频率、实施歇业时间送货等优化管理方法，有效地实现了物流成本的"缩水"，给业内管理者指出了一条细致而周密的降低物流成本之路。

对于连锁餐饮业来说，由于原料价格相差不大，物流成本始终是企业成本竞争的焦点。据有关资料显示，在一家连锁餐饮企业的总体配送成本中，运输成本占到60%左右，而运输成本中的55%～60%又是可以控制的。因此，降低物流成本应当紧紧围绕运输这个核心环节。

1. 合理安排运输排程

运输排程的意义在于，尽量使车辆满载，只要货量许可，就应该做相应的调整，以减少总行驶里程。

由于连锁餐饮业餐厅的进货时间是事先约定好的，这就需要配送中心就餐厅的需要制作一个类似列车时刻表的主班表，此表是针对连锁餐饮餐厅的进货时间和路线详细规划制定的。

众所周知，餐厅的销售存在着季节性波动，因此主班表至少有旺季、淡季两套方案。有必要的话，应该在每次营业季节转换时重新审核运输排程表。安排主班表的基本思路是，首先计算每家餐厅的平均订货量，设计出若干条送货路线，覆盖所有的连锁餐厅，最终达到总行驶里程最短、所需司机人数和车辆数最少的目的。

规划主班表远不止人们想象的那么简单。运输排程的构想最初起源于运筹学中的路线原理，其最简单的模型如图，从起点 A 到终点 O 有多条路径可供选择，每条路径的长度各不相同，要求找到最短的路线。实际问题要比这个模型复杂得多，首先，需要了解最短路线的点数，从图上的几个点增加到成百甚至上千个，路径的数量也相应增多到成千上万条。其次，每个点都有一定数量的货物需要配送或提取，因此要寻找的不是一条串联所有点的最短路线，而是每条串联几个点的若干条路线的最优组合。另外，还需要考虑许多限制条件，比如车辆装载能力、车辆数目、每个点在相应的时间开放窗口等，问题的复杂度随着约束数目的增加呈几何级数增长。要解决这些问题，需要用线性规划、整数规划等数学工具，目前市场上有一些软件公司能够以这些数学解题方法作为引擎，结合连锁餐饮业的物流配送需求，做出优化运输路线安排的软件。

在主班表确定以后，就要进入每日运输排程，也就是每天审视各条路线的实际货物量，根据实际货物量对配送路线进行调整，通过对所有路线逐一进行安排，可以去除几条送货路线，至少也能减少某些路线的行驶里程，最终达到增加车辆利用率、增加司机工作效率和降低总行驶里程的目的。

2. 减少不必要的配送

对于产品保鲜要求很高的连锁餐饮业来说，尽力和餐厅沟通，减少不必要的配送频率，可以有效地降低物流配送成本。

如果连锁餐饮餐厅要将其每周配送频率增加 1 次，会对物流运作的哪些领域产生影响？

在运输方面，餐厅所在路线的总货量不会发生变化，但配送频率上升，结果会导致运输里程上升，相应地油耗、过路桥费、维护保养费和司机人工时都要上升。在客户服务，餐厅下订单的次数增加，相应的单据处理作业也要增加。餐厅来电打扰的次数相应上升，办公用品（纸、笔、电脑耗材等）的消耗也会增加。在仓储方面，所要花费的拣货、装货的人工会增加。如果涉及短保质期物料的进货频率增加，那么连仓储收货的人工都会增加。在库存管理上，如果涉及短保质期物料进货频率增加，由于进货批量减少，进货运费很可能会上升，处理的厂商订单及后续的单据作业数量也会上升。

由此可见，配送频率增加会影响配送中心的几乎所有职能，最大的影响在于运输里程上升所造成的运费上升。因此，减少不必要的配送，对于连锁餐饮企业显得尤其关键。

3. 提高车辆的利用率

车辆时间利用率也是值得关注的，提高卡车的时间利用率可以从增大卡车尺寸、改变作业班次、二次出车和增加每周运行天数四个方面着手。

由于大型卡车可以每次装载更多的货物，一次出车可以配送更多的餐厅，由此延长了卡车的在途时间，从而增加了其有效作业的时间。这样做还能减少干路运输里程和总运输里程。虽然大型卡车单次的过路桥费、油耗和维修保养费高于小型卡车，但其总体上的使用费用绝对低于小型卡车。

运输成本是最大项的物流成本，所有别的职能都应该配合运输作业的需求。所谓改变作业班次就是指改变仓库和别的职能的作业时间，适应实际的运输需求，提高运输资产的利用率。否则朝九晚五的作业时间表只会限制发车和收货时间，从而限制卡车的使用。

如果配送中心实行 24 小时作业，卡车就可以利用晚间二次出车配送，大大提高车辆的时间利用率。在实际物流作业中，一般会将餐厅分成可以在上午、下午、上半夜、下半夜 4 个时间段收货，据此制定仓储作业的配套时间表，从而将卡车利用率最大化。

4. 尝试歇业时间送货

目前，我国城市的交通限制越来越严，卡车只能在夜间时段进入市区。由于连锁餐厅运作一般到夜间24点结束，如果赶在餐厅下班前送货，车辆的利用率势必非常有限。随之而来的解决办法就是利用餐厅的歇业时间送货。

歇业时间送货避开了城市交通高峰时间，既没有顾客的打扰，也没有餐厅运营的打扰。由于餐厅一般处在繁华路段，夜间停车也不用像白天那样有许多顾忌，可以有充裕的时间进行配送。由于送货窗口拓宽到了下半夜，使卡车可以二次出车，提高了车辆利用率。

在餐厅歇业时段送货的最大顾虑在于安全。餐厅没有员工留守，司机必须拥有餐厅钥匙，掌握防盗锁的密码，餐厅安全相对多了一层隐患。卡车送货到餐厅，餐厅没有人员当场验收货物，一旦发生差错很难分清到底是谁的责任，双方只有按诚信的原则妥善处理纠纷。歇业时间送货要求配送中心和餐厅之间有很高的互信度，如此才能将系统成本降低。所以，这种方式并非在所有地方都可行。

思考题

1. 运输排程方法的基本原理是什么？
2. 百胜物流公司采取歇业时间送货有何优点和缺点？

第七章 配送中心的规划与建设

🖊 **学习目标与要求**

理解配送中心规划的目标、配送中心规划的主要原则，掌握配送中心规划的程序；理解影响配送中心选址的因素、配送中心选址的方法；掌握配送中心规模的概念，理解确定配送中心规模的方法；理解配送中心系统布置的设计宗旨与步骤；掌握配送中心各作业区域布局的方法，并能运用到实践中；理解配送中心的主要建筑、设施设计的内容。

第一节 配送中心规划的内容与原则

配送中心作为配送的中心场所，在配送体系中占据着十分重要的地位。配送中心的合理规划与建设，可以为配送中心创造良好的经营管理条件，使得整个系统的物流费用最低、客户服务效果最好，并能节省大量投资，为企业创造经济效益。

一、配送中心规划的目标与内容

配送中心是以组织、实施商品配送为主要机能的流通型物流结点，其运作模式的主要特点在于它不是从事具体商品生产的社会组织，而是从生产商手中汇集各种商品资源，进行分类、加工、包装、配送等集约化活动。因此，在商品资源分布、需求状况以及运输和其他自然条件的影响下，对配送中心不同的规划方案可能使整个物流系统的运作成本产生很大差异。对配送中心的建设，必须有一个整体的规划，就是从时间和空间上，对配送中心的新建、改建和扩建进行全面系统的规划。规划的合理与否，对配送中心的设计、施工与应用，对其作业质量、作业效率、安全性和供应保证，对运营成本和费用等，都将产生直接和深远的影响。

（一）配送中心规划与建设的目标

配送中心的规划与建设是基于物流合理化和满足市场需要而开展的。配送中心规划应达到的总体目标是：

1. 效益最大化

创造良好的经济效益和社会效益是配送中心建设与发展的主要原因，因此效益最大化就成为配送中心规划与建设的首要目标。如果不能满足这个目标，配送中心也就失去了存在的意义。经济效益最大化有两种实现的途径：一是物流服务价格的提高；二是提供物流服务成本的降低。根据"效益背反"原则，这两种途径有时候又存在冲突，因此在配送中心规划的过程中企业应该根据自身的发展战略，采取在两种途径中选择一种途径或者两种途径相结合的策略，并根据所采取的策略对影响配送中心规划设计的因素进行分析，合理选择规划方案。社会效益最大化主要表现为配送中心在区域经济发展中的增长及作用，具体表现为对相关产业的推动、城市交通压力的缓解、就业机会的增加等。

2. 服务最优化

为工商企业提供优质高效的物流服务是配送中心利润的源泉。在激烈的市场竞争环境下，上游、下游的物流配送的需求方要求物流配送服务提供者的反应速度越来越快，配送时间越来越短，物流配送速度越来越快，商品周转次数越来越多。规划建设的配送中心必须能够提供适时适量的配送服务，提高配送组织的反应速度，才能获得更多的客户，进而扩大市场占有率。

3. 规范作业、流程自动化

配送中心的规划必须强调作业流程、作业运作的标准化和程序化，使复杂的作业变成简单的、易于推广与考核的运作。同时，由于计算机技术、网络技术、机械技术以及人工智能的应用，配送中心的技术、设备和管理越来越现代化，运送规格标准、仓储货、货箱排列装卸、搬运等都有 SOP（标准化作业流程）。

4. 管理法制化、经营市场化

规划建设的配送中心不但在法律制度上健全、规范，而且在具体经营时采用市场机制，无论是企业自己组织物流配送，还是委托社会化物流配送企业承担物流配送任务，都以"服务-成本"的最佳配合为目标。

5. 柔性化、智能化

配送中心规划要融入新的经营理念和高新科技。柔性化的理念是以客户为中心，根据消费者的需求来组织生产，安排物流活动，是一种新型物流模式，它要求配送中心根据需求，"多品种、少批量、多批次、短周期"地实施作业。所谓智能化，是物流系统高层次的应用，是物流作业的运筹和决策，现在常用的技术有物流专家系统、物流预测系统、自动控制和导向系统、运输路径选择系统、自动分拣系统等。

（二）配送中心规划的内容

配送中心是一个系统工程，其系统规划包括许多方面的内容（见图7-1）。主要应从物流系统规划、信息系统规划、运营系统规划三个方面进行规划。物流系统规划包括设施布置设计、物流设备规划设计和作业方法设计；信息系统规划也就是对配送中心信息管理与决策支持系统的规划；运营系统规划包括组织机构、人员配备、作业标准和规范等的设计。通过系统规划，实现配送中心的高效化、信息化、标准化和制度化。

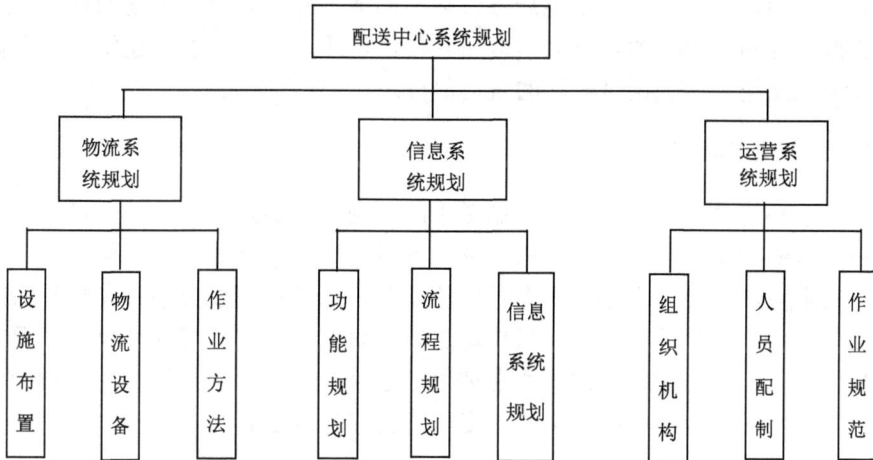

图 7-1 配送中心规划的基本内容

二、配送中心规划的主要原则

配送中心规划的确定是一个多因素影响的过程，包括物流处理总量、对时效性的要求、所处配送网络的位置、市场需求量、作业效率、用地要求、服务范围、规模经济等等。以上这些影响因素，使配送中心规划的确定很难有一个严格和统一的标准。所以，在规划设计中，要遵循以下原则：

1. 系统最优原则

企业的物流配送管理在操作层面上出现的许多问题，都是由于没有把某项具体决策的所有影响因素都考虑进去。在某个领域内所做的决策常常会在其他领域产生出乎意料的后果。如，配送中心规模设计要与区域社会经济发展相适应，要根据配送区域内各行业的统计数据，对物流现状和发展趋势进行定性、定量分析和预测，分析区域内物流的流量、流向、分布和结构，与城市功能定位和远景发展目标相协调，以确定配送中心的合理规模。再如，配送中心规划设计必须与城市总体规划相协调。配送中心一经建成就会对整个城市的布局、交通、环境等造成重大影响，由于运输的路线和物流据点交织成网络，这对配送中心的选址有非常重要的影响。

另外，由于各种物流活动成本的变化模式常常表现出相互冲突的特征，因此在进行配送中心规划时，应追求系统总成本最优，而不能是单项成本最优；不能只考虑到某个部门、某项物流活动的效益，而应该追求配送系统整体的总效益。配送中心的工作包括验货、搬运、储存、装卸、分拣、配货、送货、信息处理以及与供应商、连锁商场的衔接，如何使它们之间十分均衡、协调地运转，是极为重要的。在配送中心规划设计中，必须高度重视各作业环节之间的紧密衔接，互相适应，特别是前一道环节要为后一道环节创造条件。各个环节要为物流配送大系统取得最好的、整体的经济效益创造条件，这才是真正的配送系统化。而物流配送系统化又是物流配送合理化的重要前提。

2. 满足使用要求

配送中心的总体规划设计要遵循适用的原则。所谓适用就是总体设计要能满足各种类型的配送中心的共同使用要求。各种类型的配送中心尽管储存的商品和配送方式不同，在使用上都有一个共同的要求，那就是既要方便收发货和保管、养护工作的展开，又能保证商品进出迅速。在总体设计时应寻求使仓库的吞吐量达到最大。吞吐量是衡量配送中心总体设计适用与否的标志或技术经济指标，它指在一定时期内，配送中心的进库和出库货物的数量总和。

3. 价值工程原则

在激烈的市场竞争中，配送及时和缺货率低等方面的要求越来越高，而在满足服务高质量的同时，又必须考虑物流成本。建造配送中心耗资巨大，因此，必须对建设项目进行可行性研究，并做多方案的技术、经济比较，以求最大的企业效益和社会效益。例如，配送中心总体规划设计应使布局紧凑，既能保证建筑物之间必要的间距，又能节省用地，以减少建设投资。同时，总体规划设计要有利于各种设施、设备效能的充分发挥，保证各种设施设备的有效利用，提高劳动效率和配送中心的经济效益。

4. 尽量实现工艺、设备、管理科学化的原则

近年来，配送中心均广泛采用计算机进行物流管理和信息管理，大大加速了商品的流转，提高了经济效益和现代化管理水平。同时，要合理地选择、组织、使用各种先进机械化、自动化物流设备，以充分发挥配送中心多功能、高效益的特点。

5. 适度超前的原则

物流配送中心是规模大、投资高、涉及面广的系统工程，一旦建成则很难变动，因此应具有适当的超前性。规划配送中心时，无论是建筑物、信息系统的设计，还是机械设备的选择，都要考虑到有较强的应变能力和柔性化程度，以适应物流量的增大、经营范围拓展的需要。在规划设计第一期工程时，应将第二期工

程纳入总体规划，并充分考虑到扩建时的业务需要。但应杜绝任何盲目的、脱离实际的超前带来的浪费。

三、配送中心规划的程序

配送中的规划程序可以分为五个主要阶段（见图 7-2），包括筹划准备阶段、总体规划设计阶段、方案评估阶段、详细设计阶段和规划实施阶段。现在就各阶段的工作内容分别阐述如下：

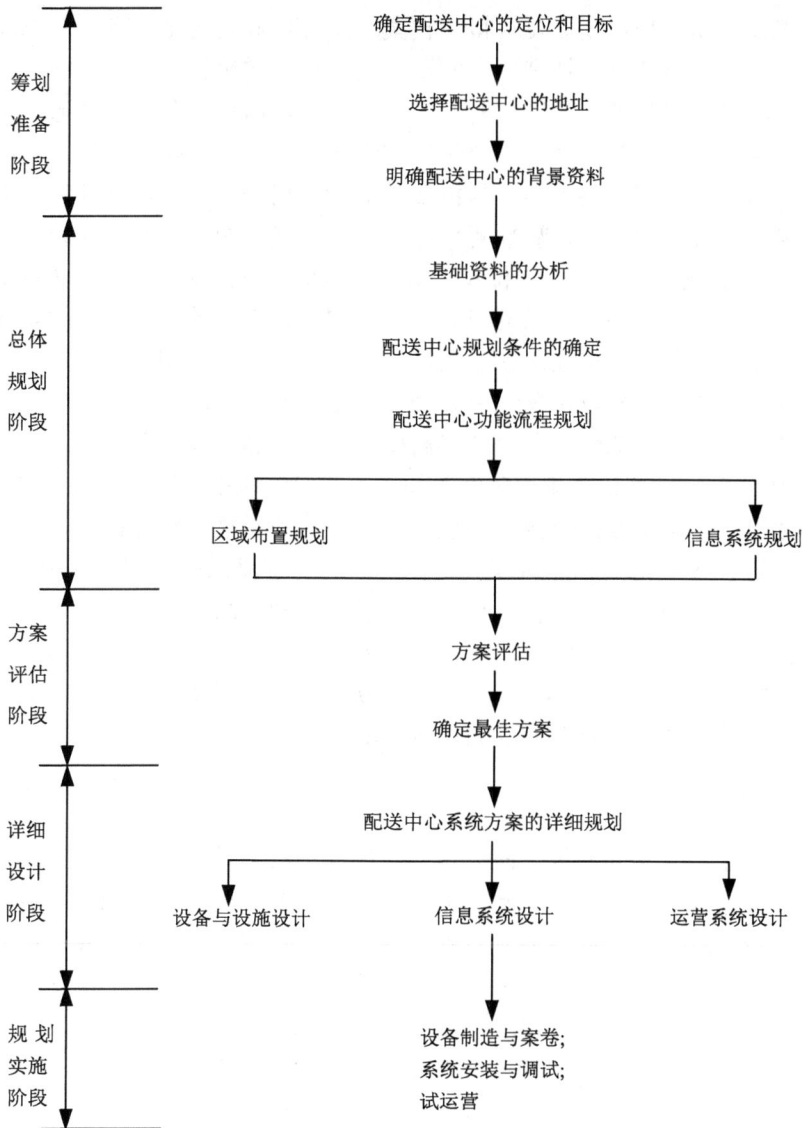

图 7-2　配送中心的规划程序

1. 筹划准备阶段

在配送中心建设的筹划准备阶段主要任务包括四个方面：

1）成立领导班子。在对配送中心的必要性和可行性进行分析和论证，并有了初步结论后，就应该设立筹划小组（或委员会）进行具体规划，为了避免片面性，筹划小组应该吸收多方面成员参加，包括本公司、物流咨询公司、物流工程技术公司、土建公司人员以及一些经验丰富的物流专家或顾问等。

2）基本规划资料的收集。规划资料的收集过程分为两个阶段，即现行作业资料的收集分析和未来规划需要资料的收集。现行作业资料主要有目前物流基本运行资料、销售资料及未来规划要求的资料。物流基本运行资料，如配送据点与分布，包括配送道路类型，配送点的规模、特性，配送据点分布、交通状况，收货时段，特殊配送要求等；销售资料包括按地区、商品、道路、客户及时间分别统计销售资料；未来规划要求的资料主要有运营策略和中长期发展计划、商品未来需求预测、商品品种变化趋势预测和配送中心将来可能发展的厂址和面积。

3）确定建设配送中心的定位及目标。筹划小组应根据企业经营决策的基本方针，进一步确认配送中心建设的必要性，确定配送中心的定位，例如配送中心在物流网络中是采取集中型配送中心还是分散型配送中心，和生产工厂以及仓库的关系，配送中心的规模以及配送中心的服务水平基本标准（如接受顾客订货后供货时间的最低期限，能满足多少顾客需要，储存商品量有多少等）。

4）确定配送中心的选址。在上述基础上确定配送中心地址，包括配送对象的地点和数量、配送中心的位置和规模、配送商品的类型、库存标准、配送中心的作业内容等，应进行实际调研或具体构想，把握物流系统的状况以及物品(商品)的特性。如商品的规格、品种、形态、重量，各种商品进出库数量，每天进货、发货总数量，以及供货时间要求，订货次数，订货费用和服务水平等。在条件中还要考虑将来的发展，2 年、5 年，甚至 10 年以后可能发生的变化，对于配送中心所处的环境以及法规方面的限制也应有所考虑。

2. 总体规划设计阶段

在配送中心的总体规划阶段，需要对配送中心的基础资料进行详细分析，确定配送中心的规划条件，在此基础上进行基本功能和流程的规划、区域布置规划和信息系统的规划，根据规划方案制定项目进度计划、投资预算和经济效益分析等。配送中心总体规划阶段的主要任务包括：

1）配送中心规划的基础资料分析。配送中心规划的基础资料分析，包括订单变动趋势分析、EIQ 分析、物品特性与储运单位分析等，通过分析，可以确定配送中心的规划条件，为配送中心的规划提供设计依据。

EIQ 规划法用于物流配送中心的设计规划，颇有成效。所谓 EIQ 即是订单件数（entry），货品种类（item）和数量（quantity）的意思。由此可见，EIQ 是物流特性的关键因素。EIQ 规划方法是针对不确定和波动条件的物流中心系统的一种规划方法。其意义在于根据物流中心的目的，掌握物流特性，从物流特性衍生出来的物流状态（诸如从物流中心设备到用户为止的物流特性），到运作方式，均规划出合适的物流系统。这种 EIQ 方法能有效地规划出系统的大框架结构，从宏观上能有效掌握系统特色。

2）配送中心业务能力的规划。配送中心业务能力的规划主要包括决定配送中心的运转能力、自动化水平、物流单位等。运转能力表明配送中心能够处理的进出物流量大小，而自动化水平则取决于配送中心是否大量使用自动化设备。

以配送中心分拣系统自动化水平的选择为例。分拣作业是将用户所订的货物从保管处取出，按用户分类集中、处理放置。在整个物流中心的物流作业中，分拣作业是其中最重要的作业环节，也是物流中心极易出现瓶颈的地方。根据自动化程度的高低，可以分为三种不同系统。

第一，全自动分拣系统。即利用计算机与自动化设备配合的拣货方式，完全不需要作业人员而将订购的货品拣出来。

第二，半自动分拣系统。大部分是利用自动仓库与人工配合的拣货方式，且作业人员不用移动而货品利用设备自动搬运到作业人员面前拣货的方式。

第三，人工分拣系统。大部分是利用合理化仓储搬运设备与人工配合的拣货方式，且作业人员必须走动而货品固定不动，而将货品拣出的拣货方式。

在实际工作中，应充分考虑配送中心的效率、成本以及灵活性，将自动分拣线、半自动分拣和人工分拣系统的优点结合起来。可以按照 ABC 分类法，对排在前的商品进行自动分拣，剩余的商品可以考虑进行半自动或者手工分拣。也可按照订单的批量的大小来设计。小批量的订单降低了分拣自动化水平，但能够满足客户灵活性的需求，可以考虑进行半自动分拣。

当然，在注重分拣的效率和灵活性的同时，必须充分利用现有设备资源，减少由于完全自动化给实际运行带来的风险。

3）配送中心的功能流程设计。根据配送中心的规划条件和基础资料的分析结果，确定将配送中心的功能和作业流程。如进货、保管、流通加工、拣取、分货、配货、补货、退货等作业按顺序做成流程图（见图 7-3），而且初步设定各作业环节的相关作业方法。如进货环节是用铁路专用线或卡车进货，还是用人力或机械进行卸货，机械卸货又要考虑用传送带或叉车，再根据卸货点到仓库的距离，确定搬运作业方法。在库内和保管设施相适应的作业方法，又如保管环节，是用巷道堆垛机或自动高架仓库还是普通货架以人力搬运车进行人工存取，或是采用高架叉车作业配合中高货架存放等。

4）配送中心的平面布置。确定各业务要素所需要的占地面积及其相互关系，考虑到物流量、搬运手段、货物状态等因素，作成位置相关图。在平面设计中还要考虑到将来可能发生的变化，要留有余地。

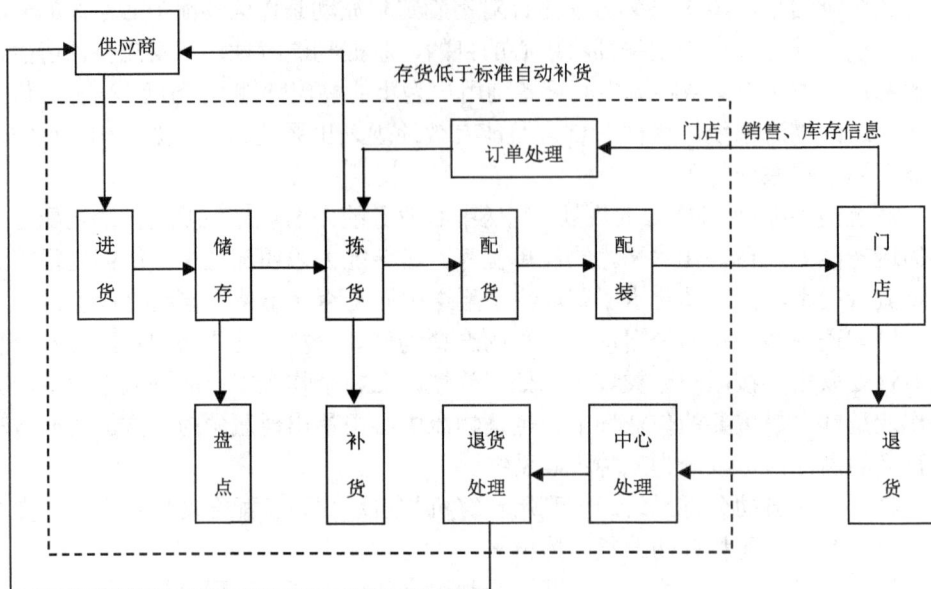

图 7-3 配送中的功能流程

5）信息系统规划。包括配送中心信息系统的功能、流程和网络结构。

6）运营设计。包括作业程序与标准、管理方法和各项规章制度、对各种票据处理及各种作业指示图、设备的维修制度与系统异常事故的对策设计以及其他有关配送中心的业务规划与设计等。

7）制订进度计划。对项目的基本设计、详细设计、土建、机器的订货与安装、系统试运转、人员培训等都要制定初步的进度计划。

8）建设成本的概算。以基本设计为基础，对于设计研制费、建设费、试运转费、正式运转后所需作业人员的劳务费等作出费用概算。

3. 方案评估阶段

在基本设计阶段往往产生几个可行的系统方案，应该根据各方案的特点，采用各种系统评价方法或计算机仿真的方法，对各方案进行比较和评估，从中选择一个最优的方案进行详细设计。

4. 详细设计阶段

经过总体方案设计与评估之后，应该进行详细设计。在此设计阶段主要是对配送中心作业场所的各项物流设备、运营系统与信息系统以及物流周边设施进行规格设计与布置。本阶段的主要任务包括：

1）物流系统设备规格型号的设计。配送中心系统规划阶段，主要规划设计全系统的功能、数量和形式，而在详细设计阶段主要是设计各项设备的详细规格型号和设施配置。包括储存、装卸、搬运和拣货等设备和辅助机械的型号规格；运输车辆的类型、规格；储存容器形状和尺寸的选择；办公与信息系统的有关设施规格、数量等。

2）设备面积与实际位置的设计。根据配送中心各区域规划图逐步进行分区的详细配置设计和区域内通道设计。其中包括主要物流作业区、办公室区、劳务设施区、餐厅、盥洗室、休息室和停车场等区域布置。

3）运营系统与信息系统详细规划。首先把配送中心的物流和信息流统一起来，完成物流中心各项作业流程和事务流程详细规划，实现合理化的物流作业。之后，便可进行信息系统的功能和整体框架、设备和界面等设计。系统设计包括系统和子系统的系统关系、档案结构、资料关系等设计。硬件设备和信息网络界面设计是根据系统功能设计硬件设备和相关软件、系统界面以及输入输出界面和格式等。

4）周边设施的设计。如配送中心发货接货站台、附近物流运输通道等。

5. 规划实施阶段

为了保证系统的统一性和系统目标与功能的完整性，应对参与设计施工各方所设计的内容从性能、操作、安全性、可靠性、可维护性等方面进行评价和审查，在确定承包工厂前应深入现场，对该厂生产环境、质量管理体制以致外协件管理体制等进行考察，如发现问题应提出改善要求。在设备制造期间也需进行现场了解，对质量和交货日期等进行检查。

第二节　配送中心选址

配送中心位置的选择，将显著影响实际营运的效率与成本，以及未来配送规模的扩充与发展。较佳的物流配送中心选址方案是使商品通过配送中心的汇集、中转、分发、直至输送到需求点时，全过程总费用最小。配送中心的合理选址，有利于资源、人员的统筹利用，可以有效节省费用，大幅度降低运营成本，促进生产和消费的协调与配合，从而达到物流合理化，保证物流系统的平衡发展。若一旦选址决策失误，由于物流配送中心拥有众多建筑物以及固定机械设备，将付出长远代价，因而配送中心选址是配送中心规划中至关重要的一步。

一、配送中心选址的原则

配送中心选址是指在一个具有若干供应点及若干需求点的经济区域内，选一个或多个地址设置配送中心。配送中心选址包括两个方面的含义：地理区域的选择和具体地址的选择。配送中心的选址首先要选择合适的地理区域，即对各地理区域进行审慎评估，选择一个适当范围为考虑的区域，如华东地区、华北地区等，同时还须结合配送中心主要配送商品的特性、服务范围及企业的运营策略而定。在配送中心的地理区域确定后，还需确定具体的建设地点，如果是制造商型的配送中心，应以接近上游生产厂或进口港为宜；如果是日常消费品的配送，则宜接近居民生活社区。一般应以进货与出货产品类型特征及交通运输的复杂度，来选择接近上游点或下游点的选址策略。

通常，在配送中心的选址过程中，应遵循以下原则：

1. 适应性原则

配送中心的选址必须与国家以及省市的区域经济发展方针、政策相适应，与国家以及省市的交通规划相适应，与城市的总体规划相适应，与国家物流资源分布和需求分布相适应，与国家和区域物流市场的发展相适应。

2. 经济性原则

有关配送中心选址的费用，主要包括建设费用以及经营费用两个部分，配送中心的选址定在市区还是郊区，其未来物流辅助设施的建设规模以及建设费用、物流运输费用等是不同的。生产企业到配送中心以及从配送中心到需求点的运输费用会随着物流配送中心据点数目的增多而减小，这是因为配送距离缩短，使配送费用下降；相反，物流配送中心的营运费、在库维持费、收发货处理费等与物流配送中心的据点数目成正比。所以，选址是应当综合考虑各种费用之间的关系，以总的费用最低作为配送中心选址的经济性原则。

3. 整体性原则

从供应链的角度考虑选址问题，综合权衡费用大小。配送中心在选址过程中不仅要考虑单一设施因素，而且要考虑物流系统的整体结构效应。有些物流配送中心的选址对物流配送中心是最优的，但对整个供应链来说，却不是最优的。这时根据需要，看是否需要调整，有时为了整个供应链的战略需要，甚至可能会在没有效益的地区建立物流配送中心。

4. 前瞻性原则

我国的物流业发展面临着重要的转型期，从单纯的传统运输业向现代物流业转变，从传统的运输需求向多样化的综合物流服务需求转变。为此，作为重要的物流基础设施，配送中心的选址规划需要考虑行业组织方式将要发生的变化。配送中心选址应当具有战略眼光，要考虑全局，也要考虑长远的发展，局部要服从全局，目前利益要服从长远利益，既要考虑当前的需要，也要考虑日后的发展。

二、影响配送中心选址的因素

配送中心的建设不仅要满足本地区的经济发展，还应与国际市场变化趋势及我国国民经济可持续发展相适应。因此，它的选址不仅取决于有形资产的规划，还与市场、技术、环境、人员、法律、政策等因素密切相关。所以，在建立配送中心的时候需要对其选址影响因素进行分析。

1. 配送中心选址的宏观影响因素

宏观因素主要指一个国家的政权是否稳定、法制是否健全、是否存在贸易禁运政策等，这些因素是无法量化的指标，主要依靠企业的主观评价。宏观的经济环境、企业所处行业的政策环境以及地方政府的优惠措施等都是企业在配送中心选址时需要分析的宏观环境因素。

国家整体的经济环境对企业决策具有一定的引领作用，若国家整体的经济环境不好，那么企业在这样的大经济环境下继续扩张业务，扩大现有的配送体系不是一种明智之举。

行业优惠政策和地方政府的优惠措施是企业经营所面临的重要外部环境之一，企业的经营决策应该是与整个行业的政策相一致的，这样企业在上级审批等多个环节才不会耽误时间，也不会受到过多导致决策丧失时效性的障碍。企业应该积极争取地方政府所给予的优惠措施，在企业用地价格、税收的减免、贷款利息补贴等多方面得到地方政府的支持，这样可以有效地降低企业的经营成本。

2. 配送中心选址的微观影响因素

微观因素指的是基础设施、环境和其他因素。基础设施在决策中占有重要地位，包括交通设施、通讯设施等；环境包括自然环境、社会环境等。下面分别具体阐述各种因素对选址的影响。

（1）基础设施状况

1）交通条件。配送中心必须具备方便的交通运输条件。最好靠近交通枢纽进行布局，如紧临港口、交通主干道枢纽、铁路编组站或机场，有两种以上运输方式相连接。

2）公共设施状况。配送中心的所在地，要求城市的道路、通信等公共设施齐备，有充足的供电、水、燃气的能力，且场区周围要有污水、固体废物处理能力。对于水电等资源，如果它是设施大量需要的，在选址过程中，不仅要考虑其供应量是否充足，而且还要考虑其费用是否可以承受。

（2）自然环境因素

1）气象条件。配送中心选址过程中，主要考虑的气象条件有温度、风力、降水量、无霜期、冻土深度、年平均蒸发量等指标。如选址时要避开风口，因为在风口建设会加速露天堆放商品的老化。

2）地质条件。配送中心是大量商品的集结地，某些重量很大的建筑材料堆放起来，会对地面造成很大压力。如果配送中心地面以下存在着淤泥层、流砂层、松土层等不良地质条件，会在受压地造成沉陷、翻浆等严重后果，为此，配送中心选址要求土壤承载力要高。

3）水文条件。配送中心选址需远离容易泛滥的河川流域与地下水上溢的区域。要认真考察近年的水资料，地下水位不能过高，洪泛区、内涝区、故河道、干河滩等区域绝对禁止选择。

4）地形条件。配送中心应选择地势较高、地形平坦之处，且应具有适当的面积与外形。若选在完全平坦的地形上是最理想的，其次选择稍有坡度或起伏的地方，对于山区陡坡地区则应该完全避开；在外形上可选择长方形，不宜选择狭长或不规则形状。

5）自然资源。用于制造产品的原材料有的直接从土地或海洋中获取，有的则间接取得。如果原材料必须在它们的获取地和需求地之间的某些地点进行加工生产，那么它们的重量损失特征就显得很重要。不会损失重量的原材料，地点可以选两者之间任何地点，重量损失多的就要临近原料获取地。

（3）社会环境因素

1）经营环境。配送中心所在地区的优惠物流产业政策对物流企业的经济效益将产生重要影响，数量充足和素质较高的劳动力也是配送中心选址考虑的因素之一。

2）商品特性。经营不同类型商品的配送中心最好能分别布局在不同地域，如生产型配送中心的选址应与产业结构、产品结构、工业布局紧密结合进行考虑。

3）物流费用。物流费用是配送中心选址的重要考虑因素之一。大多数配送中心选择接近物流服务需求地，如接近大型工业、商业区，以便缩短距离、降低运费等物流费用。

4）服务水平。服务水平也是配送中心选址所需考虑的因素。在现代物流过程中，能否实现准时运送是配送中心服务水平高低的重要指标，因此，在配送中心选址时，应保证客户可在任何时候向配送中心提出物流需求，都能获得快速满意的服务。

（4）其他因素

1）劳动力和人口特征。在选择配送等设施的位置时，首先要考虑的是可使用的劳动力的情况，企业经营的好坏与可使用的劳动力数量、劳动者技能及现行工资水平有关。同时人口是销售产品的市场，也是一种潜在的劳动力资源。要注意人口特征的变化，特别是与购买力有影响的人口特征变化。

2）顾客。顾客也是设施位置选址最重要的影响因素之一。许多配送设施的位置选择都以顾客需求而不是以其他因素为导向。对于顾客常用的消费品,企业常在人口购买力集中的地区设置配送设施,以实现企业的市场营销目标。

3）国土资源利用。配送中心的规划应贯彻节约用地、充分利用国土资源的原则。配送中心一般占地面积较大,周围还需留有足够的发展空间,为此地价的高低对布局规划有重要影响。此外,配送中心的布局还要兼顾区域与城市规划用地的其他要素。

4）环境保护要求。配送中心的选址需要考虑保护自然环境与人文环境等因素,尽可能降低对城市生活的干扰。对于大型转运枢纽,应适当设置在远离市中心区的地方,使得大城市交通环境状况能够得到改善,城市的生态建设得以维持和增进。

5）周边状况。由于配送中心是火灾重点防护单位,不宜设在易散发火种的工业设施（如木材加工、冶金企业）附近,也不宜选择居民住宅区附近。

以上各种因素应综合考虑,但由于实际情况往往比较复杂,不可能面面俱到。经营不同商品的配送中心在选址时应根据商品的特性,抓住主要方面。比如:果品蔬菜配送中心应选择入城干道处,以免运输距离过长,商品损耗多大;冷藏品配送中心往往选择在屠宰厂、加工厂、毛皮处理厂等附近;建筑材料配送中心的物流量大、占地多,可能会产生某些环境污染问题,有严格的防火等安全要求,应选择在城市边缘交通运输干线附近;石油、煤炭等燃料配送中心则应满足防火要求,选择城郊的独立地段。

三、配送中心选址的方法

近年来,各种各样的选址问题也越来越多,计算机的应用进一步促进了物流系统选址理论的发展,并为不同方案的可行性分析提供了强有力的工具。到目前为止,选址方法大体上可以分为以下几类:

1. 专家选择法

专家选择法是以专家为信息索取的对象,运用专家的知识和经验,考虑选址对象的社会环境和客观背景,直观地对选址对象进行综合分析研究,寻求其特性和发展规律,并进行选择的一种方法。专家选择法中常用的有因素评分法和德尔菲法。一般的执行步骤如下:

1）根据经验确定出评价指标。

2）对各待选地点,利用指标进行优劣性检验。

3）根据检验结果进行决策。这种方法注重历史经验,简单易行。但是很可能犯经验主义和主观主义的错误,其次是当地点较多时,不易做出理想的决策,导致决策的可靠性较差。

2. 解析法

这种方法通常只考虑运输成本对配送中心选址的影响，而运输成本一般是运输需求量、距离以及时间的函数，所以解析方法根据距离、需求量、时间或三者的结合，通过在坐标上显示，以配送中心位置为因变量，用代数方法来求解配送中心的坐标。解析方法考虑因素较少，模型简单，主要适用于单个配送中心的选址问题。对于复杂的选址问题，解析方法常常感到困难，一般需要借助其他更为综合的分析技术方法。

3. 模拟法

这种方法是将实际问题用数学方法和逻辑关系表示出来，然后通过模拟计算机逻辑推理确定最佳布局方案。这种方法的优点是比较简单，缺点是采用这种方法选址时，分析者必须提供预定的各种网点组合方案以供分析评价，从中找出最佳组合，因此，决策的效果依赖于分析者预定的组合方案是否接近最佳。

4. 启发式法

该方法是针对模型的求解而言的，通过对所求解反复判断，实践修正，直到满意为止，是一种逐次逼近法。这种方法的优点是模型简单，需要进行方案组合的个数少，因而容易寻求出最佳答案，缺点是这种方法得出的答案很难保证是最优的，一般情况只能得到满意的近似解。用该方法进行选址时，一般要经过如下几个步骤：首先定义一个计算总费用的方法，然后制定评判准则，规定方案的改进途径，并给出初始方案，最后在此基础上进行迭代求解，直到找到满意解。

5. 其他方法

另外，根据新设施的数量，配送中心选址方法也可分为单设施选址和多设施选址两类。单一配送中心选址是在某一区域内有若干个网点时求一个配送中心的最佳位置；多个配送中心选址是在某一区域内有若干个网点时求多个配送中心的最佳位置。在制定基本计划时，若尚未确定配送中心，采用单一设施或配置多个设施时，用以下方法对其分别计算，进行全部费用比较，选取最优方案。这里只介绍单一选址的方法。

单一选址是指一个配送中心对应多个顾客的选址，其方法有以下几种：

1）数值分析法或最短距离法。是由坐标和费用函数求出由配送中心至顾客之间配送成本最小地点的方法。

2）重心法。重心法是一种基本的解析方法，该方法根据运输费用最低的原则进行计算。这种方法将物流系统中的需求点和资源点看成是分布在某一平面范围内的物流系统，各点的需求量和资源量分别看成是物体的重量。物体系统的重心作为的物流网点的最佳设置点，利用求物体系统重心的方法来确定物流网点的位置。虽然重心法并不能求出精确的最佳网点位置，但其最大特点是计算方法较简单。

最好的方法是采用重心法与最短距离法相结合的方法。这种方法是从影响配送中心位置选择的两个最主要的因素，即运输量和运输距离出发，先根据该配送中心未来要服务的各网点的需求量（运量），求出该地区各网点需求量（运量）中心所在的位置，以此位置作为配送中心的初始位置，然后以该初始位置为基础，遵循使配送中心至各个网点总距离最短的原则，求出经改善的配送中心位置，经过多次迭代，不断地修改和改善配送中心的位置，直至确定出配送中心的最佳位置。

第三节　配送中心规模的确定

当企业经营发展到一定规模，就有必要建立配送中心，对配送中心规模进行科学的决策可以避免不必要的开支，使资源得到最大利用。

一、配送中心规模的含义

配送中心的规模包括三层含义：一是与客户规模相适应的总规模，即需要总量为多少平方米的配送中心；二是建立几个配送中心，即这些配送中心的布局；三是每个配送中心的规模。因此，配送中心的规模决策也就包含了这三个层次的决策。

单个配送中心的规模大小受业务量、业务性质、内容和作业要求的影响较大，一般主要根据企业物流量预测（配送中心吐吞量预测）来确定。预测物流量时要根据历年经营的大量原始数据分析，以本企业发展的规划和目标为依据进行。可以考察配送中心的主要业务量有以下几个方面：

1）供应商到配送中心的运输量。
2）配送中心向用户的配送量。
3）配送中心储存保管的数量。
4）配送中心流通加工业务量。
5）配送中心搬运装卸业务量。

二、与客户规模相适应的总规模

一个企业的配送中心总规模多大，主要取决于两个因素：客户总规模与商品周转速度。

1. 客户总规模与配送中心规模的关系

客户总规模主要是指企业商品经营总量。商品经营量越大，所需配送中心的规模也就越大。

配送中心的主要功能是为客户提供商品服务，因而，服务能力便成为衡量配送中心总规模是否适当的一个指标。一般来说，配送中心总规模与服务能力呈正相关关系，即配送总规模越大，配送中心服务能力越高，反之亦然。但是尽管配送中心是服务性机构，在注意服务能力的同时应进行"成本-收益"分析。根据规模经济效应，一般来说，配送规模与单位配送成本之间的关系，在开始的某一时段内，随着配送规模的不断扩大，配送成本也随着不断降低；如果当配送规模达到一定程度之后再继续扩张，配送成本则开始随配送规模的扩大而上升，因为此时规模不经济效应已经开始发生作用。

在连锁经营业中，连锁店铺总面积与配送中心规模有着密切联系。根据国外连锁经营企业配送中心的发展经验，配送中心与所配送的总店铺的面积比一般为1:10，即配送中心面积如为 1 万米^2，可配送 10 万米^2 的连锁店铺。美国的沃尔玛公司共有 25 个配送中心。当然，连锁店铺总面积与配送中心规模的比例因业态、流转速度以及主要配送的商品不同而有所差异。例如，上海华联超市自 1993 年到 1997 年，店铺已发展到 101 家，配送中心是按店铺经营总规模逐渐发展的。1997年，其配送中心拥有 2 万米^2 的仓库，全部采用货架堆垛，另有 4500 米^2 的分拣作业场，库存量超过 20 万箱，在节日高峰期达到 30 万箱。由此可见，上海华联超市的配送中心已达到一定规模，与其连锁经营发展相适应。

2. 商品周转速度与配送中心规模的关系

商品周转速度直接影响商品在配送中心停留的时间。速度慢，意味着占据配送中心空间的时间长，需要配送中心的规模就大；反之，则需要相对小的配送中心。同时，从厂商直接送达店铺的商品多，配送中心仓库的面积就可相对小些。

具体方法为：根据商品流转速度推算出平均配送量。这个配送量既包括平均吨·公里数，也包括平均储存量。前者决定运输规模，后者决定仓储规模。平均吨·公里数可以通过总的吨·公里数除以 365 天求得；平均储存量可以通过总商品储存量除以商品平均周转次数求得。这样，配送中心需多少运输车辆、需多大仓储就一清二楚，客观上也就决定了配送中心的规模。

三、配送中心的数量规划

一般而言，对于一个中小城市的供应经营企业，其供应分店有限，地域分布较广，加上这些城市的交通一般都很紧张，如果只设一个配送中心恐怕很难解决问题。加之单个的配送中心规模过于庞大，在组织上和管理上会带来不少难以预料的困难，经济上也难做到合理。选择合适的地点配置若干个分中心，各自承担本地域的配送任务，同时用电脑网络把各配送中心联结起来，由总部加以协调。

（一）确定配送中心数量的原则

对于一个特定的区域来说，在配送总规模确定的前提下，配送中心的数量可以在一定范围内进行选择。配送中心数量决策的主要依据是配送中心数量的经济性和服务能力。一般来说，确定配送中心的数量时应重点考虑三个方面的因素。

1. 物流费用

物流费用由运输费、配送费、配送中心的营运费、在库维持费和收发货处理费等构成。配送中心数量多，建设投资大、成本高，但因数量多，可以使配送中心更接近各个销售或供应网点，从而改善供应条件，能迅速、及时地补充企业库存，降低库存水平，也有利于减少商品迂回运输和缩短小额运输的距离，降低物流成本。但是随着配送中心数量的进一步增加，配送中心的投资和运转费用相对也会有所增加，当配送中心的数量超过一定限度时将导致库存分散，使总储存量增加，并且配送中心集中运输的商品数量大大下降，小额运输增多，致使运输费用上升。因此在确定配送中心数量时，必须考虑配送规模对企业物流费用的影响。最佳的配送中心数量应使总的物流费用达到最小。

2. 设施投资费用

目前企业的配送中心有向集约化、综合化方向发展的趋势，其优点是设施投资费用减少。配送中心数量减少，单个配送中心的规模较大，单位投资成本可因规模增大而减少。此外，采用大规模作业和使用处理商品的设备，也能降低单位配送成本。

3. 配送服务水平

配送中心的数量与配送服务水平有一定关系。一般来说，配送中心数量多，可以减少配送中心到配送目的地的距离，从而在一定程度上减少商品配送成本。由于配送中心接近配送目的地，配送时间可以缩短，保证及时快速送货，满足客户的需求，提高配送服务水平。配送中心数量少，其服务水平相对来讲也较低。

（二）确定配送中心数量的方法

配送中心的数量主要取决于经营商品的类别和客户的分布状态。确定配送中心数量的方法有两种：商品功能法和适当比例法。

商品功能法是按商品类别设立配送中心。这种方法有利于根据商品的属性来安排储存和运输。法国的安得玛谢超市集团就采用此法，该集团的 43 家配送中心就是按商品分类设置的。日本大荣公司也如此，分别建立了衣料和杂货中心、电器和家具中心、食品中心等，当然，利用这种方法要有一定的前提，即各分店不能分布太散，否则就难以体现出较好的效益。

适当比例法是按连锁店铺分布状态或空间特征设立配送中心。这种方法有利于配送距离及效益达到理想状态。以意大利 GS 超市连锁集团为例，其超市的分布状况是：北部 58 家，中部 23 家，南部 11 家。配送中心分布与其相适应，北部、中部、南部各设立一个配送中心。这样，各个区域由一个配送中心负责送货，提高了配送效率。

当然，在实际操作中，许多连锁企业是综合运用上述两种方法进行配送中心设置的。目前，我国某些大型百货商店四面开花式地建立分店，分散于各个区域，配送效果很难体现。因此，配送中心要求连锁店铺分布相对集中，而一个配送中心要有一定规模，能够满足几家店铺需要。

每个配送中心的规模不按总规模进行平均，而是根据实际周转量确定。如意大利 GS 公司，中部配送中心负责 23 家超市供应，设有面积为 2.3 万米^{2}的仓库，而北部、南部仓库或大或小。在连锁发展过程中，配送中心总规模是全部单个配送中心累积的结果，而不是先确定总规模然后再对每一个配送中心进行分配。

四、配送中心的用地规模

配送中心是物流流通网络中的结点，在各类物流系统中，它处于网络的不同位置，形成占地面积大小不一的配送中心。配送中心的用地规模与空间服务范围、配送的对象或客户、配送的货品种类以及物流通路的模式密切相关。

1）由于配送中心服务的空间范围不同，会产生不同的用地规模要求。按照空间服务范围的不同，配送中心一般有地方性配送中心和区域性配送中心两种，前者主要服务于一个城市，甚至城市局部地区的生产和消费物流，用地规模较小；后者的服务范围较大，是跨城市或者覆盖一个较大的空间范围乃至整个国家，用地规模较大。

2）配送中心的服务对象或客户不同，配送中心的订单形态和出货形态就会有很大不同，其分拣作业的计划、订单传输方式、配送过程的组织将会有很大的区别，从而决定了货品的配送数量或库存量存在明显的差异。

即使同在销售领域的各个配送中心，面向批发商的配送和面向零售商的配送，其出货量的多少和出货的形态也有很大不同。以零售商型的配送中心为例，其配送的对象可能是批发店、超市及便利商店。批发店的订货单位通常为托盘或箱；超市的订货单位通常为箱；而便利店的订货单位多数为单品。

货品的出货数量的多少和随时间的变化趋势会直接影响到配送中心的作业能力和设备的配置。例如一些季节性波动、年节的高峰等问题，都会引起出货量的变动。而配送中心的库存量和库存周期势必将影响到配送中心的面积和空间的需求。

因此我们在规划配送中心用地规模之前首先应该分析配送客户的情况，以便着手进行配送中心土地资源的安排。

3）在配送中心处理的货品种类不同，其特性也完全不同。在各个配送中心所处理的货品品种差异性非常大，少则数百种，多则上万种以上。由于货品品种数的不同，则其复杂性与困难性也有所不同。例如处理一万种货品的配送中心与处理一千种货品的配送中心的构造是完全不同的。目前比较常见的配送货品有：食品、日用品、药品、家电品、3C 货物、服饰货物、录音带货物、化妆品、汽车零件及书籍货物等，其配送中心的构造应具备自己的特点。例如食品及日用品的进出货量较大，而 3C 货物的货品尺寸大小差异性非常大，家电货物的尺寸较大。它们各自货品的特性不同，相应配送中心的厂房硬件及物流设备的选择也完全不同，对配送中心的面积和空间也有不同的需求。显然，配送的货品种类也会影响到配送中心的用地规模。

4）物流通路与配送中心的用地规划也有很大的关系。常见的几种通路模式如下：

第一种：工厂→配送中心→经销商→零售商→消费者

第二种：工厂→经销商→配送中心→零售商→消费者

第三种：工厂→配送中心→零售店→消费者

第四种：工厂→配送中心→消费者

一般而言，在物流通路中，配送中心离最终的消费者越远，库存量应越高，占地面积相应越大。因此必须了解物流通路的类型，然后根据配送中心在物流通路中的位置和上下游客户的特点，才能正确决策配送中心的用地规模。

国外对配送中心的用地规模有比较详细的研究。在英国，地方性配送中心的用地规模一般为 0.115～1.15 公顷，平均为 0.8 公顷左右；区域性配送中心用地约为 1.1～11.5 公顷。美国地方性配送中心用地规模一般为 1～5 公顷，以食品和日用百货等生活性资料的存储和配送为主；区域性配送中心用地规模多为 1～10 公顷，最大规模不超过 40 公顷，存储、配送的产品种类较多，以食品、化工产品、机械产品、木材等大宗生产生活性资料为主，从产品类型来看，大宗生产资料的配送中心用地规模较大，多在 5 公顷以上，见表 7-1。

表 7-1 美国不同类型配送中心用地规模

服务范围	用地规模/公顷	个数	配送产品类型（由主到次）
地方性	1～5	9	食品、日用百货
区域性	1～5	16	食品、日用百货、冷冻物品、酒类
	5～10	16	食品、化学产品、机械产品
	10～15	2	工业产品、日用百货
	15～20	6	食品、木材、危险品、家电、计算机、化学产品（除食品以外无主次之分）
	20～40	3	冷冻、冷藏食品及饮料、日用百货

国外配送中心的占地规模并无特别严格和统一的标准，是由其所服务市场的需求量的大小、运输距离与费用以及配送中心的规模经济等因素综合决定的；也可以说与每个配送中心的空间服务范围、在商品配送网络中的地位、经营的产品类型等有关。近年来发达国家的配送中心建设有一种朝集中化和大型化发展的趋

势。在具体的配送中心的建设规模问题上，我国一方面要参考、借鉴国外经验，更要结合本国、本地区实际，综合考虑空间服务范围、货物需求量、运输距离与成本、规模效益等多方面因素。

五、配送中心的投资选择

（一）总投资额的确定

配送中心的总投资额主要由以下几个方面构成：

1. 预备性投资

配送中心是占地较大的项目，它和仓库的不同之处在于，配送中心应处于与用户接近的最优位置，因此在基本建设主体投资之前，需有征地、拆迁、市政、交通等预备性的投资，这是一笔颇大的投资，也难以精确计算，尤其在一些准黄金地域，这项投资的变化可能会使实际总投资额超过预算。

2. 直接投资

这是用于配送中心项目主体的投资，如配送中心各主要建筑物建设、货架、叉车、分拣设备的购置及安装费，信息系统的购置安装费，配送中心自有车辆的购置费等。

3. 相关投资

不同地区与基本建设及未来经营活动有关的项目，诸如燃料、水、电、环境保护等，都需要有一定的投资。在有些地区，相关投资可能很大，如果只考虑直接投资而忽视相关投资，投资的估计可能发生偏差。

4. 运营费用

不同配送中心选址，也取决于配送产品、配送方式和用户状况。这些因素会造成运营费用较大的差别，在布局时必须重视这些投资因素。有时候建设费用虽低，但运营费用高，在投资中如果不考虑运营费用，则投资效果往往会判断不准。

（二）投资效果分析和确定

在较准确地掌握投资额度之后，才能确认配送中心的投资效果，而且以投资效果来做最后决策。投资效果问题，归根结底是对投资效益的估算。配送中心和一般产品生产企业有很大区别，它没有一定数量、一定质量、一定价格的产品，因而收益的计量性模糊，灰色因素较大。此外，在经营活动中，人的因素等不确定因素很多，所以在计算效益时需要对用户、市场占有率等若干方面做不同层次的估计，分别组成不同方案进行比较。

第四节　配送中心的内部构造与设施规划

在配送中心地址、占地规模选定以后，可以进行配送中心的内部构造与设施的规划设计。即根据配送中心的业务流程设置作业场所，设计内部的物流路线，确定各作业场所的建筑面积及其主要设施等。配送中心的内部构造与设施选择是总体规划设计成败的关键因素之一，主要包括配送中心的系统布置、各作业区域布局以及主要建筑、设施的规划设计等内容。

一、配送中心系统布置的设计宗旨

配送中心的系统布置是在配送中心总占地规模已经确定的前提下，研究其内部布局规划问题。主要任务是确定根据配送作业量和各配送流程的作业路线，综合考虑到搬运手段、货物状态等因素，把配送中心划分为几个功能作业区域，在满足防火安全间距的前提下，做到布局紧凑合理、交通运输线路短捷、商品出入方便，确定各功能区域的面积和各功能区域的相对位置，最后得到配送中心的平面布置图。另外，在平面设计中还要考虑到将来可能发生的变化，要留有余地。

配送中心的系统布置必须满足进货、储存、分拣、理货、配装、运输和流通加工等作业流程的要求，并符合其长远发展规划的需要，以求得平衡与可持续发展。配送中心系统布置应遵循以下的设计宗旨。

1）根据配送中心总体规划，对中心内的布局进行合理规划，优化建筑、设施结构，功能分区明确，人流、车流组织有序。整个系统布置设计应始终贯彻以生产服务为原则，把平面布置按功能合理分区，符合分区域隔离，便于储存、监管、查验的要求；符合分期建设、留有余地、可扩展性、滚动开发的要求；提供员工便捷的工作设施，提供办公人员良好的工作环境。

2）对于配送中心系统布置的设计，应满足生产工艺要求，主要作业设施设计结构新颖、美观，符合工艺流畅、装卸快、运输安全的要求，使用方便、美观大方。配送中心的业务环环相扣，因此各项作业场所要根据货物流向设置，使各个作业环节密切衔接，才能防止货物堵塞，加速收发货和其他作业。

3）要有利于各种设施、设备效能的充分发挥，保证各种设施设备的有效利用，提高劳动效率和配送中心的经济效益。例如，为使配送中心高效地运转，车辆运行方向、装卸作业方向必须单一，运距最短，而且做到装卸环节最少，人车分离；车辆宜进出分道，互不干扰；进出库货流与库内流动的货流应尽量避免交叉。

4）配送中心的建筑物位置布局力求配送中心建筑物与周围环境相互融合，对建筑物外部场地，建筑物与道路之间，建筑物之间的防火间距，均需满足消防要求，使建筑物周围有良好的环境质量和空间艺术效果。

5）遵循国家有关对环境保护的规范、规定和要求，最大限度地减少对周围环境的影响和污染，区域内环境设计满足吸尘、防尘、降噪和美化环境的要求。

6）用系统化的思想，把整个配送中心的各功能块视为系统的一个部分，把各作业环节视为供应链的内容之一。

二、配送中心系统布置的一般步骤

配送中心系统布置的一般步骤如下：

1. 按配送中心的功能分区布置

配送中心一般划分为物流作业区、辅助作业区和管理行政区三个部分。三个区既要有适当的隔离，有利于仓库的安全，又要有方便联系的路线，以利于管理。

物流作业区包括进货、验货、分拣、储存、流通加工、理货、配装、运输等作业场所。辅助作业区是为主要作业场所服务的，如放置砧垫用品、包装物料的场所。行政生活区是为工作人员的生活服务和业务管理设置的区域，如办公室、计算机室、保安室等。

2. 绘制配送中心的物流流程图，分析各项设施之间的关系，确定设施的相对位置

物流流程图是将物流情况形象地反映在平面上，给人以直观的感觉。物流图要求能清楚地表明货物类别、物流量的大小、物流的起点和终点。同时还要避免物流的迂回、交叉以及往复运输，避免货物在运输中的混乱、路线过长等现象。对照物流流程图，分析每个作业场所的利用程度，比如收货场地、验收场地、配送场地对每类物品来说都必须经过，而对储存保管场地、分类场地、流通加工场地、包装场地或有特殊要求的作业场地就不一定所有物品都经过，根据各作业场所的利用程度，确定场地的大小或采取集中作业。可以把两个场地合并为一个场地，也可以按货物品种设置多个场地。靠近性分析是指从物流流程的角度或管理的角度分析各项设施之间是否需要靠近，以及靠近的重要程度，据此确定设施的相对位置。

3. 确定各项设施的面积和安全间距

由于不同货物所需要的保管条件不同，因此，必须根据储存货物的品种数量设置相应的库房和货场。各项设施的面积根据作业量计算。库房之间应根据建筑物的耐火等级、所储存的商品性能确定安全间距。这里所说的安全包括防火、防水两方面。防火是配送中心管理工作的一项首要任务，必须从仓库的选址做起。一方面要考虑储存物品的安全；另一方面要考虑所储物品对周围环境的安全。若配送中心储存物为易燃易爆物品，一般应在城郊建址，并位于城市主导风向的下风处，注意保证周围环境的安全。在总体设计时，应按危险品火灾危险程度分区分类隔离储存。在总体设计时也应给予充分重视，如室外消防器材一般应沿配送中心主要通道两旁设置，距离不超过 100 米。

4. 确定物流路线的面积

各项设施的位置一经确定，物流路线也随之决定。根据运输车辆及装卸机械类型可确定线路的宽度。

5. 绘制配送中心的总平面布置图

各项设施的面积和道路所占面积确定后，再按照它们之间的相对位置，即可做出配送中心的总体设计，绘制出中心的总平面布置图。

6. 规划设计配送中心的主要建筑、设施

根据配送中心的业务需要、物流路线、各作业场所的建筑面积，按照提高劳动效率和配送中心的经济效益的原则，选用不同类型和型号的设施，整合规划设计出配送中心的相关设施布置图。

三、配送中心各作业区域布局

配送中心的作业区域包括物流作业区，外围辅助作业区和行政生活区。物流作业区的工作如装卸货、入库、订单拣取、出库、出货等，通常具有物流相关性；而外围辅助作业区和管理行政区，如维修间、办公室、计算机室等，则具有业务上的相关性。经作业流程规划后即可针对配送中心的营运特性规划所需作业区域。配送中心的主要作业区域包括进货区、理货区、仓储区、拣选区、流通加工区、集配货区、出货区、办公区、计算机管理监控区、劳务性活动区、维修区等。

（一）配送中心的区域布置方法

配送中心的区域布置方法有两种，即流程性布置法和活动相关性布置法。流程性布置法是根据物流移动路线和物流相关表作为布置的主要依据，适用于物流作业区域的布置；活动相关性布置法是根据各区域的综合相关表进行区域布置。一般用于整个厂区或辅助性区域的布置。

在各类作业区域之间可能存在的活动关系如下：

1）程序上的关系，即建立在物料流和信息流之间的关系。

2）组织上的关系，即建立在各部门组织之间的关系。

3）功能上的关系，即因为区域之间因功能需要而形成的关系。

4）环境上的关系，即考虑到操作环境和安全需要而保持的关系。

各作业区域间的活动相关关系可以从以下几个方面考虑：

1. 程序性的关系

程序性的关系是指因物料流、信息流而建立的关系，如人员往返接触的程度、文件往返频度等。

2. 组织与管理上的关系

组织与管理上的关系是指同一部门的功能区域应紧密布置。

3. 功能上的关系

功能上的关系是指区域间因功能需要形成的关系，如相同功能的区域尽量紧密布置。

4. 环境上的关系

环境上的关系是指因操作环境、安全考虑上需保持的关系。

（二）配送中心的平面布局

配送中心的区域布置可以用绘图方法直接绘成平面布置图；也可以将各功能区域按面积制成相应的卡片，在配送中心总面积图上进行摆放，以找出合理方案；还可以采用计算机辅助平面区域布置技术进行平面布置。平面布置可以作出几种方案，最后通过综合比较和评价选择一个最佳方案。配送中心区域布置的方法和步骤如下。

综合上述的流程性布置法和活动相关性布置法，一般可以把配送中心各作业区域布局划分见表 7-2。

表 7-2　配送中心各作业区域划分

配送中心的作业区域	管理区	是中心内部行政事务管理、信息处理、业务洽谈、订单处理以及指令发布的场所 一般位于配送中心的出入口
	进货区	主要完成货物入库前的工作，包括接货、卸货、检验、分类、入库准备等工作
	理货区	对进货进行简单处理的场所 在这里，货物被区分为直接分拣配送、待加工、入库储存和不合格需清退的货物，分别送往不同的功能区 在实行条形码管理的中心里，还要为货物贴条形码
	储存区	对暂时不必配送或作为安全储备的货物进行保管和养护的场所。通常配有多层货架和用于集装单元化的托盘
	加工区	进行必要的生产性和流通性加工（如分割、剪裁、改包装等）的场所
	分拣配货区	进行发货前的分拣、拣选和按订单配货
	发货区	对物品进行检验、发货、待运的场所
	退货处理区	存放进货时残损或不合格或需要重新确认等待处理货物的场所
	废弃物处理区	对废弃包装物（塑料袋、纸袋、纸箱等）、破碎货物、变质货物、加工残屑等废料进行清理或回收复用的场所
	设备存放及维护区	存放叉车、托盘等设备及其维护（充电、充气、紧固等）工具的场所

1. 物流作业区域的布置

1）决定配送中心对外的联外道路形式。确定配送中心联外道路、进出口方位及厂区配置形式。

2）决定配送中心厂房空间范围、大小及长宽比例。

3）决定配送中心内由进货到出货的主要物流路线形式。决定其物流模式，如U形、双排形等。

4）按物流相关表和物流路线配置各区域位置。首先将面积较大且长宽比例不易变动的区域先置入建筑平面内，如自动仓库、分类输送机等作业区；再按物流相关表中物流相关强度的大小安排其他区域的布置。

2. 行政活动区域的配置

一般配送中心行政办公区均采用集中式布置，并与物流仓储区分隔，但也应进行合理的配置。由于目前一般配送中心仓储区均采用立体化设备较多，其高度需求与办公区不同，故办公区布置应进一步考虑空间的有效利用，如采用多楼层办公室、单独利用某一楼层、利用进出货区上层的空间等方式。

行政活动区域内的配置方法包括以下几部分：

1）首先选择与各部门活动相关性最高的部门区域先行置入规划范围内，再按活动相关表，将与已置入区域关系的重要程度依次置入布置范围内。

2）确定各种布置组合。

3）根据物流相关表和活动相关表，探讨各种可能的区域布置组合。

根据以上方法，可以逐步完成各区域的概略配置。然后再将各区域的面积置入各区相对位置，并作适当调整，减少区域重叠或空隙，即可得到面积相关配置图。最后经由调整部分作业区域的面积或长宽比例后，即得到作业区域配置图（见图7-4）。

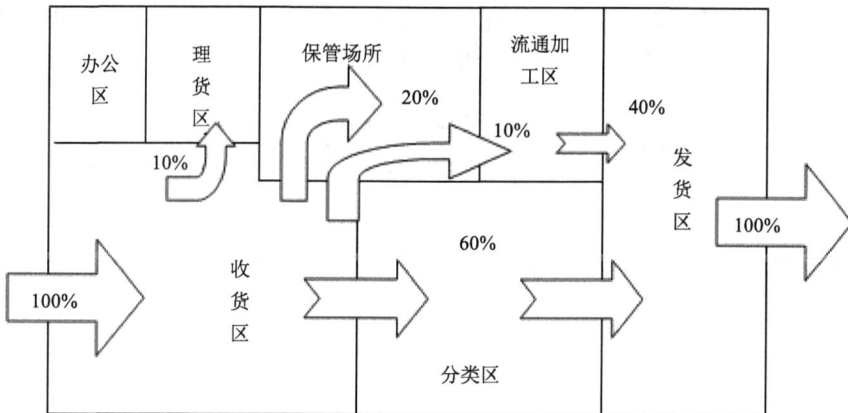

图 7-4　某配送中心区域平面布置的初步方案

3. 各区域位置形状的设计

在配送中心的平面布局中，各区域位置设计主要有五种形状：

1）双直线式。适合于出入口在厂房两侧，作业流程相似但有两种不同进出货形态。

2）锯齿形。通常适用于多排并列的库存货架区内。

3）U形。适合于出入口在厂房同侧，根据进出频率大小安排靠近进出口端的储区，缩短拣货搬运路线。

4）分流式。适用于批量拣货的分流作业。

5）集中式。这种方式适用于因储区特性把订单分割在不同区域，拣货后再进行集货作业。

（三）配送中心各作业区域面积的规划

配送中心各作业区域的面积与各区域的功能、作业方式、所配备的设施和设备以及物流量等有关，应分别进行详细计算。例如，仓储区面积的大小与仓储区具体采用的储存方法、储存设备和作业设备密切相关，常用的储存方法有地面堆码、货架存放、自动仓库等几种方式，应根据确定的总的仓储能力计算所需的面积或空间。

这里介绍一种对功能区域的面积进行估算的方法。对于物流作业区域，由于其面积 S 主要取决于货物作业量，因此可以用以下的简单公式估算该区域的面积：

$$S = \sum h_j / \lambda$$

式中，h_j——第 j 种货物每日的作业量（吨）；

λ——该区域的面积利用系数（吨/米^2）。

各区域的面积利用系数取决于货物的类型、货物的存放方式以及所采用的作业设备等，应根据经验和具体条件确定。

【例7-1】 有一个日处理货物40吨的小规模配送中心，根据配送中心各作业区的每天的作业量（吨）以及单位面积作业量（吨/米^2），可以出计算配送中心各作业区的面积以及配送中心的总作业区面积（见表7-3）。

表7-3 配送中心各作业区面积估算

配送中心设施名称	每天的作业量/吨	单位面积作业量 /（吨/米^2）	设施作业面积 /米^2
进、检货作业区	20	0.2	100
储存作业区	35	0.5	70
分拣作业区	15	0.1	150
流通作业区	10	0.2	50
配货、发货作业区	20	0.2	100
管理办公区	9	0.3	30
总作业区面积			500

注：本表所列日处理货物量定义为入库量为20吨，出库量为20吨。

（四）作业区域布局的修正

经过上述的规划、计算，得到了配送中心厂房区域布置的草图，最后还应根据一些实际限制条件进行必要的修正与调整。这些因素包括：

1）厂房与土地面积比例。厂房建筑比率、容积率、绿地与环境保护空间的比例及限制等因素。

2）厂房建筑的特性。建筑造型、长宽比例、柱位跨距、梁高等限制或需求。

3）配合厂址条件与环境的调整。如气候、温湿度、外部水电的供应等。

4）配合厂房特性的调整。如支柱间距的考虑，门窗形式、大小与出入口高度的限制及区域整齐性等因素。

5）厂区通道的调整。如通道的直线性、整齐性的调整，行走安全性的考虑及车辆回转空间等因素。

6）法规限制。土地建筑法规、环保卫生安全相关法规、劳动法等因素。

7）交通出入限制。交通出入口及所在区域的特殊限制等因素。

8）其他。如经费预算限制、政策配合因素等。

四、配送中心的主要建筑、设施设计

一个完整的配送中心包含的建筑、设施相当广泛，主要包括建筑物形式、建筑物层高、屋面构造、通道空间的布置规划、地面、支柱、仓储开关门、消防、电气、给水排水、温湿度通风、进出货站台、雨篷设计等。

1. 建筑物形式

通常采用单层库房的结构形式。它具备商品进出方便、设备简单、库房的面积利用率高、地面载重量大、单位平方造价低、建设周期短、适应性和通用性强等优点，特别适用于进出频繁的零售业的供配货任务。目前，新建的配送中心大多采用大跨度钢结构、彩色涂塑钢板压型瓦加保温层的屋面和墙体。

2. 建筑物层高

配送中心库房的层高完全取决于空间的利用、作业的良好操作性和配送中心运营的经济性。主要由储存商品的批量、容重、包装形式、装卸机具、堆码高度等因素确定，通常库房的层高为8米以上。

3. 屋面构造

保温和不漏水是仓库屋面的两大基本要求。组织合理、足够的屋面排水系统是保证大型屋面不渗漏的关键。檐沟应有足够的截面和坡度，沿外墙设置落水管，屋面檐沟和落水孔要防止堵塞，并要便于清扫。

4. 通道空间的布置设计

配送中心的通道空间设计主要考虑以下几点:

1) 流量、空间经济性。即让配送中心厂房通道的人和物的移动形成路径,同时又不因通道所占面积太大而挤占物流作业区的空间。要慎重设计空间大小,有效发挥空间的效益。

2) 设计顺序。首先设计主通道和出入厂门的位置,之后设计出入厂门和作业区间的通道,最后设计服务设施和参观走道。

3) 大规模厂房的空间经济性。即是在一个 6 米的厂房内应有一条 1.2~2 米的通道,约占有效地板空间的 25%~30%。一个 180 米宽的厂房应有 3 条宽 3.6 米的通道,只占空间的 6%。再加上一些次要通道,也只占 10%~12% 左右。由此可见,大厂房在通道设计方面可实现最大的空间性。

4) 危险条件。即在设计通道时要宽畅,遇到危险时以便逃生。

5) 楼层间的交通。电梯是楼层间的主要交通工具,电梯位置不能妨碍主要通道的交通。

关于通道宽度设计,根据不同作业区域、人员或车辆行走速度、单位时间通行人数、搬运物品体积等因素而定。就人员行走通道为例,设人员通过速度 v(千米/小时),单位时间(分钟)通过人数 n(人),两人前后最短距离 d(米),平均每人身宽 W(米),则每人在通道上所占空间为 $d×w$(米^2),为此通道宽度 W 公式如下:

$$W = d×w×\frac{n}{v}$$

5. 地面的设计

对于货架仓库,库房地面荷载应达到 30 千牛顿/米^2 以上。通常货架仓库地面荷载的取值为:服装货架仓库 15 千牛顿/米^2、杂货货架仓库 20 千牛顿/米^2、饮料货架仓库 35 千牛顿/米^2、粮食仓库 40 千牛顿/米^2、五金材料仓库 60 千牛顿/米^2。

配送中心的地面应考虑行驶叉车,一般采用混凝土地面,要求经久耐磨、耐冲击和不起砂。对清洁要求较高的配送中心,通常采用铁屑无砂混凝土面层,平滑、清洁无尘。

6. 支柱设计

柱子的设计一般是以建筑物的楼层数、楼层高度、地板载重、地震抵抗等条件来设计。必须考虑配送中心厂房内跨距的需求及工程技术的可行性,尽可能树立在通道的外侧,以不阻挡人员通行及物料搬运为原则。另外,还应考虑一般建筑物内的保管效率及作业效率。通常，柱位的联机可作为通道与作业区的分界点，并且应注意通道线路的整齐性，以增加作业环境的美观，充分运用空间。在安全的前提考虑下，支柱的建材可选择坚韧牢固并尽可能缩小支柱大小，支柱边角宜取圆弧形，或者配合外表覆上撞护垫，以减少碰撞时可能的伤害。

影响配送中心内部空间的柱子间隔的设计因素有以下三点：

1）进入配送中心内停靠的卡车台数及种类。不同型式重量的载货卡车会有不同的体积长度，相应停靠所要求的空间及柱距均有不同规格。

2）储存设备的种类及尺寸。在储存作业区，配送中心的空间设计以所选用的保管设备的布置效率优先，其空间设计尽可能大而完整以供储放设备的安置，故配合储放设备的规划，来决定柱子的间隔。

3）储存作业区域与出入口的关系。储存作业区域出入口必须考虑其前方是否有柱子，电动堆码机的出入不应受输送机的安装以及吊车移动等而有所限制，此时柱子的间隔设计是依据通道宽度及储放设备间隔等尺寸来计算。

7. 仓储开关门设计

仓库开关门设计须考虑配送中心厂房进出物料形式及保存形态，配合电动门或气动方式作业。比如，冷藏或冷冻物品的出入门应考虑与外界隔绝的需求，并与车辆装卸货作业接驳。

8. 消防、电气设计

（1）防火设计

1）一般配送中心的消防用水应从市政上水管道接入；而大型配送中心则必须实现两路进水。若只有一路进水，则应按《建筑设计防火规范》设置消防水池和专用水泵等设施。

2）配送中心都应设置电动火灾报警系统，大中型配送中心还应与就近的公安消防队建立通讯联系。

（2）电气设计

为实现配送中心的各项功能，保证物流作业正常（冷库储存、机电设备的运行等），避免或减少不必要的损失，供电系统的设计显得尤为重要。电力设施必须严格按照中华人民共和国国家标准（GB50052-95）《供配电系统设计规范》设计和施工，应注意以下几点：

1）电力负荷应根据对供电可靠性的要求、中断供电所造成损失或影响的程度进行综合确定：配送中心内的冷库、机电设备、通信设施等的中断供电将造成较大损失，属于一、二级负荷；配送中心的其他设施设备属于三级负荷。

2）大型配送中心的变配电间除正常进线外，宜从公用电网另引入一路可靠的

220/380 伏特三相四线电源，或自备发电机组，作为库区的安全备用电源。

3）配送中心的作业照明应采用表面温度较低的灯具，各作业区的照明光度应达到如下要求：

　　A. 进出货暂存区：100～200lux。

　　B. 库存储存区：100～200lux。

　　C. 分拣区：200～300lux。

　　D. 检货区：200～400lux。

　　E. 办公室：200～300 lux。

4）配送中心的供电电压应根据用电容、用电设备特性、供电距离、供电线路的回路数、当地公共电网现状及其发展规划等因素，经技术经济比较后来确定。

5）应急电源与正常电源之间必须采取防止并列运行的措施。供配电系统的设计，除一级负荷中特别重要的负荷外，不应按一个电源系统检修或故障的同时另一电源又发生故障的情况进行设计。

9. 给水与排水设施

（1）给水设施

给水设施负责对配送中心生产、生活、消防等所需用水进行供给，包括原水的取集、处理以及成品水输配等各项工程设施。配送中心给水设施的规划，应根据配送中心的用水需求和给水工程设计规范，对给水水源的位置、水量、水质及给水工程设施建设的技术经济条件等进行综合评价，并对不同的水源方案进行比较，做出方案选择。同时，给水设施规划要考虑所在区域的给水系统整体规划，应尽量合理利用城市已建成的给水工程设施。给水设施不应设置在易发生滑坡、泥石流、塌陷等不良地质条件的地区及洪水淹没和内涝低洼地区，地表水取水构筑物应设置在河岸及河床稳定的地段，工程设施的防洪及排涝等级不应低于所在城市设防的相应等级。配送中心输配管线在道路中的埋设位置，应符合现行国家标准《城市工程管线综合规划规范》的规定。

（2）排水设施

排水设施负责收集、输送、处理和排放配送中心的污水（生活污水、生产废水）和雨水。污水和雨水的收集、输送、处理和排放应以不同管道分别收集和输送污水和雨水；为使污水排入某一水体或达到再次使用的水质要求而进行净化。根据水资源的供需平衡分析，应提出保持平衡的对策，包括合理确定产业规模和结构，并应提出水资源保护的措施。

对于配送中心，更应注重考虑水污染的防治，避免它的建设对所在地的环境造成污染。排水管道工程时，应严格遵守中华人民共和国国家标准（GB50268-97）《给水排水管道工程施工及验收规范》，施工单位在施工前首先应熟悉设计文件和施工图，深入理解设计意图及要求，在施工中应按图精心施工。排水管道工程的管材、管道附件等材料，应符合国家现行的有关产品标准的规定，并应具有出厂合格证，具体施工时应遵守国家和地方有关安全、劳动保护、防火、防爆、环境和文物保护等方面的规定。

水管道工程应经过竣工验收合格后，方可投入使用；隐蔽工程应经过中间验收合格后，方可进行下一工序施工。排水管道工程竣工验收时，应核实竣工验收资料，并进行必要的复验和外观检查，并填写竣工验收鉴定书；竣工验收后，建设单位应将有关设计、施工及验收的文件和技术资料立卷归档。

10. 温湿度通风设计

温湿度调节是为了在保持配送中心厂房内与户外空气循环流通，以调节温度、湿度、氧气与二氧化碳含量，维持人员作业及保管物品所需的适合环境。规划物流中心时须视厂房高度、人员车辆动线、涵盖面积等因素，决定适合的通风换气方法。一般在配送中心厂房区，因空间及面积较大，多采自然通风法较为经济，如果厂房高度低、面积小、风向偏或因位于工业区厂外空气不佳，则以人工处理法为宜。

配送中心窗口的主要功能是通风。为了减少日光照射影响商品质量，配送中心的窗地面积比一般采取 1:5～1:20，通风主要采用以下两种方法：

1）自然通风法。必须了解常年风向，设计厂房开窗方向，以充分利用自然通风调节厂房内温湿度需求。

2）人工通风法。可配合抽气装置从管道由下向上直流运动，使室内空气流通，须考虑通风换气频率及操作时间。

11. 进出货站台设计

配送中心进出货站台的设计高度应配合卡车货台的高度。由于卡车的种类非常多，其高度都不一样，而且空车和重车的货台高度又不一样，因此往往需要导入液压升降平台来辅助装卸。

进出货站台的设计形式有以下三种形式：

1）内围式。把站台围在厂房内，进出车辆可直接入厂装卸货。其优点在于安全，不怕风吹雨打以及冷暖气不怕外溢。

2）齐平式。站台与仓库外边齐平，优点是整个月台仍在仓库内，可避免能源浪费。这种形式造价较低，目前被广泛采用。

3）开放式。站台全部突出在厂房之外，月台上的货物完全没有遮掩，库内冷暖气更易外溢。

12. 雨篷设计

南方多雨地区为了满足配送中心的全天候作业，往往在仓库门的上方空间设置悬臂雨篷。雨篷宽度比较大，离地净高应大于 4.5 米。

在完成配送中心区域布置规划和主要建筑、设施设计后，进行最后的资料汇合，即可整合规划设计出配送中心的相关设施布置图，其体包括以下内容：

1）电力需求与电控箱配置图。汇合各区域分项设备的电气与控制线路的需求，并标示电压、频率、相位及用电量。

2）压缩空气配置图。汇合各区域分项设备压缩空气的需求，并标示气压、管径、流量。

3）供水排水需求配置图。汇合各区域分项设施用水及排水的需求，并标示水压、管径、流量及水质等资料。

4）照明需求配置图。依各区域作业形态与人力分布，订定各区照度需求及配置。

5）空调需求配置图。依各区域设备发热量、作业形态、物流动线与人力分布，订定各区空调需求量。

6）消防需求配置图。依各区域设备配置、设备特性、安全需求、作业形态、物流动线与人力分布，订定各区的消防设施种类、需求量与配置点。

7）其他设施配置图。对于其他需求的设施进行配置规划，如通风换气设施、冷藏冷冻设施、电信设施等。

五、配送中心主要设备的配置

配送中心的高效运作需要现代化的配套设备来完成。配送中心设备的配置方案应在配送中心的总体规划与设计中就已确定。在设备配置的环节主要是权衡各种设备的性能。因此充分掌握各设备制造商的技术特长，从各种技术观点综合评价后，选定最满意的、信赖性高的设备生产商是十分重要的。选择最合适的制造商，可以得到质量高、成本低的配送设备。

1. 配送中心的主要设备

配送中心的设备相当广泛，基本上可分为以下几类：

1）容器设施。容器设施包括搬运、储存、拣取和配送用的容器，如纸箱、托盘、铁箱、塑料箱等。

2）储存设备。储存设备包括自动仓储设备（如单元负载式、水平旋转式、垂直旋转式、轻负载式等自动仓库）、重型货架（如普通重型货架、直入式钢架、重型流动棚架等）和多品种少量储存设备（如轻型货架、轻型流动货架和移动式储柜等）。

3）订单拣取设备。订单拣取设备包括一般型订单拣取设备（如计算机辅助拣货台车）和自动化订单拣取设备等。

当拣货区和仓储区分区规划时，作业方式为由仓储区补货到拣货区，拣货量为中等水平，发货频率较高。这种情况适用于零散发货和拆箱拣货。

当拣货区和仓储区在同一区而分层规划时，作业方式为由上层仓储区补货到下层拣货区，拣货量大，发货频率为中等。这种情况适用于整箱发货。

当拣货区和仓储区在同一区时，没有另设仓储区，直接在储位上拣货，拣货量较小，发货频率较低。这种情况适用于少量的零星发货。

4）物料搬运装卸设备。包括自动化的搬运设备（如无人搬运车、驱动式搬运台车）、机械化搬运设备（如堆垛机、液压拖板车）、输送带设备、分类输送设备、堆卸托盘设备和垂直搬运设备等。规划时配合仓储和拣取设备。估计每天进发货的搬运、拣货和补货次数，从而选择适用的搬运设备。

5）流通加工设备。流通加工设备包括裹包集包设备、外包装配合设备、切割机、印贴条形码标签设备、拆箱设备和称重设备等。随着物流中心服务项目多元化的开展和用户要求越严，物流中心进行二次包装，裹包和贴标签等加工作业也日益增加。随着国际物流的发展，由国际物流转运后再分装和简易加工的业务越来越多，从而使物流作业的附加值大为增加。

6）信息化设备。计算机及其周边设备。如信息系统设施、主计算机、网络设施及其相关周边设备等。

7）物流周边配合设备。这包括各种运输工具、楼层流通设备、容器暂存设施和废料处理设施等。根据物流中心实际需要来选定。

有关物流作业区域的功能和需求规划之后，可以根据各区域特性，规划设计所需设备型号、功能和数量。

8）办公、生活设备。主要有办公设备，如办公桌椅、文件保管设备、休闲娱乐设施等；生活劳务设备如洗手间、娱乐室、休息室、餐厅、司机休息室、医务室等。

2. 配送中心设备的选择

配送中心设备的配置必须根据设备的情况来权衡，主要考虑形状、尺寸、重量、使用方法、作业能力、占地面积、价格等因素。在选择设备时应遵循以下几个原则：

（1）合理定位

配送中心运营的目标是希望以最小的服务成本达到最高的服务水平。在考虑设备经济性的前提下，根据实际需要及发展规划在机械化系统、半自动化系统和自动化系统中做出合理定位。如选择装卸搬运设备的配置时，在配送中心，对于货物的处理，如果作业量大、品种显著增多，作业方面要求的速度化、小批量化、多频率化等就会被迫降低。这对于装卸搬运合理化已成为越来越重要的问题。装卸搬运机械因涉及到分拣、分类，所以在此先分析与货物装车有关的设备。在配送中心的物流设施中，小批量、多品种处理货物时，大多设计高站台；对于大批量、少品种作业时，大多采用低站台，具体见表 7-4。不管是高站台还是低站台，保管货物搬运作业相关的几乎都是托盘装载，采用叉车装卸的方法。

表 7-4   配送中心发货类型与设备的选择

发货类型	储存	作业机械
少品种、大批量	使用托盘存在立体仓库	叉车
品种、批量适中	旋转货架	叉车
品种、批量均少	一般货架	叉车
多品种、小批量	一般货架	自动分类运输车、无人操纵台车、托盘等

（2）选用满足使用要求的设备

如在选择运输车辆时，为了选择合乎使用条件的车种，首先要全面了解市场上车辆的基本情况和样式范围。一般配送中心用车多是小型汽车（2～3 吨）和普通汽车（4～12 吨）两种。在车种选定方面，考虑具体样式时，要特别重视必要的项目，例如车厢底板的尺寸、车厢底板的高度和载重量、发动机的性能（主要是功率）、车厢板的结构等重要部件。

（3）弹性化、适用性强

选择配送中心设备要灵活，尽量节约成本。比如，在决定车辆台数的配置时，通常由于每日配送量有变动，不能完全实行计划。因此，要根据配送量的多少安排好车辆。但拥有台数过少，配送量多时，难免出现车辆不足现象，要从别处租车。相反，拥有台数过多，配送量少时，会出现车辆闲置现象，造成浪费。所以，对配送中心来讲，应该配置多少台汽车是极为重要的决策。

（4）尽量选用标准化的设施设备

使用标准化的设施设备，便于日后设备的合理配套及维修。要求在选定叉车、托盘、集装箱、平板车等设备时将标准化、单元化作为原则。

练　习　题

1. 配送中心规划的目标和主要原则是什么？
2. 配送中心规划的主要程序有哪些？
3. 比较配送中心选址的几种方法。
4. 配送中心的规模包括几层含义？
5. 配送中心各作业区域的面积是如何估算的？

案 例 分 析

北京顺鑫首联顺义生鲜配送中心

北京顺鑫首联绿色物流有限公司是北京地区重要的连锁商业企业及生鲜供应商，2005 年销售总额 1.80 亿元，销售商品以食品为主（占 100%），现有超市连锁门店 73 个，每天购货达 23 万人次，服务对象近 50 万户家庭。面对供应面广、品种多、数量大的生鲜产品供配货需求，公司结合顺鑫农业现有的种植、养殖、加工基础，利用规模化、产业化生产优势，在农产品绿色物流基地内建造了北京顺鑫首联顺义生鲜配送中心（以下简称顺义配送中心），承担了全部销售商品的配送任务，提高农产品绿色物流配送及加工能力。该配送中心位于北京顺义区高丽营镇金马工业园区，一期工程占地面积 190 亩，总投资 2.1 亿元。

在规划这座顺义配送中心时，公司管理者认为，首先应提升生鲜产品加工和配送能力；根据商品多品种、小批量、多批次要货的特点，做到能在门店下单后及时将所需的生鲜产品，按所需的数量、指定时间送到门店和客户的手里，以促进提高销售额，削减商场库存，提高商店作业效率，减少流通过程的物流成本，增强企业的竞争力。

一、多功能的供货枢纽

1）根据物流集约化原则，公司在规划配送中心时，同时强化供货枢纽的战略功能。

① 商品出货单位要小，以满足商场越来越强烈的拆零要求。

② 将原来由商场承担的工作量大、耗时多的贴标签、改包装等流通加工作业，放到配送中心里完成，以满足小型超市商场运营的需要。

③ 扩大库存商品的品种，以强化配送中心的供货能力，降低商品的缺货率；特别是采用了 POS 系统联网的 EOS 电子订货系统，来处理连锁店的订货，并根据库存信息，预测总订货量，向供应商发出订货单。

④ 扩大分拣功能，根据对中转型商品的集约化作业要求，改善零售店收货和搬运作业。

⑤ 除一部分特殊商品（如日配品）外，畅销商品全部由配送中心供货，为实现向商场配送计划化奠定基础。

⑥ 满足无店铺定点销售物流的需求。

⑦ 开发支撑配送中心高效运转的信息处理系统。

2）抑制物流成本。配送中心拥有不少先进的物流设备和设施，为了保证正常运转，必须做好日常的维修保养工作，以降低物流成本。包括加强人事管理、配送中心运营费用的预算和外部托运合同企业（如运输公司）的联系等。

3）提升生鲜产品的竞争力。针对国内超市生鲜食品经营额的不断提升，客户对加工食品的品质和品类需求的日益增加，生鲜食品目前已成为国内各家商超经营的重中之重。由于顺义配送中心自建了畜产品和水产品的屠宰加工线，大大降低了成本、增强了产品品质，而且在其生鲜配送加工中心购置了众多的加工设备，开发了大量受客户欢迎的新品类产品，大大提升了门店的销售额和竞争力。

4）增强配送中心的应变能力。由于配送中心的物流量，随经营规模的发展而不断扩大，必须确保在一段较长的时间内能满足企业发展的需要。配送中心的设计以 10 年的周、日处理量的变化作为最大值、平均值，故具有满足此后数年的处理能力。另外，要做到今后有扩建的余地。

二、现代化的物流设施

配送中心是现浇钢筋混凝土结构的建筑物，柱网尺寸为 12 米×9 米，底层高 7.5 米，二层高 6 米；屋盖为钢结构、衍架梁、金属瓦楞屋面。

建筑物底层为分拣系统及发货场地、站台、储存货架及拣货作业场。上下两层站台总长 280 米，拥有停靠车位 120 个（其中收货 60 个、发货 60 个）。

三、合理安排的物流配送路线及运作流程

配送中心根据经营商品进销的不同情况和商品 ABC 分析，将物流分成三条通路。

路线一（库存型物流）：指进销频繁的商品，整批采购、保管，经过拣选、配货、分拣、配送到门店和无店铺销售的送货点。

路线二（中转型物流）：通过计算机联机系统和商品信息订购的商品，整批采购、不经储存，通过配送中心进行拣选、组配和分拣，再配送到销售门店和无店铺销售点。

路线三（直送型物流）：商品从供货单位，不经过配送中心，直接组织货源送往销售店。

顺义配送中心的作业流程情况如下：

1）收货。供货商将商品送至配送中心二楼收货站台，人工卸车，包装均为统一规格系列的纸箱。整批商品由人工堆码托盘、叉车搬运；路线二的商品由人工卸至辊道输送机进行验收，再经合流后送入三条主输送带。

2）储存、搬运。大部分商品储存在二楼，一路整批商品以托盘为储存单元，由叉车送入普通货架；需要开箱拆零的单元，由叉车送入普通货架再从储存货架上取出、搬入轻型重力式货架、人工拣选。

普通货架和轻型重力式货架相对平行布置，货架分上下两层，每层 3 格，高

4.5 米。货架的走道中间设置以胶带输送机为主体的传送搬运系统，总长 5200 米。进销频繁的商品则以托盘为单元，存放在底层站台的货场。配送中心全部储存容量为 2800 托盘、19 万箱。

3）分拣。顺义配送中心在建设过程中，反复研究总结了中日不少配送中心成功与失败的经验，综合超市销售量大、利润薄的特点，认为对于批量零星而进出频繁的商品，不宜采用立体仓库、巷道拣选机，故配送中心决定采用适合自己经济能力的普通货架、人工拣选的方式，以适应多种销售形式。

整箱销售的商品，以托盘为单位，货架存放。发货时由工人按订货单，从货架搬入两侧的输送带传送系统。

路线二的商品属于中转商品，在配送中心内进行的是越库配送。收货后暂存辊道输送机上，经人工粘贴发货条形码后，直接送主输送带，进入分拣系统。

开箱拆零商品，以纸箱为单元，存放在轻型重力式货架上。发货时由人工开箱拆零拣货，另行组配拼箱，送入传送系统，拼箱用的空纸箱则利用回收的旧纸箱，由悬吊式链条输送机（置于胶带输送机的上空）传送。对于特别零星的商品，则采用计算机控制的数字显示拣选系统。

4）分拣系统。全部发运商品的纸箱上均被粘贴印有条形码的发运标签（内容包括销售店名称、商品名称、数量等），该标签由计算机打印。这些商品从各条拣选渠道汇集到三条主输送带，从二楼传入底楼，最后合流至分拣系统。

5）配装配送。从分拣道口的斜滑道滑下的商品，由人工装入笼车等集装单元化运载工具，并送至发货站台待运。而后，商品按编排的配送路线，分别装入各辆厢式卡车，配送到各超市连锁店。笼车回空时可折叠起来，节省车容。

由于采用了笼车，大大减少了中间的装卸环节，有效地改善了从配送中心的储存货架起，一直到商场里的商品陈列货架为止的整个物流过程的装卸搬运作业，加快了运输车辆的周转。配送中心的卡车，只需一名司机，兼作装卸工，便可完成全部装卸搬运作业，非常经济实用。

顺义配送中心建成后，充分发挥了促进和扩大商品流通的作用，大大降低了缺货率，缩短了要货期；加快了发货，原来每周订货 2 次，现在做到当天订货、当天或隔天即可送到零售门店，大大压缩了商场的库存，加速了商品的周转，给企业来了极可观的经济效益。

四、配送中心的基本状况

土地面积：27 000 米^2（一期 126 000 米^2）；
加工及屠宰中心面积：26 200 米^2；
员工数：563 名；
生产能力：141 898 包/天（其中肉 97 722 包，鱼 20 346 包，蔬果 14 499 包）；
全自动计量包装贴标线 11 条（90 包/分）；自动分流输送带系统（全长 450 米，处理能力 4000 箱/小时)。

建设规模及内容：该项目总占地面积为 405 亩，将建设 25 500 米^2 的常温自动化商品配送中心，10 000 米^2 的生鲜农业产品加工配送中心，25 000 米^2 的写字楼，30 000 米^2 的建材家居超市和大卖场。其中常温配送中心一期占地 16 000 米^2，可完成日进出货 39 000 箱，配送门店 80 家；二期将使用自动化的折零分拣设备，占地 9500 米^2，完成后可完成日进出货 54 000 箱，配送门店 150 家。项目投产后，可形成年加工净菜 10 000 吨、方便菜 5000 吨、水果 8000 吨及配菜猪肉 7600 吨的生产加工能力和提供冷库仓储配送、综合业务对外服务 能力。

主要设备清单：高速切片机（肉类）11 台；鱼类刺身机 3 台；自动低温高湿式解冻机 1 台；大型冷冻冷藏系统（−35℃、−25℃、0℃、50℃），且加工区常年 15℃；密闭式商品出入口 18 个搬运用各式笼车、台车约 2500 辆；配送用特制冷冻车 46 台。

思考题

顺义配送中心的选址和运作流程设计有何特色？

第八章 配送中心管理信息系统

🔖 学习目标与要求

掌握配送中心管理信息系统的概念，理解配送中心管理信息系统的作用及发展；理解配送中心管理信息系统的主要内容；掌握系统的设计原则，了解管理信息系统的常用开发方法；理解信息系统功能模块的分类以及配送中心常用的信息技术。

第一节 配送中心管理信息系统总体设计

一、配送中心管理信息系统概述

配送中心管理信息系统是利用计算机、网络、通信、自动化等信息技术，结合先进的管理思想和管理理念，对配送中心进行高效率、低成本管理的系统。

现代化的配送中心都需要建设管理信息系统，管理信息系统对配送中心的作用突出表现在以下几点：

1）高库存管理的精确度。

2）订货、收货、发货、盘点、配送等作业活动简捷，使其效率提高。

3）高发货、盘点、配送的准确度。

4）低配送中心的整体运营成本。

5）高客户满意度。

配送中心管理信息系统的发展先后经历了人工作业时代、计算机化时代、自动化信息整合时代、智能化时代。

在人工作业时代，配送中心的管理完全通过管理者根据经验和个人技能灵活地指挥和调度各项作业，缺乏规范的作业流程及标准的信息记录表格、文档，作业效率低下、容易出错，随着管理货物的品种及数量的增多，运营成本节节攀升，浪费严重。

在计算机化时代，配送中心借助计算机的计算处理能力，开始对配送信息进行统一的收集和规范的管理，同时规范作业流程，从而提高了配送业务中部分业务的处理效率及相关数据的统计准确度。

随着配送中心所处环境条件的巨大变化（客户对速度、准确度的要求越来越高；所要配送的货物品种、数量越来越大），自动化设备在配送业务中被广泛使用，为充分利用自动化设备的作业效率，适应环境变化对配送中心管理的新要求，配送中心管理信息系统进入自动化信息整合时代。在这个时代，计算机作为中枢，将各种自动化设备的输入输出数据、各种货物信息、各项作业流程信息及时统计起来，形成基础数据库，以数据库的数据信息为支撑，将相对独立的各项作业融会贯通起来，形成科学的"作业流程网络"，管理者据此对配送中心进行统筹协调管理。

目前，随着对配送中心管理要求的再一步提高，以及管理者对管理效率的更高追求，管理信息系统进入智能化时代。人们不再满足于对配送中心各种信息的及时准确把握，更希望信息系统能模拟人工智能，在掌握信息的基础上模拟人工进行自动决策、自动发出作业指令，从而减少人工作业的错误，提高系统运行效率。

信息技术的快速发展为配送中心管理信息系统的进一步发展提供了良好的技术支持，客户的需求变化也推动了信息系统的进一步提升。今后，管理信息系统的发展趋势除网络化、智能化外，柔性化也成了系统建设的重要考虑。这种柔性化即是为了满足客户对配送中心"多品种、少批量、少批次、短周期"的配送要求，它需要生产、运输、作业设备相应的柔性化支持。现在而言的配送中心管理信息系统一般至少指计算机化时代的信息系统。

二、系统设计

配送中心管理信息系统总体设计必须从多方面去考虑。比如配送中心的职能定位，是面向制造业的零配件或原材料供应商，还是面向零售业的加工集配商等。所使用的技术不能是已过时或即将过时的技术。

1. 设计原则

从技术层面看，配送中心管理信息系统的设计需遵循以下原则：

1）遵循相关的技术标准。遵循标准的好处在于通过使用统一的数据代码和数据组织方式，可以使系统具有较好的兼容性，为将来系统的升级及与别的系统的联结奠定基础。

2）遵循模块化设计思想。依据信息系统的功能进行模块化设计，使信息系统的实用性、适应性、灵活性得到增强。同时模块化设计也使得设计建设工作清晰、方便、便于管理，使信息系统的调试和使用维护更为方便。

3）充分考虑与其他系统的接口及系统今后的扩展性。配送中心在物流供应链中的特殊位置决定了管理信息系统的设计建设必须考虑留有接口以与别的信息系统衔接。随着市场竞争的加剧，参与竞争的不再是单个企业与单个企业，而是一条供应链与另一条供应链之间的竞争，单个企业只有参与整合供应链中上下游企业的资源，才可能在竞争中立于不败之地。这往往要求供应链中的各企业通过管理信息系统进行充分的信息交换。另一方面，科学技术的日新月异，使系统能够完成更多的功能，作业效率得到更大提高，同时配送中心的业务发展也将对系统提出新的要求，所以，配送中心信息系统的设计还必须考虑到系统今后的扩展性，否则，会造成建设投资的巨大浪费。

4）处理速度。配送中心建设管理信息系统的目的就是为了提高作业效率，所以速度是系统设计必须追求的目标。但有时，追求速度和追求功能是矛盾的，功能的改善可能不得不以牺牲速度为代价，速度的提高又不得不简化功能。所以，在系统设计时，需要从二者的利弊进行权衡取舍，保证关键性功能的实现，对难以取舍的情况，尽量寻求变通性办法。

2. 设计内容

配送中心管理信息系统的设计主要包含三个方面的内容或任务：业务流程设计、功能模块划分和界面操作设计。

界面操作设计的原则是友好性，即操作简单易上手、没有操作安全陷阱、方便高效。包括对菜单、会话方式、提示方式与管理权限的设计。菜单一般有下拉式、弹出式、按钮式，操作可用鼠标、键盘、触摸屏等。会话方式要充分考虑对用户的提示功能。

窗体与报表是系统与用户进行信息的输入与输出的界面。窗体与报表的设计是以强大的数据库作为支持的，对窗体与报表进行设计时可根据用户部门功能的划分对窗体与报表进行归类，窗体与报表应尽量包含用户所需的内容和功能，界面设计要做到简洁、明了和美观，菜单的提示问答要直观并可提供帮助功能。

3. 评价标准

评价标准既包括内部评价标准，又包括外部评价标准。既可作为信息系统设计时的参考，又可作为配送中心建设信息系统时的采购依据。

1）是否满足功能要求。

2）是否能提高工作效率。

3）工作误差是否在容忍范围。

4）系统运行是否可靠。包括对单个功能可靠性和整个系统可靠性技术的成熟程度、故障率、排除故障所需的时间等方面的要求。如差错损失率、数量破损率、品种准确率、数量绝对差错率、库位准确率、单品入库准确率、订单入库准确率、无缺陷订单率、出库准确率、拣货准确率、品类完成率、运输损坏率、按时到达率、装卸作业率等。

5）是否方便维护。

6）是否能提高经济效益或提高客户满意度。

对物流系统的前期投资、每年的运营费用、利润、直接或间接的经济效益、投资回收期、全员劳动生产率等经济因素的衡量。包括订单反应成本、库存周转率、每件库存成本、每平方米库存成本、仓储能力利用率、总利润率、每客户/每件利润率、每路线利润率、包装损耗率等。

物流系统的外部评价指标是客户对物流企业的要求，内部评价指标是物流企业对自身的要求。不同的物流企业，由于各自的特点，其选取的评价指标会有所不同，不同时期其评价指标也会有所变化。因此，评价指标反映了物流企业各层次管理者的工作重点、关心的问题，是其工作目标，是物流企业对物流信息系统的需求。通过仔细分析、研究物流企业制定的评价指标，可以得出物流信息系统的需求。

三、代码设计

代码是指有一定信息概念的具体符号。配送中心的信息类别繁杂，实践作业中的表达各不相同，需要对这些信息按照一定的标准进行编制代码，以方便计算机系统的识别和处理。编码时所依据的标准最好能完全遵循国家、部委或有行业共识的标准，尽量减少企业内部标准的设定，以使系统在应用中有良好的兼容性和扩展性。代码设计一般需遵循以下原则：

1. 代码长度尽量短

代码长度过长，一方面使信息在传输和处理的过程中增加出错机会、增加耗时和占用过多的通讯资源，一方面增加今后代码扩展的难度。代码长度和要表达的信息量间存在矛盾，设计时既要充分考虑表达有效信息，又要尽量减少长度，同时留有余量保证今后信息的扩容。

2. 代码逻辑清晰，信息容易被识别

代码逻辑的设计要有直观性，且便于掌握，应能唯一地，且准确地标志出对象的分类特征。

3. 代码设计体系化、标准化

代码设计要能满足企业信息管理系统的各方面使用，在长度、符号含义甚至逻辑设计上遵循相同的标准。

4. 尽量避免容易混淆的字符

阿拉伯数字"0"和英文字母"O"。

四、数据库设计

数据库设计的过程如图 8-1 所示。

图 8-1　数据库设计的过程

　　在需求分析阶段，首先是通过认真调查研究，了解用户需求、系统运行环境、系统的功能设计要求，收集输入、处理、输出的数据，经过分析处理，形成数据流程图和数据字典（数据库内对对象作属性等的描述的表的集合）。

　　在概念设计阶段，可以用简单的图形描述现实中的数据，表达要表述的对象之间的关系或它们的属性，以方便向数据库模型的转换，如名称、数量、订货人是订单这种对象的属性表达。具体情况如表 8-2 所示。

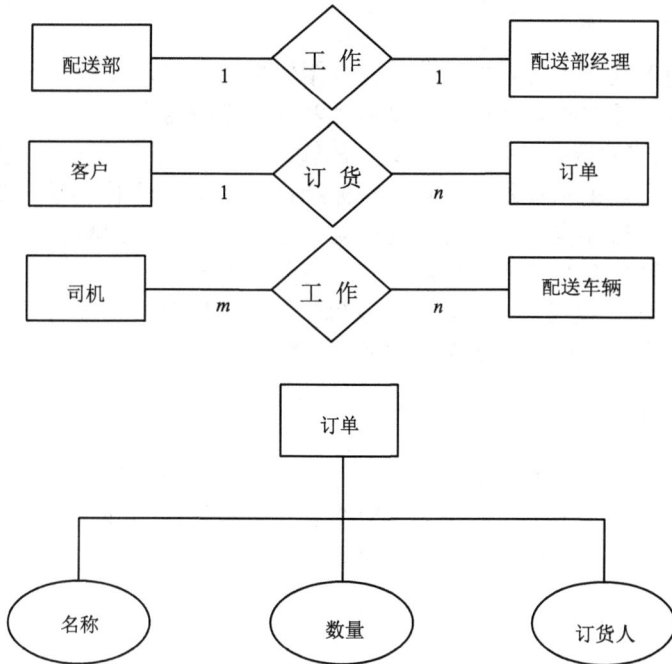

图 8-2　配送中心数据库的概念结构

　　其中，1:1 指一对一联系，一个部门对应一个经理；1:n 指一对多联系，一个客户可能有多个订单；m:n 指多对多联系，一个司机可驾驶 n 部配送车，一部配送车可由 m 个司机驾驶。

　　逻辑结构阶段就是将上述概念结构转换成信息系统所选用的数据库系统要求的数据模型。

　　物理设计阶段就是根据所选用的数据库系统的功能和应用环境的特点，设计数据库存放策略、数据库结构等。

五、输入/输出设计

1. 输出设计

系统的输出设计主要是面向使用者,保证输出的信息能有效地为使用者服务,它主要包括以下内容。

1)有关输出信息使用方面的内容,包括使用者、使用目的、报告量、使用周期、有效期、保管方法和复写份数等。

2)输出信息的内容,包括输出项目、形式(表格、图形、图像、声音、文字等)、数据及数据格式等。

3)输出设备,如显示屏、打印机等。

4)输出介质,如纸张、磁带或光盘等。

2. 输入设计

系统的输入设计主要是指系统所需原始信息的录入,要考虑到录入的速度和录入的准确度、操作的方便性。主要包括以下两方面内容。

1)录入方式的选择。一般原始数据的输入可采用人工录入,或借助机器设备的半人工或自动化识别录入。如对一些标准化的单据,可通过有扫描功能的仪器自动读入信息,另外像条形码的自动检测、电子秤的自动检测等。借助通信技术和网络技术,进行系统间或系统内部信息的自动流转。

2)校对方式。包括人工校对和再次确定。人工校对是录入后由人工检查后确认录入,再次确定可通过二次键入实现。

六、子系统设计

配送中心的业务较为复杂,为使管理信息系统体系结构清晰,方便建设和使用,需要将其分成若干个子系统。一般在进行子系统的划分时,是按其职能作业间的差别进行划分,同时需遵循以下原则:

1. 子系统具有相对独立性

子系统间的独立性越强,对其他子系统的影响就越小,在修改、维护时产生的连锁反应的风险就越小。

2. 子系统间的数据依赖性尽量小

若各系统间的依赖性大,联系就比较复杂,不仅在建设时期增加接口调试工作量和难度,同时增加了维护难度。

3. 子系统划分结果应使数据冗余度小

所谓数据的冗余度,通俗地讲,就是指数据的重复度。冗余度大了,会多占用空间，降低系统运行的效率。

4. 便于系统分阶段实施

由于技术、资金等原因，信息系统的建设有可能是一个长时期的工程，在规划时，要考虑到各子系统不会同时上线的可能性。

七、几种常用的开发方法

管理信息系统的开发，通常有结构化法、原型法和面向对象的开发方法。

1. 结构化法

结构化系统开发方法的基本思想是：用系统工程的思想和工程化的方法，按用户至上的原则，结构化、模块化、自顶向下地对系统进行分析与设计。具体来说，就是先将整个信息系统开发过程划分成若干个相对独立的阶段，如系统规划、系统分析、系统设计、系统实施等。在前三个阶段坚持自顶向下地对系统进行结构化划分。对每个系统都可以按功能逐步自顶向下，由抽象到具体，逐步分解为具有独立功能的许多模块，直至分解成能简便地用程序实现的模块为止。在系统分析，提出新系统方案和系统设计时，应从宏观整体考虑入手，先考虑系统整体的优化，然后再考虑局部的优化问题。在系统实施阶段，则应坚持自底向上地逐步实施。也就是说，从最底层模块的编程做起，然后按照系统设计的结构，将模块一个个拼接到一起进行调试，自底向上、逐渐地构成整体系统。模块可以简化复杂问题，把大问题分解为小问题来解决，使系统易于实施、维护和纠错，有较强的可变性。

特点：用户至上，调查研究，严格区分工作阶段，充分预料变化，开发过程工程化。

2. 原型法

原型法的基本思想是系统开发人员凭借自己对用户需求的理解，通过强有力的软件环境支持，构造出一个实在的系统原型，然后与用户协商，反复修改原型直至用户满意。原型法的应用使客户的需求得到了重视。它一开始就凭借着系统开发人员对用户要求的理解，在强有力的软件环境支持下，给出一个实实在在的系统原型，然后与用户反复协商修改，最终形成实际系统。其工作流程首先由用户提出开发要求，开发人员识别和归纳用户要求，根据识别、归纳的结果，构造出一个原型（即程序模块），然后同用户一道评价这个原型。如果根本不行，则回到第三步重新构造原型；如果不满意，则修改原型，直到用户满意为止。这就是原型法工作流程。

特点：遵循人们认识事物的规律，缩短用户与系统分析人员之间的距离，充分利用新的开发工具。

3. 面向对象的开发方法

面向对象方法学认为，客观世界是由各种各样的对象组成的，每种对象都有各自的内部状态和运动规律，不同的对象之间的相互作用和联系就构成了各种不同的系统。当我们设计和实现一个客观系统时，如能在满足需求的条件下，把系统设计成一些不可变（相对固定）的部分组成的最小集合，这个设计就是最好的。这些不可变的部分就是所谓的对象。对象是面向对象方法的主体。

面向对象法的基本思想是每个软件系统都是建立在特定的应用需求中的，应用系统中包含各种对象以及各种各样的结构关系和通信关系，而表达该对象的方法就是建立起信息模型。信息模型是面向对象分析的基础。信息模型由问题领域中的对象组成，根据对象、属性及对象之间的关系来规范问题领域中的信息，即描述对象、对象的属性和对象之间的关系。信息模型用两种基本形式来描述。一种是文本说明形式，包括对系统中所有的对象、属性、关系的描述说明；另一种是图形表示形式，它提供一种全局的观点来考虑系统中的相关性、完全性和一致性。

特点：它把握了事物的本质，因而不会再被周围环境（物理环境和管理模式）的变化以及用户没完没了的变化需求所左右。

第二节　配送中心管理信息系统总体结构

一、配送中心管理信息系统总体结构

配送中心管理信息系统总体结构包括体系结构和功能子系统结构。配送中心信息管理系统的体系结构一般分为三层：作业层、管理层和决策层（见图8-3）。

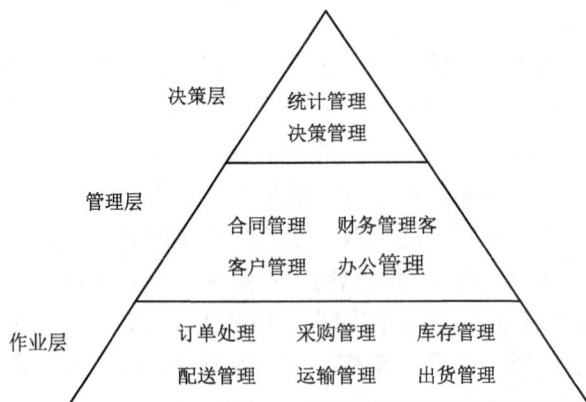

图8-3　配送中心信息管理系统的体系结构

对于决策层,实际上是面向配送中心的决策者,进行计划管理的制定和调整;管理层是进行配送中心各项数据的维护,并监督和协调各作业活动的顺利进行;作业层则是面向配送中心的业务作业和客户,进行具体业务管理和处理。

配送中心的子系统结构设计,即是对其实现的功能进行模块划分的过程,模块划分是否合理,直接影响系统设计的质量,影响系统开发时间、开发成本以及系统实施、维护的方便程度。按配送中心业务功能,配送中心信息管理系统可由以下子系统组成:接货管理子系统、库存管理子系统、采购管理子系统、配送管理子系统、运输管理子系统、财务管理子系统及绩效管理子系统,如图 8-4 所示。

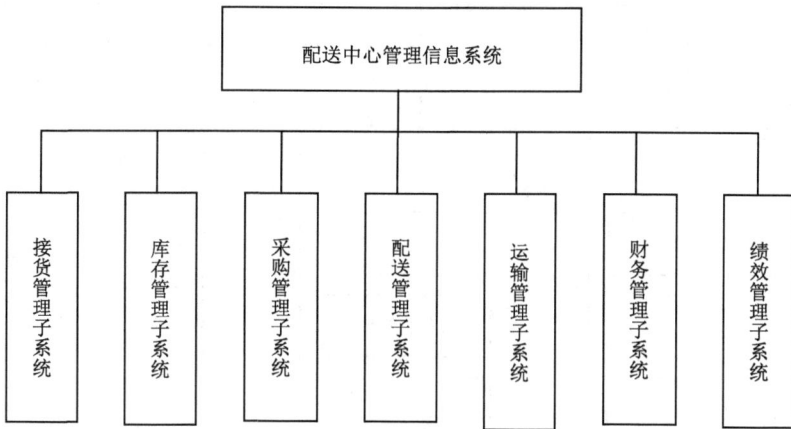

图 8-4　配送中心管理信息系统的子系统

对于不同的管理信息系统,可能在子系统的划分和设计上略有不同,如有些是把运输管理合进配送管理,有些又把拣货管理列为单独的子系统。这些实践中的设计差异并不是最重要的,重要的是在划分子系统时需要遵循前述的划分原则、对系统的评价标准,使管理信息系统发挥最大的管理效率就好。

二、配送中心管理信息系统业务流程

业务流程设计就好比给管理信息设计流通通路,信息在流动过程中顺利完成各项作业活动。业务流程设计的原则是以提高客户满意度为目标,围绕满足客户的需求组织各项作业活动,模糊各作业边界,比如在设计时,以接到客户订单为出发点,围绕对订单的处理设计库存作业、分拣作业、采购作业、运输作业等的作业程序和彼此间的通知衔接,如图 8-5 所示。

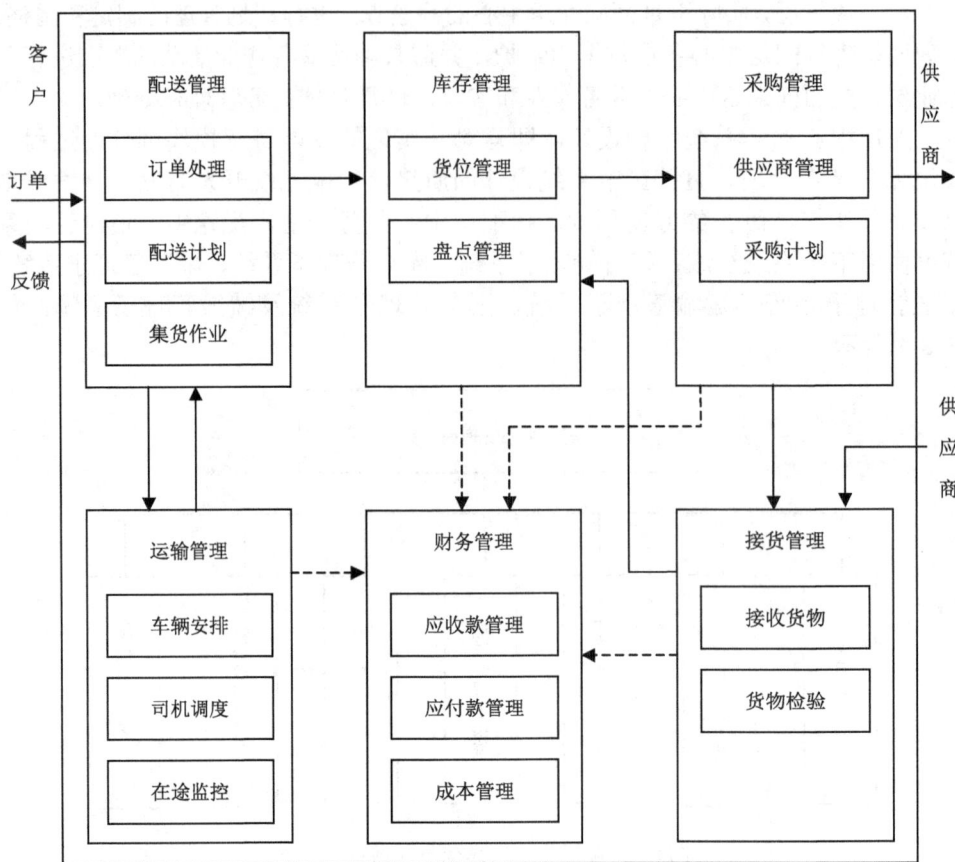

图 8-5　配送中心信息处理的业务流程

注：图中各子系统功能只举例列举，实践中根据配送中心管理的需要，所能实现的
　　功能要多得多。

第三节　配送中心管理信息系统的功能模块简介

一、接货管理模块

该模块主要完成接货、验货和入库的功能。

接货主要是根据配送中心向供应商的采购单预定入库日期、作出入库作业调度和入库月台调度计划，准备接货，在接货当日，根据采购单对供应商送来的货物进行清点和核对，并将货物包装的识别码等数据输入入库数据库。

验货即对送来的货物进行质检，当质量或数量不符时即进行适当修正或处理，并输入入库数据。

入库即根据货物区域指令货物的存放。

二、库存管理模块

该模块主要完成货物入库后按管理制度和技术指标进行严格的保管。包括：

入库信息管理：对货物的明细进行管理，如名称、数量、价格、货位等。

货位信息管理：对货位登记、货物跟踪、空闲货位分配等进行管理。

入库检验：对入库货物质量检验结果的管理。

货位指定：根据货物大小及流动率等经验指标给货物指定恰当的货位。

该模块根据预设的库存数量水平，在发现库存不足时，自动发出预警信号，提示配送中心的订货管理作业。

三、订货管理模块

该模块主要完成向供应商的货物采购管理，主要功能如下：

1. 采购单管理

对采购单明细进行管理。

2. 采购备选

列出需要采购的备选货物，并根据货物的需求缓急、供应商提供的经济订购批量、交货周期等，选择供应商，制定采购计划。

3. 供应商管理

对供应商信息进行维护和分析。包括供应商目录、信用评估、产品类别、交易条件（供货周期、优惠条件等）等信息，并随时跟踪更新。

4. 采购过程跟踪

记录对货物采购入库的跟踪，如是否还处于与供应商的合同订立交涉期、何时向供应商下的订单、该订单预计的交付时间、实际交付时间、该订单是否履行、相关货物存放等。

四、配送管理模块

该模块主要完成配送中心客户对货物需求订单的处理，是信息系统中非常重要的模块。包括配送计划的制定和对货物的拣取、出库、运输指令的下达等。

当配送中心接到客户的订单后，根据订单要求，查询库存及运输资源，制定出包括拣货、集货、配送区域、配送路线、交付时间的配送计划，同时向客户反馈相关处理信息。若库存数量满足订单需求量，则直接进入拣货程序，否则，向采购管理发送信息。

拣货功能主要是进行拣货排程，根据货物需求数量打印出库拣货单及各项拣货指示，进行拣货区域的规划布置、工具选用及人员调派。同时下令补充拣货货架上的商品，使拣货不至于缺货，包括补货量及补货时点的确定、补货作业调度和补货作业人员调派。

出库功能根据客户订单为客户打印出货单据，制定出货调度计划（包括出货区域的规划布置及出货货物的摆放方式），打印出货批次报表、出货商品所需地址标签及出货核对表。

五、运输管理模块

根据配送计划中的货物种类及货物数量，选择集货工具（该点也可由出货功能完成）及决定运输车辆大小与数量，确定具体的运输车辆的调配、作业计划等。

六、财务管理模块

该模块主要完成配送中心的会计作业及财务核算，进行应收账、应付账管理、资金控制、成本管理等。

以上各模块一般包括录入、查询、指令发送、报表等功能。

七、绩效管理模块

该模块主要是综合各子系统提供的信息以及配送中心外部送来信息，进行统计分析，如客户对配送服务的反馈报告、销售收入、利润、配送货物次数及所需时间报告、配送货物的失误率、仓库缺货率分析、库存损失率报告、机具设备损坏及维修报告等，以此判断配送中心的作业效率、客户满意度、存货周转率、收益等综合绩效指标，为管理者决策作依据。

第四节　配送中心管理信息系统的技术基础

一、计算机系统及网络技术

（一）计算机原理

电子计算机的工作原理是 1946 年由美籍匈牙利数学家冯·诺依曼提出的，所以又称为"冯·诺依曼原理"。这一原理确立了现代计算机的基本组成和工作方式。原理的基本内容是：

1）采用二进制形式表示数据和指令。

2）将程序（数据和指令序列）预先存放在主存储器中，使计算机在工作时能够自动高速地从存储器中取出指令，并加以执行。

3）由运算器、存储器、控制器、输入设备、输出设备五大基本部件组成计算机系统，并规定了这五大部件的基本功能。

（二）计算机发展

计算机器件从电子管到晶体管，再从分立元件到集成电路以至微处理器，促使计算机的发展出现了三次飞跃。

（1）电子管计算机时期（1946～1959 年）

计算机主要用于科学计算。主存储器是决定计算机技术面貌的主要因素。当时，主存储器有水银延迟线存储器、阴极射线示波管静电存储器、磁鼓和磁芯存储器等类型，通常按此对计算机进行分类。

（2）晶体管计算机时期（1959～1964 年）

主存储器均采用磁芯存储器，磁鼓和磁盘开始用作主要的辅助存储器。不仅科学计算用计算机继续发展，而且中、小型计算机，特别是廉价的小型数据处理用计算机开始大量生产。

（3）集成电路时期（1964 年至今）

半导体存储器逐步取代了磁芯存储器的主存储器地位，磁盘成了不可缺少的辅助存储器，并且开始普遍采用虚拟存储技术。随着各种半导体只读存储器和可改写的只读存储器的迅速发展，以及微程序技术的发展和应用，计算机系统中开始出现固件子系统。

20 世纪 70 年代以后，计算机用集成电路的集成度迅速从中小规模发展到大规模、超大规模的水平，微处理器和微型计算机应运而生，各类计算机的性能迅速提高。随着字长 4 位、8 位、16 位、32 位和 64 位的微型计算机相继问世和广泛应用，对小型计算机、通用计算机和专用计算机的需求量也相应增长了。

衡量计算机技术发展的主要标志是运算速度和存储能力的提高。围绕计算机应用发展起来的周边辅助设备也极大地影响了计算机系统的应用水平，如显卡、声卡的技术发展和应用。但是对计算机系统应用影响最大的还是网络技术的发展。

计算机系统应用在早期是巨型机加哑终端的应用模式，随着 PC 的普及，形成了大型机和 PC 各领风骚的年代，现在随着计算机网络的发展和应用，由于网络的完善和速度的提高，嵌入式计算机的不断开发、性能不断提高，又回归到服务器加终端应用模式的趋势，如 Windows 终端的应用。但是目前主流的应用模式还是基于 PC 的计算机高速互联模式。

（三）计算机网络的发展

最简单的网络就是两台计算机互联，而复杂的计算机网络则是将全世界的计算机连在一起。

利用通信线路将分散在不同地方，具有独立功能的计算机连接起来，并按照一定的通信规则实现这些计算机之间资源与数据的共享，这样的一个计算机集合便称为计算机网络。

在计算机时代早期，计算机世界被称为分时系统的大系统所统治。分时系统允许通过只含显示器和键盘的哑终端来使用主机。

在远程终端计算机系统基础上，人们开始研究把计算机与计算机通过 PSTN 等已有的通信系统互联起来。为了使计算机之间的通信连接可靠，建立了分层通信体系和相应的网络通信协议，于是诞生了以资源共享为主要目的的计算机网络。由于网络中计算机之间具有数据交换的能力，提供了在更大范围内计算机之间协同工作、实现分布处理甚至并行处理的能力，联网用户之间直接通过计算机网络进行信息交换的通信能力也大大增强。

1969 年 12 月，Internet 的前身——美国的 ARPA 网投入运行，它标志着计算机网络的兴起。这个计算机互联的网络系统是一种分组交换网。分组交换技术使计算机网络的概念、结构和网络设计方面都发生了根本性的变化，它为后来的计算机网络打下了基础。

20 世纪 80 年代初，随着 PC 应用的推广，PC 联网的需求也随之增大，各种基于 PC 互联的局域网纷纷出台。这个时期局域网系统的典型结构是在共享介质通信网平台上的共享文件服务器结构，即为所有联网 PC 设置一台专用的可共享的网络文件服务器。每台 PC 用户的主要任务仍在自己的 PC 上运行，仅在需要访问共享磁盘文件时才通过网络访问文件服务器，体现了计算机网络中各计算机之间的协同工作。由于使用了较 PSTN 数率高得多的同轴电缆、光纤等高速传输介质，使 PC 网上访问共享资源的数率和效率大大提高。这种基于文件服务器的网络对网内计算机进行了分工：PC 面向用户，服务器专用于提供共享文件资源，所以它实际上就是一种客户/服务器模式。

计算机网络系统是非常复杂的系统，计算机之间相互通信涉及到许多复杂的技术问题，为实现计算机网络通信，计算机网络采用的是分层解决网络技术问题的方法。但是，由于存在不同的分层网络系统体系结构，它们的产品之间很难实现互联。为此，国际标准化组织 ISO 在 1984 年正式颁布了"开放系统互联基本参考模型"OSI 国际标准，使计算机网络体系结构实现了标准化。

进入 90 年代，计算机技术、通信技术以及建立在计算机和网络技术基础上的计算机网络技术得到了迅猛发展。特别是 1993 年美国宣布建立国家信息基础设施 NII 后，全世界许多国家纷纷制定和建立本国的 NII，从而极大地推动了计算机网络技术的发展，使计算机网络进入了一个崭新的阶段。全球以美国为核心的高速计算机互联网络即 Internet 已经形成，Internet 已经成为人类最重要、最大的知识库。

（四）计算机网络的类型

1）按距离划分为：局域网（local area network，LAN）、广域网（wide area

network，WAN）和城域网（metropolitan area network，MAN）。

　　局域网是一种在小范围内实现的计算机网络，一般在一个建筑物内，或一个工厂、一个事业单位内部，为单位独有。局域网距离可在十几公里以内，信道传输速率高，结构简单，布线容易。广域网范围很广，可以分布在一个省内、一个国家或几个国家。广域网信道传输速率较低，结构比较复杂。城域网是在一个城市内部组建的计算机信息网络，提供全市的信息服务。

　　2）按通信媒体划分为：有线网、无线网。

　　3）按通信传播方式划分为：点对点传播方式网、广播式结构网。

　　4）按通信速率划分为：低速网、中速网、高速网。

　　5）按数据交换方式划分为：电路交换网、存储转发交换网、混合交换网。

　　6）按通信性能划分为：资源共享计算机网、分布式计算机网、远程通信网。

　　7）按使用范围划分为：公用网、专用网。

　　8）按配置划分为：同类网、单服务器网、混合网。

　　9）按对数据的组织方式划分为：分布式数据组织网络系统、集中式数据组织网络系统。

　　10）按网络拓扑结构划分为：星状网络、树状网络、总线状网络、环状网络和网状网络。

　　（五）组成计算机网络的基本硬件

　　要构成一个计算机网络系统，首先要将计算机及其附属硬件设备与网络中的其他计算机系统连接起来。不同的计算机网络系统，在硬件方面是有差别的。随着计算机技术和网络技术的发展，网络硬件日趋多样化，功能更加强大，更加复杂。

　　1）线路控制器（line controller，LC）是主计算机或终端设备与线路上调制解调器的接口设备。

　　2）通信控制器（communication controller，CC）是用以对数据信息各个阶段进行控制的设备。

　　3）通信处理机（communication processor，CP）是作为数据交换的开关，负责通信处理工作。

　　4）前端处理机（front end processor，FEP）也是负责通信处理工作的设备。

　　5）集中器（concentrator，C）、多路选择器（multiplexor，MUX）是通过通信线路分别和多个远程终端相连接的设备。

　　6）主机（host computer，HOST）。

　　7）终端（terminal，T）。

　　（六）计算机网络层次标准

　　现在的网络都采用分层的方式进行工作，当前，通用的网络层次标准有 OSI

和 TCP/IP 两种。OSI 是理论上的标准，TCP/IP 是工业上的事实标准。

由于不同的局域网有不同的网络协议，不同的传输介质也各有其电气性能，为了使不同的网络能够互联，必须建立统一的网络互联协议。为此，ISO（国际标准化组织）提出了网络互联协议的基本框架，称为开放系统互联（OSI）参考模型。它将整个网络的功能划分成七个层次。

TCP/IP 协议是传输控制协议/互联网协议的缩写。美国国防部高级研究计划局于 1977 年到 1979 年间推出目前形式的 TCP/IP 体系结构和协议。它将网络分为四个层次，TCP/IP 协议使用范围极广，是目前异种网络通信使用的唯一协议体系，适用于连接多种机型，既可用于局域网，又可用于广域网，许多厂商的计算机操作系统和网络操作系统产品都采用或含有 TCP/IP 协议。TCP/IP 协议已成为目前事实上的国际标准和工业标准。

OSI 参考模型和 TCP/IP 的具体层次如下。

网络是分层的，每一层分别负责不同的通信功能。应用层、表示层、会话层、传输层被归为高层，而网络层、数据链路层、物理层被归为底层。高层负责主机之间的数据传输，底层负责网络数据传输，如表 8-1 所示。

表 8-1　OSI 参考模型

OSI 参考模型	主要功能	常见协议
应用层	提供应用程序间通讯	HTT、FTP
表示层	处理数据格式、数据加密等	NBSSL、LPP
会话层	建立、维护、管理会话	RPC、LDAP
传输层	建立主机端到端的连接	TCP、UDP
网络层	寻址和路由选择	IP、ICMP
数据链路层	提供介质访问和链路管理等	PPP
物理层	比特流传输	

（七）计算机软件体系结构

计算机软件体系结构包括两种，即 C/S（client/server）结构和 B/S（browser/server）结构。

C/S 结构，即客户机和服务器结构，通过它可以充分利用两端硬件环境的优势，将任务合理分配到客户端（client）和服务器端（server）来实现，降低了系统的通讯开销。目前大多数应用软件系统都是 client/server 形式的两层结构，由于现在的软件应用系统正在向分布式的 Web 应用发展，Web 和 C/S 应用都可以进行同样的业务处理，应用不同的模块共享逻辑组件；因此，内部的和外部的用户都可以访问新的和现有的应用系统，通过现有应用系统中的逻辑可以扩展出新的应用系统。这也是目前应用系统的发展方向。

B/S 结构即浏览器和服务器结构。它是随着 Internet 技术的兴起，对 C/S 结构的一种变化或者改进的结构。在这种结构下，用户工作界面是通过 WWW 浏览器来实现，极少部分事务逻辑在前端浏览器（browser）实现，但是主要事务逻辑在服务器端（server）实现，形成所谓三层（3-Tier）结构。这样就大大简化了客户端电脑荷载，减轻了系统维护与升级的成本和工作量，降低了用户的总体成本。以目前的技术看，局域网建立 B/S 结构的网络应用，并通过 Internet/Intranet 模式下数据库应用，相对易于把握，成本也是较低的。它是一次性到位的开发，能实现不同的人员，从不同的地点，以不同的接入方式（如 LAN.WAN.Internet/Intranet 等）访问和操作共同的数据库；它能有效地保护数据平台和管理访问权限，服务器数据库也很安全，是在 JAVA 这样的跨平台语言出现之后，B/S 架构管理软件更是方便、快捷、高效。

二、数据库技术

数据库是依照某种数据模型组织起来并存放二级存储器中的数据集合。这种数据集合具有如下特点：尽可能不重复，以最优方式为某个特定组织的多种应用服务，其数据结构独立于使用它的应用程序，对数据的增、删、改和检索由统一软件进行管理和控制。从发展的历史看，数据库是数据管理的高级阶段，它是由文件管理系统发展起来的。

数据库的基本结构分为三个层次，反映了观察数据库的三种不同角度：

1）物理数据层。它是数据库的最内层，是物理存储设备上实际存储的数据的集合。这些数据是原始数据，是用户加工的对象，由内部模式描述的指令操作处理的位串、字符和字组成。

2）概念数据层。它是数据库的中间一层，是数据库的整体逻辑表示。指出了每个数据的逻辑定义及数据间的逻辑联系，是存储记录的集合。它所涉及的是数据库所有对象的逻辑关系，而不是它们的物理情况，是数据库管理员概念下的数据库。

3）逻辑数据层。它是用户所看到和使用的数据库，表示了一个或一些特定用户使用的数据集合，即逻辑记录的集合。

数据库技术最初产生于 20 世纪 60 年代中期，特别是到了 20 世纪 60 年代后期，随着计算机管理数据的规模越来越大，应用越来越广泛。数据库技术也在不断地发展和提高，先后经历了第一代的网状、层次数据库系统；第二代的关系数据库系统；第三代的以面向对象模型为主要特征的数据库系统。

第一代数据库的代表是 1969 年 IBM 公司研制的层次模型的数据库管理系统 IMS 和 70 年代美国数据库系统语言协商 CODASYL 下属数据库任务组 DBTG 提议的网状模型。层次数据库的数据模型是有根的定向有序树，网状模型对应的是有向图。这两种数据库奠定了现代数据库发展的基础。

第二代数据库的主要特征是支持关系数据模型。这一理论是在 20 世纪 70 年代由时任 IBM 研究员的 E.F.Codd 博士提出的。关系数据库系统管理的数据，其结构较为简单，数据本身以二维表的形式进行存储；表之间的数据联系是通过一个表的码与另一个表的码的连接来实现。关系数据库系统为其管理的数据提供并发控制、应急恢复和可伸缩性等功能。值得注意的是关系数据库最重要的特征不是其存储和读取数据的能力，而是关系数据库系统提供的强大的查询功能以及提供的十分方便、易于使用的非过程化查询语言 SQL，这些优点使得关系型数据库得到广泛的应用。

第三代数据库产生于 80 年代，随着科学技术的不断进步，不同领域的数据库应用提出了更多新的数据管理的需求，关系型数据库已经不能完全满足需求，于是数据库技术的研究和发展进入了新时代。其主要特点是：在保持和继承了第二代关系数据库技术的同时，将面向对象的思想、方法和技术引入数据库。

随着市场需求的变化，特别是进入 20 世纪 90 年代，Internet/Intranet 以及 Web 技术在全球被普遍接受。它使用起来简易方便，费用低廉；应用系统开发快捷；信息访问时没有位置的限制。这一切使得基于 Internet/Intranet 技术的计算环境被采纳的速度比历史上任何其他信息技术都快。信息业正在从客户机/服务器的计算结构转移，迈向一个崭新的网络计算时代。面对 Internet，未来的数据库技术将继续朝高可靠性、高性能、高可伸缩性和高安全性的方向发展。

三、信息的收集与传递技术

（一）条码技术

配送中心的信息管理，要求快速准确识别产品，不仅是对不同类别的产品进行识别，还要求对单个产品进行识别。为了迅速、准确采集货物标识信息，对货物的标识主要采用了自动识别技术中的条形码技术。其特点是数据采集快速、准确，成本低廉，易于实现，并有全球通用的标准。这种识别技术的应用关系到配送中心现代化的成败，决定了能否实现对货物信息的实时控制与管理。

1. 编码技术

为了实现对对象的物流管理，需要给识别对象赋予一标识：ID 代码。这些 ID 代码具有全球唯一性和广泛适用性，适用于供应链全过程的特点。

物流主要编码方式有 13 位和 14 位两种。13 位编码由三段组成，分别为厂商识别代码、商品项目代码及校验码。14 位编码通常是在 13 位编码的基础上，在 13 位编码前面加一位数字组成。

2. 条码技术

物流标识的编码通常是用条码符号表示的，条码以 ID 代码的符号表示，条码技术的应用解决了数据录入和数据采集的问题，为物流管理提供了有力的技术支持。

条码是由一组按特定规则排列的条、空及其对应字符组成的表示一定信息的符号。以条码符号的形式表示编码，使编码可以自动识别，快速、准确。表示物流标识编码的条码符号有不同的码制，其中，有的码制只能标识一个内容，而有的码制则能标识更多的内容。目前，较常用的码制有 EAN 条码、UPC 条码、二五条码、交叉二五条码、库德巴条码、三九条码、128 条码等。

条码设备一般包括条码扫描仪（阅读器）、条码打印机、条码检测仪，如图 8-6 所示。

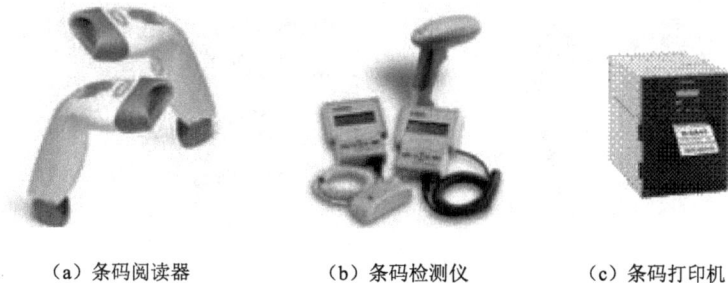

（a）条码阅读器　　　　　　（b）条码检测仪　　　　　　（c）条码打印机

图 8-6　条码设备

3. 产品电子代码 EPC

产品电子代码 EPC 是为了提高物流供应链管理水平、降低成本而新近发展起来的新技术，可以实现对单个产品唯一有效标识（条码只能标识到产品类别，而不能标识到单个产品），产品电子代码采用射频技术 RFID 为载体，被誉为供应链管理中具有革命性意义的新技术。使用 EPC，可以大大提高供应链的透明度，成功实现物流供应链管理中的跟踪与追溯。

条码技术极大地提高了数据采集和信息处理的速度，提高了物流效率，但是传统条码即一维条码有许多局限性，比如信息密度较低、信息容量较小；没有错误纠正能力，只能通过校验字符进行错误校验；保密防伪性较差；使用可靠性差，受外界损伤后会毁损信息；表示汉字信息十分困难。为了克服传统条码的诸多缺点，二维条码应运而生。

二维条码具有信息容量大、译码可靠性高、修正错误能力强、容易制作且成本很低、条码符号的形状可变、编码范围广、保密、防伪性能好等特点，可以用它表述数据文件，特别是汉字文件、图片等。二维条码是各种证件及卡片等大容量、高可靠性信息实现存储、携带、自动识读，并能实现网络化信息管理的最理想方法。二维条码技术出现以来，因其独有的自动识别功能、与管理对象唯一对应并可分级管理对象等特点，已经广泛应用在各行业的物流管理中。

条码技术的使用大大方便了物流信息的收集，人们通过使用手持设备或自动化识别设备，可以对大量的物流信息进行及时的准确收集，为管理信息系统的使用打下基础。

（二）射频识别（RFID）技术

RFID 是一种非接触式的自动识别技术，它通过射频信号自动识别目标对象并获取相关数据，识别工作无须人工干预，可工作于各种恶劣环境。RFID 技术可识别高速运动物体，并可同时识别多个标签，操作快捷方便。RFID 设备示意图如图 8-7 所示。

（a）RFID 读写器　　　　　　　　　　（b）射频标签

图 8-7　RFID 设备

最基本的 RFID 系统由三部分组成。

1）标签（tag）：由耦合元件及芯片组成，每个标签具有唯一的电子编码，附着在物体上标识目标对象。

2）阅读器（reader）：读取（有时还可以写入）标签信息的设备，可设计为手持式或固定式。

3）天线（antenna）：在标签和读取器间传递射频信号。

标签进入磁场后，接收解读器发出的射频信号，凭借感应电流所获得的能量发送出存储在芯片中的产品信息（passive tag，无源标签或被动标签），或者主动发送某一频率的信号（active tag，有源标签或主动标签）；解读器读取信息并解码后，送至中央信息系统进行有关数据处理。

典型的射频标签阅读器包含有高频模块发送器和接收器、控制单元和阅读器天线。此外，许多阅读器还有附加的接口（如 RS232、RS485、以太网接口等），以便将所获得的数据传向应用系统或从应用系统接收命令。

信息的准确性和及时性是物流及供应链管理的关键因素，对此 RFID 技术能够提供充分的保障。RFID 系统使供应链的透明度大大提高，物品能在供应链的任何地方被实时追踪，同时消除了以往各环节上的人工错误。安装在工厂、配送中心、仓库及商场货架上的阅读器能够自动记录物品在整个供应链的流动——从生产线到最终的消费者。

（三）电子数据交换技术

电子数据交换（electronic data interchange，EDI）是 20 世纪 80 年代发展起来的一种电子化贸易工具，是计算机、通信和现代管理技术相结合的产物。数据通信是实现 EDI 的基础，数据标准化是实现 EDI 的保证，计算机应用则是实现 EDI 的条件，三者相辅相成。国际标准化组织（ISO）将 EDI 定义为"将贸易（商业）或行政事务处理按照一个公认的标准变成结构化的事务处理或信息数据格式，从计算机到计算机的电子传输"。

EDI 不是用户之间简单的数据交换，EDI 用户需要按照国际通用的消息格式发送信息，接收方也需要按国际统一规定的语法规则，对消息进行处理，并引起其他相关系统的 EDI 综合处理。整个过程都是自动完成，无需人工干预，减少了差错，提高了效率。

在物流领域，EDI 就是供应商、零售商、制造商和客户等在其各自的应用系统之间利用 EDI 技术，通过公共 EDI 网络，自动交换和处理商业单证的过程。

企业使用 EDI 主要是基于以下原因：

1. 节约时间和降低成本

由于单证在贸易伙伴之间的传递是完全自动的，所以不再需要重复输入、传真和电话通知等重复性的工作，从而可以极大地提高企业的工作效率、降低运作成本，使沟通更快更准。

2. 提高管理和服务质量的手段之一

将 EDI 技术与企业内部的仓储管理系统、自动补货系统、订单处理系统等企业 MIS 系统集成使用之后，可以实现商业单证快速交换和自动处理，简化采购程序，减低营运资金及存货量，改善现金流动情况等。也使企业可以更快地对客户的需求进行响应。

3. 业务发展的需要

目前，许多国际和国内的大型制造商、零售企业、大公司等对于贸易伙伴都有使用 EDI 技术的需求。当这些企业评价一个新的贸易伙伴时，其是否具有 EDI 的能力是一个重要指标。某些国际著名的企业甚至会减少和取消给那些没有 EDI 能力的供应商的订单。因此，采用 EDI 是企业提高竞争能力的重要手段之一。

四、地理信息系统和全球定位系统

地理信息系统（geographic information system，GIS）是一种专为使用空间信息而设计的计算机决策支持软件系统，它包括地理信息（回答在什么地方的信息）

和描述信息（回答是什么的信息）。

全球定位系统（global positioning system，GPS）是 20 世纪 70 年代由美国陆海空三军联合研制的新一代空间卫星导航定位系统。其主要目的是为陆、海、空三大领域提供实时、全天候和全球性的导航服务，并用于情报收集、核爆监测和应急通讯等一些军事目的，是美国独霸全球战略的重要组成。经过 20 余年的研究实验，耗资 300 亿美元，到 1994 年 3 月，全球覆盖率高达 98% 的 24 颗 GPS 卫星星座已布设完成。由于该系统除了能进行精确的地理定位外，对于速度、时间、方向及距离也能提供准确的信息，因此在民间也获得了越来越广泛的应用，尤其是物流领域。

GIS 应用于物流分析，主要是指利用 GIS 强大的地理数据功能来完善物流分析技术。GPS 在物流领域的应用可以实时监控车辆等移动目标的位置，根据道路交通状况向移动目标发出实时调度指令。

通常，物流领域都将 GIS 和 GPS 技术结合使用，使得物流配送可以依托强大的地理信息处理功能和实时定位通讯能力，对整个配送过程进行同步跟踪控制，完整采集保存路线路况信息，从而实现实时调度、事故车辆的紧急援助，以及基于动态地理数据分析的计算机辅助配车计划编制。

GIS/GPS 在物流企业应用的优势主要体现在以下几个方面：

1）打造数字物流企业，规范企业日常运作，提升企业形象。GIS/GPS 的应用，必将提升物流企业的信息化程度，使企业日常运作数字化，包括企业拥有的物流设备或者客户的任何一笔货物都能用精确的数字来描述，不仅提高企业运作效率，同时提升企业形象，争取更多的客户。

2）通过对运输设备的导航跟踪，提高车辆运作效率，降低物流费用，抵抗风险。GIS/GPS 和无线通讯的结合，使得流动在不同地方的运输设备变得透明而且可以控制。

① 结合物流企业的决策模型库的支持，根据物流企业的实际仓储情况，并且由 GPS 获取的实时道路信息，可以计算出最佳物流路径，给运输设备导航，减少运行时间，降低运行费用。

② 利用 GPS 和 GIS 技术可以实时显示出车辆的实际位置，并任意放大、缩小、还原、换图；可以随目标移动，使目标始终保持在屏幕上，利用该功能可对重要车辆和货物进行跟踪运输。对车辆进行实时定位、跟踪、报警、通讯等的技术，能够满足掌握车辆基本信息、对车辆进行远程管理的需要，有效避免车辆的空载现象，同时客户也能通过互联网技术，了解自己货物在运输过程中的细节情况。比如在草原牧场收集牛奶的车辆在途中发生故障，传统物流企业往往不能及时找到故障车辆而使整车的牛奶坏掉，损失惨重。而 GIS/GPS 能够方便地解决这样的问题。

③ 人的因素处处存在，而 GIS/GPS 能够有效地监控司机的行为。在物流企

业中，为了逃避过桥费而绕远路延误时间，私自拉货，途中私自停留等现象司空见惯，物流企业不能有效监控司机的行为。GIS/GPS 对车辆的监控也就规范了司机的行为。

3）通过对物流运作的协调，促进协同商务发展，让物流企业向第四方物流角色转换。由于物流企业能够实时地获取每部车辆的具体位置，载货信息，故物流企业能用系统的观念运作企业的业务，降低空载率。物流企业如果为某条供应链服务，则能够发挥第四方物流的作用。

物流企业通过无线通讯，GIS/GPS 能够精确获取运输车辆的信息，再通过 Internet 让企业内部和客户访问，从而把整个企业的操作、业务变得透明，为协同商务打下基础。

练 习 题

1．配送中心管理信息系统有什么作用？其发展经历了哪些阶段？

2．信息系统的总体设计需要遵循什么样的原则？评价配送中心管理信息系统的标准有哪些？

3．配送中心管理信息系统的结构设计指什么？

4．配送中心管理信息系统的子系统一般有哪些？各有什么功能？

5．配送中心管理信息系统的业务流程设计需遵循什么原则？

6．什么是数据库技术？其发展阶段各有什么特点？

7．什么是 EDI？EDI 对配送中心的管理有什么好处？

8．什么是 RFID？RFID 与传统的条形码技术相比，有什么不同？

9．什么是 GIS、GPS？它们是如何被应用到配送中心的管理中的？

案 例 分 析

案例一　沃尔玛的"新式武器"

2003 年 6 月 19 日，在美国芝加哥召开的零售业系统展览会上，沃尔玛宣布将采用 RFID 的技术以最终取代目前广泛使用的条形码，成为第一个公布正式采用该技术时间表的企业。如果供应商们在 2008 年还达不到这一要求，就可能失去为沃尔玛供货的资格，而沃尔玛的供应商大约有 70%来自中国。

能坐上零售业的头把交椅，沃尔玛的成功宝典上写满了有关搭建高效物流体系的方法，以保证竞争中的成本优势。可以看出，所有技术无一例外地都是围绕着改善供应链与物流管理这个核心竞争能力展开的。

作为沃尔玛历史上最年轻的 CIO 凯文·特纳，曾说服了公司创始人山姆·沃顿建立了全球最大的移动计算机网络，并推动沃尔玛引进电子标签。

如果 RFID 计划实施成功，沃尔玛闻名于世的供应链管理将又朝前领先一大步。一方面，可以即时获得准确的信息流，完善物流过程中的监控，减少物流过程中不必要的环节及损失，降低在供应链各个环节上的安全存货量和运营资本；另一方面，通过对最终销售监控，把消费者的消费偏好及时地报告出来，以帮助沃尔玛调整优化商品结构，进而获得更高的顾客满意度和忠诚度。

思考题

RFID 技术是如何提高沃尔玛的成本优势的？

案例二　铁道部的调度利器

我国铁路的车辆调度系统是应用 RFID 最成功的案例。铁道部在中国铁路车号自动识别系统建设中，推出了完全拥有自主知识产权的远距离自动识别系统。

在 20 世纪 90 年代中期，国内有多家研究机构参与了该项技术的研究，在多种实现方案中最终确定了 RFID 技术为解决"货车自动抄车号"的最佳方案。

过去，国内铁路车头的调度都是靠手工统计、手工进行，费人、费时还不够准确，造成资源的极大浪费。

铁道部在采用 RFID 技术以后，实现了统计的实时化、自动化，降低了管理成本，提高了资源利用率。据统计，每年的直接经济效益可以达到 3 亿多元。

这是国内采用 RFID 唯一的一个全国性网络，但美中不足的是，这个系统目前还是封闭的，无法和其他系统相连接。如果这个系统开放，将有利于推动整个物流行业的信息化和标准化，有利于像 RFID 这样的技术得到更有效的应用，有利于物流全流通的整合。

思考题

RFID 如何实现铁路交通管理的实时化？

案例三　NASA 下属机构用 RFID 管理有害材料

NASA 下属机构正在执行 ChemSecure 项目，此项目是在美国国防部基于 Web 的有害材料管理系统（HMMS）数据库上集成了无线频率识别（radio frequency identification，RFID）和传感器技术，自动实时管理有害材料，如有害材料的使用、运送、跟踪和储存。NASA Dryden 在与美国国防部和 Oracle、Intermec 科技、

EnvironMax、Patlite（美国）等领先公司的紧密合作下开发了 ChemSecure 项目，这是同类项目的第一个。

思考题

RFID 技术对工作环境有无特殊要求？

第九章　配送中心成本管理与绩效评估

学习目标与要求

　　掌握配送成本及构成，理解降低配送成本的意义；掌握配送中心成本合理化的策略和方法，并能够运用到实践操作中；理解配送中心管理绩效评估的主要内容，熟悉绩效评估指标的计算。

第一节　配送中心的成本构成

一、配送成本的含义及特征

　　配送是流通加工、整理、拣选、分类、配货、装载、运输等一系列活动的集合。通过配送，物流活动最终得以实现。配送活动增加了产品的价值，提高了企业的竞争力，但是完成配送活动需要付出一定的配送成本，配送成本的高低直接关系到配送中心的利润，因此，如何以最低的配送成本"在适当的时间将适当的产品送到适当的地点"，对于配送管理来说，正确处理和协调降低配送成本和提高服务水平两者之间的关系，就成为了摆在企业面前的一个重要问题。

　　配送成本是指在配送活动的备货、储存、分拣及配货、配装、送货、送达服务及配送加工等环节所发生的各项费用的总和，是配送过程中所消耗的各种活劳动和物化劳动的货币表现。由于配送活动贯穿于企业活动的全过程，因此，备货、拣货、包装、装卸搬运、储存、流通加工等各项活动中的费用都应计入配送成本。

　　对配送成本进行归集时要做的第一个工作是必须明确归集的范围。配送成本的范围一般是由以下三个方面决定的：

　　1）成本的计算范围如何确定的问题。配送过程中涉及不同的配送对象，如不同的送货对象、不同的配送产品。

　　2）在备货、储存、配货、送货等各种配送物流活动中，以哪几种活动作为计算对象的问题。选择不同活动计算出来的配送成本自然是有差别的。

　　3）把哪几种费用列入配送成本的问题。支付运费、支付保管费、支付人工费、折旧费等，取其中哪一部分列入配送成本进行计算直接影响到配送成本的大小。

　　企业配送成本的大小，无疑取决于上述三个方面的因素。确定不同的前提条件，会引起截然不同的结果。各企业应根据各自不同的情况及管理需要来决定本企业配送成本的计算范围。

二、配送成本的特征

在配送成本管理的实践中，配送成本常常表现出如下特征：

1. 配送成本具有隐蔽性

如同物流成本冰山理论指出的一样，要想直接从企业的财会业务中完整地提取企业发生的配送成本难以办到。通常的财务会计并不是完全不能掌握配送成本，通过"销售费用"、"管理费用"科目可以看出部分配送费用情况。但这些科目反映的费用仅仅只是配送成本的一部分，即企业对外支付的配送费用，并且这一部分费用往往是混同在其他有关费用中而并不是单独设立"配送费用"科目进行独立核算。

具体来讲，像连锁店之间进行配送所发生的费用是计算在销售费用中的；同样，备货时支付的费用最终也会归入销售费用；而配送中发生的人工费用与其他部门的人工费用一起分别列入管理费用和销售费用；与配送有关的利息和企业内的其他利息一起计入营业外费用。这样企业支出的有关配送费用实际上就隐藏在了各种财务会计科目中，难以正确及时地显示配送成本的真实数据，管理人员就难以分析配送成本的构成，难以意识到配送成本管理的重要性所在。

2. 配送成本消减具有乘数效应

假定某企业销售额为 1000 元，配送成本为 100 元。如果配送成本降低 10%，就可能得到 10 元的利润。这种配送成本消减的乘数效应是不言自明的。假如这个企业的销售利润率为 2%，则创造 10 元利润，需要增加 500 元的销售额，即降低 10% 的配送成本所起的作用相当于销售额增加 50%。可见，配送成本的下降会产生极大的效益。

3. 配送成本的"二律背反"

所谓"二律背反"，是指同一资源的两个方面处于相互矛盾的关系中，要达到一个目的必然要损失一部分另一目的，要追求一方，必将舍弃另一方的一种状态。这种状态在配送诸活动之间也是存在的。例如包装问题，在产品销售市场和销售价格皆不变的前提下，假定其他成本因素不变，如简化包装，则必然降低包装作业强度，进而降低包装成本，但是一旦商品进入流通以后，简化包装必然导致降低产品的防护效果，易造成储存、装卸、运转过程中出现破损，导致搬运效率降低，破损率增加。我国流通领域每年因包装不善出现的上百亿元的商品损失，就是二律背反的实证。又如，尽量减少库存，必然引起库存补充频繁，进而增加运输次数，造成运输费用增大，同样是一方成本降低，另一方成本增加。

上述二律背反的情况在许多企业是常见的。由于配送活动各环节之间密切相关而且在多数场合处于成本的二律背反状态，所以在对配送活动进行成本管理时必须把相关成本拿到同一场所用"总成本"来评价其损益，从而实现整体配送活动的合理化。

三、计算配送成本的意义

1. 有利于正确把握物流实际成本

配送是企业物流活动的重要组成部分，是企业物流环节之一，配送成本的计算分析是企业整个物流成本计算分析的一部分，配送成本计算的质量直接关系到物流总成本的正确与否，因此把握配送成本有助于对企业物流总成本有一个清晰而全面的认识。

2. 有利于改善企业物流管理

以时间为基础进行比较，如与上月的比较，与去年同月比较，同一企业相同时间内不同配送业务的比较，可以发现物流配送管理存在的问题，以便发现不合理的物流流动，力求改进，不断完善。

3. 有利于分清成本发生的责任归属，促进物流管理一体化

物流配送成本的核算，可以分析配送成本上升的原因，同时也可以发现企业存在哪些不合理物流活动，进而可以明确企业各部门物流管理的责任。

在许多企业，都把物流合理化看成是物流部门或配送部门的事，这似乎变成了一种共识。然而，这是错误的。事实上，物流费用过高、活动不合理的大部分责任不仅仅在物流配送部门。由于物流系统是一个综合的概念，实际物流运作部门都有物流活动的发生，因此物流费用涉及企业大多数部门，如生产、销售等部门。物流成本责任清晰化，有利于唤起和劝导其他部门重视物流管理工作，重视物流活动合理化，实现企业物流管理一体化。例如，销售物流系统的设计，一般取决于销售政策，由销售部门决定。具体来讲，包括与交货期有关的问题，如"订货后几天内配送"；与库存量有关的问题"一定商品周转率下的库存是多少"；与订货条件有关的问题"接受订货的最小批量是多少"等。其实这些都关系到"为顾客服务的水平"问题，只有先决定了这种服务水平，才能决定物流系统的应有状态。物流系统状态一旦决定，物流成本也基本上确定了。也就是说，这部分被决定下来的内容，除非以后要改变顾客服务水平和销售政策，否则是不变的。作为物流部门来讲，即便知道这种顾客服务水平从物流的角度来看是不合理的，但种种原因使得物流部门无法干预。通过物流配送成本分析核算，就可以反映销售物流设计的不合理，从而促进销售部门改进物流系统结构，实现企业物流管理一体化。

4. 为企业管理提供物流管理方面的数据和绩效考核依据

物流成本测算为企业提供物流管理数据和绩效考核依据，表现为两个方面：一是为企业物流活动计划、执行、控制提供数据计算和绩效考核依据，特别是向企业高层管理人员提供正确的分析数据和报告，可以加强全体人员对物流重要性的认识，促进物流活动的改善和提高。二是通过物流配送成本测算评价物流配送部门对企业经营绩效的贡献度。

5. 促进物流合理化

物流合理化不单是物流配送部门的事情，也有生产、销售等发生物流的部门所应该负责的领域。所以在物流合理化实施阶段，有必要明确物流合理化的责任范围有多大，是扩大到生产、销售等部门还是局限在物流配送部门自身范围之内。前者是从企业物流一体化这种观点出发来改变销售结构，即所谓后勤管理思想，通过物流系统化这一目的去寻求合理的物流形式。后者的主导思想是不触及生产和销售结构，把生产和销售部门看作是客观给出的条件，或通过对作业方法、合同运费标准、运输工具的利用、事物处理方法、信息流通手段等活动的评价研究，力求把物流合理地组织起来。两种做法是明显不同的，实施的程序和方法等也有很大的差别。从合理化效果来说，前者的成果远比后者大，但是，从我国企业存在的销售优先和物流靠后这种公司内部的传统观念来看，实现物流一体化的困难难度之大，也是不能否认的。因此，现实的做法是，物流部门先自己推进物流合理化，等到了一定阶段，再扩大到销售等领域中去。实际上，从我国企业物流合理化的进展情况来看，现在正停留于物流部门单独合理化上。要想彻底实现物流合理化，不扩大到其他领域中去是不行的，物流一体化可以说是企业物流管理的重大课题之一。

四、配送成本的分类

（一）按支付形态分类

按支付形态不同来进行配送成本的分类，主要是以财务会计中发生的费用为基础，通过乘以一定比率来加以核算。此时配送成本可分为以下几种：

1. 材料费

材料费是指因物料消耗而发生的费用。由物资材料费、燃料费、消耗性工具、低值易耗品摊销及其他物料消耗费组成。

2. 人工费

人工费是指因人力劳务的消耗而发生的费用。包括工资、奖金、福利费、医药费、劳保费以及职工教育培训费和其他一切用于职工的费用。

3. 公益费

公益费是指向电力、煤气、自来水等提供公益服务的部门支付的费用。

4. 维护费

维护费是指土地、建筑物、机械设备、车辆搬运工具等固定资产的使用、运转和维修保养所产生的费用。包括维修保养费、折旧费、房产税、土地使用税、车船使用税、租赁费、保险费等。

5. 一般经费

一般经费是指差旅费、交通费、资料费、零星购进费、邮电费、城建税、能源建设税及其他税款，还包括商品损耗费、事故处理费及其他杂费等一切一般支出。

6. 特别经费

特别经费是指采用不用于财务会计的计算方法计算出来的配送费用，包括按实际使用年限计算的折旧费和企业内利息等。

7. 对外委托费

对外委托费是指企业对外支付的包装费、运费、保管费、出入库装卸费、手续费等业务费用。

8. 其他企业支付费用

在配送成本中，还应包括向其他企业支付的费用。比如商店购进采用送货制时包含在购买价格中的运费和商品销售采用提货制时因顾客自己提货而从销售价格中扣除的运费。在这种情况下，虽然实际上本企业内并未发生配送活动，但却发生了相关费用，故也应把其作为配送成本计算在内。

（二）按功能分类

按功能分类即通过观察配送费用是由配送的哪种功能产生的所进行的分类。按前面所述的支付形态进行配送成本分析，虽然可以得出总额，但还不能充分说明配送的重要性。若想降低配送费用，就应把这个总额按照其实现的功能进行详细区分，以便掌握配送的实际状态，了解在哪个功能环节上有浪费，达到有针对性的成本控制。按照配送功能进行分类，配送成本大体可分为物品流通费、信息流通费和配送管理费三大类。

1. 物品流通费

指为了完成配送过程中商品、物资的物理性流动而发生的费用，可进一步细分为以下几项：

1）备货费。指进行备货工作时需要的费用，包括筹集货源、订货、集货、进货以及进行有关的质量检验、结算、交接等而发生的费用。

2）保管费。指一定时期内因保管商品而需要的费用。除了包租或委托储存的仓储费外，还包括企业在自有仓库储存时的保管费。

3）分拣及配货费。指在分拣、配货作业中发生的人力、物力的消耗。

4）装卸费。指伴随商品包装、运输、保管、运到之后的移交而发生的商品在一定范围内进行水平或垂直移动所需要的费用。在企业内，一般不单独计算装卸费，而是根据其发生的时间将其计入相关的运杂费、保管费、进货费中。如果在实务中进行分离很困难，也可以将装卸费分别计算在相应的费用中。

5）短途运输费。指把商品从配送中心转移到顾客指定的送货地点所需要的运输费用。除了委托运输费外，还包括由本企业的自有运输工具进行送货的费用，但要将伴随运输的装卸费用除外。

6）配送加工费。指根据客户的要求进行加工而发生的费用。

2. 信息流通费

因处理、传输有关配送信息而产生的费用，包括与储存管理、订货处理、顾客服务有关的费用。在企业内处理、传输的信息中，要把与配送有关的信息与其他信息的处理、传输区分开来往往极为困难，但是这种区分在核算配送成本时却是十分必要的。

3. 配送管理费

进行配送计划、调整、控制所需要的费用，包括作业现场的管理费和企业有关管理部门的管理费。

（三）按适用对象分类

按不同的功能来计算配送成本可实现对配送成本的控制，但作为管理者还希望能分别掌握对不同的产品、地区、顾客产生的配送成本，以便对未来发展作出决策，这就需要按适用对象计算配送成本。通过按不同对象归集配送成本可以分析出产生不同配送成本的不同对象，进而帮助企业确定不同的销售策略。

1. 按营业单位计算配送成本

就是要算出各营业单位配送成本与销售金额或毛收入的对比，了解各营业单位配送中存在的问题，以便加强管理。

2. 按顾客计算配送成本

可分为按标准单价计算和按实际单价计算两种计算方式。按顾客计算成本可以用于确定目标顾客、确定服务水平等营销战略的参考。

3. 按商品计算配送成本

把按功能计算出来的成本，以各自不同的基准，分配给各类商品，以此计算配送成本。这种方法可用来分析各类商品的盈亏，进而对确定企业的产品策略提供参考。

五、配送成本的构成

（一）运费的构成

运费是由运输成本、税金和利润构成的，其具体数量一般都有法律法规约束。配送费用占物流费用比重大，而运费又在配送成本中占据主要地位，是影响物流费用的主要因素。

由于运输采用的运输工具、运输范围、运输距离、货物品种等因素不同，货物运费有下列几种形式：

1. 按实用的范围划分

1）普通运价。适用于一般货物的正常运输，是货物运价的基本形式。例如铁路运价适用于全国正式营业铁路，是全国各地统一的铁路运价。

2）特定运价。它是运价的一种辅助形式，用以补充普通运价。它是指对某种货物、某种流向、某一段线路规定的特殊运价。特定运价是根据运价政策考虑制定的，比普通运价水平升高或降低一定的数量，或改用较低的、较高的运价标准，在某一时间内对某种货物以鼓励或限制，有时也可以单独制定特定运价。

3）地方运价。适用于某地区、某一条线路的运价，如临管营业的新建铁路或未来与铁路网接通的营业铁路规定临管运价率、交通系统的地方水运运价等。

4）国际联运运价。就是国际联运出口、进口或过境货物，国内区段按有关规定办理，过境运价根据国际间的有关规定办理。

2. 按货物发送批量、使用的容器划分

1）整车（批）运价。指按整车运送办理的货物所规定的运价，按整车运价规定的运价率计算费用。整批运价是指满一定重量可作为一张运单，一批托运的按整批运价计算。

2）零担运价。指不满整车、整吨吨位以下托运的零星货物，按零担运价规定的运价率计算收费，货物按实际重量计算。

3）集装箱运价。指以集装箱运送货物规定的运价。

3. 按计算方式不同划分

1）分段里程运价。指把里程分为若干区段，在不同区段使用不同的运价率。铁路和交通部直属运输企业的现行运价即采用这种计算方式。

2）单一里程运价。指每一公里的运价率不变，在运输全程用一个单一的运价率。运价的增加是与运输的距离成正比的。

3）基本运价。航空运输的现行运价就是采用航线里程运价，一般在同一航线上使用这种形式。

（二）储存保管费用的构成

储存保管费用是指物质在储存、保管过程中所发生的费用。因为储存活动是生产过程在流通领域的继续，故储存保管费用的性质属于生产性流通费用。

1. 储运业务费用

储运业务费用是指货物在经济活动过程中所消耗的物化劳动和活劳动的货币表现。因为配送中心的主要经营业务是组织物品的配送，其中必然要包括储存和保管，这是生产过程在流通领域内继续所消耗的劳动，由此所发生的储运业务费用是社会必要劳动的追加费用。虽然这种劳动不会提高和增加物资的使用价值，但参加物资价值的创造，增加物资的价值。储运业务费用主要由仓储费、进出库费、代运费、机修费、验收费、代办费、装卸费、管理费用构成。

2. 仓储费

仓储费用专指物资储存、保管业务发生的费用。仓储费主要包括：仓库管理人员的工资，物资在保管过程中的毡垫、防腐、倒垛等维护保养费，固定资产折旧费以及低值易耗品的摊销、修理费、劳动保护费、动力照明费等。

3. 进出库费

进出库费是指物资进出库过程中所发生的费用。进出库费用主要包括：进出库过程中装卸、搬运和验收等所开支的工人工资、劳动保护费等，固定资产折旧费，以及大修理费、照明费、材料费、燃料费、管理费等。

4. 服务费用

是指配送中心在对外保管服务过程中所消耗的物化劳动和活劳动的货币表现。

（三）包装费用构成

包装起着保护产品、方便储运、促进销售的作用。它是生产过程中的一个重要组成部分，绝大多数商品只有经过包装，才能进入流通领域。据统计，包装费用占流通费用的 10%左右，有些商品（特别是生活消费品）包装费用高达50%。而配送成本中的包装费用，一般是指为了销售或配送的方便所进行的再包装的费用。

1．包装材料费

常见的包装材料有木材、纸、金属、自然纤维和合成纤维、玻璃、塑料等。这些包装材料功能不同，成本相差也很大。物资包装花费在材料上的费用称为包装材料费用。

2．包装机械费用

现代包装发展的重要标志之一是包装机械的广泛运用。包装机械不仅可以极大地提高包装的劳动生产率，也大幅度地提高了包装的水平。然而，包装机械的广泛运用，也使得包装费用明显提高。

3．包装技术费用

由于物资在物流过程中可能受到外界不良因素的影响，因而，物资包装时要采取一定的措施，如缓冲包装技术、防震包装技术、防潮包装技术、防锈包装技术等。这些技术的设计、实施所支出的费用，合称为包装技术费用。

4．包装辅助费用

除上述包装费用外，还有一些辅助性费用，如包装标记、标志的印刷，拴挂费用等的支出等。

5．包装人工费用

指从事包装工作的工人及有关人员的工资、奖金、补贴的费用总和，即包装人工费用。

（四）流通加工费用的构成

为了提高配送效率，便于销售，在物资进入配送中心后，配送必须按照用户的要求进行一定的加工活动，这便是流通加工。由此而支付的费用称为流通加工费用。

1. 流通加工设备费用

流通加工设备因流通加工的形式不同而不同。比如木材加工需要电锯，购置这些设备所支出的费用，以流通加工的形式转移到被加工的产品中去。

2. 流通加工材料费用

在流通加工过程中，投入到加工过程的一些材料（如包装加工要投入包装材料、天然气的液化加工所需要的容器等）消耗所需要的费用，即流通加工费用。

3. 流通加工劳务费用

在流通加工过程中从事加工活动的管理人员、工人及有关的人员工资、奖金等费用的总和，即流通加工劳务费用。应当说明，流通加工劳务费用的大小与加工的机械化程度和加工形式存在密切关系。一般来说，加工机械化程度越高，则劳务费用越低，反之则劳务费用越高。

4. 流通加工其他费用

除上述费用之外，在流通加工中耗用的电力、燃料、油料等费用，也应加到流通加工费用之中去。

六、影响配送成本的因素

（一）与产品相关的因素

1. 配送物的数量、重量

数量和重量增加虽然说会使配送作业量增大，但大批量的作业往往使配送效率提高。配送的数量和重量是委托人获得价格折扣的理由。

2. 货物种类及作业过程

不同种类的货物配送难度不同，对配送作业的要求不同，承担的责任也不一样，因而对成本会产生较大幅度的影响。采用原包装配送的成本支出显然要比配装配送要低，因而不同的配送作业过程，直接影响到成本。

3. 外部成本

配送经营时或许要使用到配送企业以外的资源，比如当地的起吊设备租赁市场具有垄断性，则配送企业就需要租用起吊设备从而增加成本支出。若当地的路桥普遍收费且无管制，则必然使配送成本居高不下。

（二）与市场有关的因素

1. 时间

配送时间持续的后果是占有了配送中心，耗用仓储中心的固定成本。而这种成本往往表现为机会成本，使得配送中心不能提供其他配送服务获得收入或者在其他配送服务上增加成本。

2. 距离

距离是构成配送运输成本的主要内容。距离越远，也就意味着运输成本增高。同时造成运输设备增加，送货员工增加。

第二节　配送中心成本的控制

一、配送成本与配送服务水平

（一）配送服务的要素

理想的配送服务水平要满足"六个适当"（6R）：
1）适当的质量（right quality）。
2）适当的数量（right quantity）。
3）适当的时间（right time）。
4）适当的地点（right place）。
5）适当的印象（right impression）。
6）适当的价格（right price）。

（二）衡量服务水平的标准

衡量服务水平的标准包括以下几项：
1）服务的可靠性。
① 商品品种齐全，数量充足，保证供应。
② 接到客户订货后，按照要求的内容迅速提供商品。
③ 在规定的时间内把商品送到需要的地点。
④ 商品送到时，保证数量准确，质量完好。
2）缺货比率。
3）订货周期的长短。
4）运输工具及运输方式的选择。
5）特殊服务项目的提供。

6）免费服务。

（三）配送服务与配送成本的关系

以尽可能低的配送成本来实现较高水平的配送服务，企业一直在寻找二者之间的最佳结合点。在实际操作中，配送服务与配送成本之间的关系表现出下面四种情况：

1）在配送服务不变的情况下，考虑降低成本。

2）在成本不变的情况下提高服务质量。

3）为提高配送服务，不惜增加成本。

4）用较低的配送成本，实现较高的配送服务。

企业在决策中究竟应如何做出选择和取舍呢？有一个例子值得我们借鉴。日本的家用电器行业在第一次石油危机之前的高速增长时期，每天向销售店配送2~3次货物，接近了"不管什么时候，都马上送达"这种相当高的服务水平。可是，石油危机后，由于燃料价格高涨，原来的这种高水平服务无法进行下去，于是征得销售店同意后，改为每天送货一次。结果，配送卡车装载率从过去的50%左右一举增至80%以上，从而使配送费用下降近30%。仅服务水平这一点点改变，就引起了配送效率的巨大变化。所以，如何平衡配送服务与配送成本的关系对企业意义重大。

二、配送服务与成本合理化的策略

对配送的管理就是在满足一定的顾客服务水平与配送成本之间寻求平衡，要么在一定的配送成本下尽量提高顾客服务水平；要么在一定的顾客服务水平下使配送成本最小，这里主要介绍后者情况下的策略：

（一）混合策略

混合策略是指配送业务一部分由企业自身完成。这种策略的基本思想是：尽管采用单纯策略（即配送活动要么全部由企业自身完成，要么完全外包给第三方物流企业完成）易形成一定的规模经济，并使管理简化，但由于产品品种多变、规格不一、销量不等情况，采用单纯策略的配送方式超出一定程度不仅不能取得规模效益，反而还会造成规模不经济。而采用混合策略，合理安排企业自身完成的配送和外包给第三方物流完成的配送，能使配送成本最低。例如，美国一家干货生产企业为满足遍及全美的1000家连锁店的配送需要，建造了6座仓库，并拥有自己的车队。随着经营的发展，企业决定扩大配送系统，计划在芝加哥投资7000万美元再建一座新仓库，并配以新型的物料处理系统。该计划提交董事会讨论时，却发现这样不仅成本较高，而且就算仓库建起来也还是满足不了需要，于是企业把目光投向租赁公共仓库，结果发现，如果企业在附近租用公共仓库，增加一些必要的设备，再加上原有的仓储设施，企业所需的仓储空间就足够了，但总投资只需 20 万元的设备购置费，10 万元的外包运费，加上租金也远没有 7000 万元多。

（二）差异化策略

差异化的指导思想是：产品特征不同，顾客服务水平也不同。差异化势必降低配送资源利用效率，提高配送成本。因此，当企业拥有多种产品线时，不能对所有产品都按统一标准的顾客服务水平来配送，而应按产品的特点、销售水平来设置不同的库存、不同的运输方式以及不同的储存地点，采用 ABC 分类法，将产品分为三类：A 类产品的销售量占总销售量的 70%以上，B 类产品占 20%左右，C 类产品则为 10%左右。对 A 类产品，在各销售网点都应备有库存，B 类产品只在地区分销中心备有库存而在各销售网点不备有库存，C 类产品连地区分销中心都不设库存，仅在工厂的仓库才有存货。这样，通过区分产品重要性来分别进行配送管理。例如，一家生产化学品添加剂的公司，采用这种策，经过一段时间的运行，企业的配送成本下降了 20%之多。

（三）合并策略

合并策略包括两个层次，一是配送方法上的合并，另一个则是共同配送。

1. 配送方法上的合并

配送成本增加的一个原因在于配货时由于货物的体积、重量、包装、储运性能及目的地各不相同导致一定的车辆空载率，一辆车上如果只装密度大的货物，往往是达到了载重量，但容积空余很多；只装密度小的货物则相反，看起来车装得很满，实际上未达到车辆载重量。这两种情况实际上都造成了浪费。实行合理的轻重配装、容积不同的货物搭配装车，就可以不但在载重方面达到满载，而且也充分利用车辆的有效容积，取得最优效果。

2. 共同配送

共同配送是一种产权层次上的共享，也称集中协作配送。它是几个企业联合集小量为大量共同利用同一配送设施的配送方式，其标准运作形式是：在中心机构的统一指挥和调度下，各配送主体以经营活动（或以资产为纽带）联合行动，在较大的地域内协调运作，共同对某一个或某几个客户提供系列化的配送服务。这种配送有两种情况：一种是中小生产、零售企业之间分工合作实行共同配送，即同一行业或在同一地区的中小型生产、零售企业在单独进行配送时运输量少、效率低的情况下进行联合配送，不仅可以减少企业的配送费用，配送能力得到互补，而且有利于缓解城市交通拥挤，提高配送车辆的利用率；第二种是几个中小型配送中心之间的联合，共同协作制订配送计划，共同组织车辆设备，对某一地区客户进行配送。具体执行时由于共同使用配送车辆，提高了车辆实载率，提高了配送效率，有利于降低配送成本。

（四）延迟策略

传统的配送计划安排中，大多数的库存是按照对未来市场需求的预测量设置的，这样就存在着预测风险，当预测量与实际需求量不符时，就出现库存过多或过少的情况，从而增加配送成本。延迟策略的基本思想就是对产品的外观、形状及其生产、组装、配送尽可能推迟到接到顾客订单后再确定。一旦接到订单就要快速反应，因此采用延迟策略的一个基本前提是信息传递要快。

一般来说，实行延迟策略的企业应具备以下几个基本条件：

1）产品特征。模块化程度高，产品价值密度大，有特定的外形，产品特征易于表述，定制后可改变产品的容积或重量。

2）生产技术特征。模块化产品设计、设备智能化程度高、定制工艺与基本工艺差别不大。

3）市场特征。产品生命周期短、销售波动性大、价格竞争激烈、市场变化大、产品提前期短。

实施延迟策略常采用两种方式：生产延迟（或称形成延迟）或物流延迟（或称时间延迟），而配送中往往存在着加工活动，所以实施配送延迟策略既可采用形成延迟方式，也可采用时间延迟方式。具体操作时，常常发生在诸如贴标签（形成延迟）、包装（形成延迟）、装配（形成延迟）和发送（时间延迟）等领域。美国一家生产金枪鱼罐头的企业就通过采用延迟策略改变配送方式，降低了库存水平。历史上这家企业为提高市场占有率曾针对不同的市场设计了几种标签，产品生产出来后运到各地的分销仓库储存起来。由于顾客偏好不一，几种品牌的同一产品经常出现某种品牌的畅销缺货，而另一些品牌却滞销压仓。为了解决这个问题，该企业改变以往的做法，在产品出场时都不贴标签就运到各分销中心储存，当接到各销售网点的具体订货要求后，才按各网点指定的品牌标志贴上相应的标签，这样就有效地解决了此缺彼涨的矛盾，从而降低了库存。

（五）标准化策略

标准化策略就是尽量减少因品种多变而导致增加配送成本，尽可能多地采用标准零部件、模块化产品。如服装制造商按统一规格生产服装，直到顾客购买时才按照顾客的身材去调整尺寸大小。采用标准化策略要求厂家从产品设计开始就要站在消费者的立场去考虑怎样节省配送成本，而不要等到产品定型生产出来了才考虑采用什么技巧降低配送成本。

第三节　配送中心管理绩效评估

一、绩效评价的含义与目标

配送是从仓储中心（物流中心、配送中心或仓库）将货物送达客户（或需求者）处的活动。有效率的配送活动需要适量的配送人员、适合的配送车辆，以及每趟车最佳运行路线（配送量大、装载率高、产能负荷适中）来相互配合才能达到。因此，人员、车辆及配送时间、规划成本都是对配送活动的绩效进行考核的主要方面。此外，因配送造成的成本费用支出及因配送路途耽搁引起的交货延迟，亦是需要注意的因素。

人员、设备（车辆）、配送时间、成本、品质是我们在配送活动中需要考虑的评估要素。具体来说，对配送组织和管理的绩效评价指标可以分为人员负担（人员生产力）、车辆负荷（设备生产力）、配送时间效率（时间生产力）、配送成本（成本力）和配送服务质量（品质力）几个方面。

（一）人员负担指标

对配送组织管理中的人员负担进行研究，有利于评估配送人员的工作分摊及其作业贡献度，以衡量配送人员的能力负荷与作业绩效；同时判断是否应增添或删减配送人员数量。

1. 平均每人的配送量

$$平均每人的配送量 = \frac{出货量总计}{配送人员数}$$

2. 平均每人的配送距离

$$平均每人的配送距离 = \frac{配送总距离}{配送人员数}$$

3. 平均每人的配送重量

$$平均每人的配送重量 = \frac{配送总重量}{配送人员数}$$

4. 平均每人的配送车次

$$平均每人的配送车次 = \frac{配送总车次}{配送人员数}$$

对于配送人员所负担的工作量应随时掌握并予以调整，才能减少配送人员的抱怨，提高客户的服务品质。如果平均每人负责的配送量、平均每人负责的配送重量过高，将使配送人员出车装货与客户处卸货的劳力加重，连带使配送时间变长，此时应考虑增加配送人员来减轻负荷。若平均每人负责的配送量或平均每人负责的配送重量过低，表示配送人员出车装货与客户处卸货的劳力不足，应考虑减少配送人员或进一步积极扩增业务量。

如果平均每人负责的配送量高，且平均每人负责的配送重量低，可推测虽客户订货量很大，但多属轻负荷之物，应考虑增加每次配送的装载量，而减少配送次数及人员数。如果平均每人负责的配送距离过长，表示每位配送人员所负担的配送距离过远，将使每位人员所负责的配送时间加长，而导致工作时间增加，应考虑增加配送人员或调整配送范围。

如果平均每人负责的配送量、平均每人负责的配送距离、平均每人负责的配送重量皆不高，但平均每人负责的配送车次却较高，则表示针对客户的即时要求，即使量不多，公司亦经常出货。这时，应考虑服务水准策略，降低配送次数。如果无法降低配送次数，则应考虑增加配送人员，以减轻配送时间太长、次数太多的负担。

（二）车辆负荷指标

配送车辆的产能负荷的评估，将用于判断是否应增减配送车数量。主要指标如所示。

1. 平均每台车配送吨公里数

$$平均每台车配送吨公里数 = \frac{配送总距离 \times 配送总重}{自有车重 + 外车重}$$

2. 平均每台车配送距离

$$平均每台车配送距离 = \frac{配送总距离}{自有车重 + 外车重}$$

3. 平均每台车配送重量

$$平均每台车配送重量 = \frac{配送总重量}{自有车重 + 外车重}$$

其中，平均每台车的吨公里数为每台车的配送距离和配送重量的综合，可以用来估计配送车辆负担的总产能，一旦出问题则应从距离及重量来分析。如果平均每台车的吨公里数高，可能是由于同一台车本期配送距离已过远或者公司配送货物重量过重，这时可以观察另两个指标——平均每台车配送距离及平均每台车配送重量来加以分析确认原因。为防止折旧、损耗程度过快，及可能发生额外的成本（过高的维修费、耗油费），应考虑增加配送车辆。如果平均每台车的吨公里数低，表示每台车每期所负担的产能仍轻，此时可观察每次发车的重量，若每次发车的重量及装载率不高，则在现阶段业务下，可以考虑缩减车辆数。

4. 空车率

$$空车率 = \frac{空车走行距离}{配送总距离} \times 100\%$$

空车率可以用来衡量车辆的利用率。若比率过高，表示未能充分做到回程顺载的原则，或者未能合理安排好配送路线，以致造成实车去、空车回的现象。这种情况下，应首先做好回收物流，包括容器回收（啤酒瓶、牛奶瓶）、退货等。同时考虑合理地规划配送路线，尽量减少回程空车的距离。

（三）配送时间效率指标

1. 配送平均速度

$$配送平均速度 = \frac{配送总距离}{配送总时间}$$

本指标可以用来掌握配送情况，同时作为配送路径选择及配车司机管理的考核依据。如果配送平均速度低，应检讨是否配送路线设计不好，或者是司机的问题，或是客户交货处卸货验收动作太慢等。如果是配送路线设计不好，应切实规划较为顺畅的路径，安排配送顺序；如果是司机本身问题，则应加强督导，以增进配送效率；如果为客户交货点卸货验收速率的问题，则可能是交货点卸货不易，或客户本身验收作用拖延所致，应设法协助有效卸货，或尽量与客户沟通协调，要求客户帮忙卸货以及做到车到便可马上交货验收的程度。

2. 配送时间比率

$$配送时间比率 = \frac{配送总时间}{配送人员} \times 工作天数 \times 正常班工作时数$$

3. 单位时间生产力

$$单位时间生产力 = \frac{配送营业额}{配送总时间}$$

上诉三个指标可以用来观察配送时间的贡献度。如果配送时间比率较高，且单位时间配送量及单位时间生产力两个指标也高，则表明虽然配送时间较长，但确实有配送量和营业收入的成效，只要公司对出货量和营业收入感到满意，以此效率营运应无问题。但如果单位时间配送量及生产力低，则应检讨原因寻求改善。其原因可能在于配送人员较少、配送贡献度不高、或由于配送线路选择不佳造成配送效率低等。

（四）配送成本指标

配送成本指标主要用于考核分析配送过程中发生的成本费用，主要指标包括以下一些内容：

1. 每吨重配送成本

$$每吨重配送成本 = \frac{自车配送成本 + 外车配送成本}{配送总重量}$$

2. 每容积货物配送成本

$$每容积货物配送成本 = \frac{自车配送成本 + 外车配送成本}{配送货物总容积}$$

3. 每车次配送成本

$$每次配送成本 = \frac{自车配送成本 + 外车配送成本}{配送总车次}$$

4. 每公里配送成本

$$每公里配送成本 = \frac{自车配送成本 + 外车配送成本}{配送总距离}$$

配送成本包括自车配送成本及委托外车配送成本。我们可以用每吨重、每配送货物容积、每车次、每公里距离的配送成本来探求配送总成本花费过高的导致原因。

如果每吨、单位容积货物的配送成本高，但每车次、每公里的成本低，表示如今所配送的重量与容积不大，但配送车次、距离较大。若每车次、每公里的配送成本高，但每吨、单位容积的成本低，表示如今所配送的车次与距离不多，但重量、材积却较高。若每吨重、单位容积、每车次、每公里的配送成本皆高，表示配送成本相对于配送的重量、材积、车次、距离四因素皆偏高。针对不同的情况，再考虑不同的改善和节约成本的策略。

（五）配送服务质量指标

我们可以用配送延迟率指标来分析配送服务质量水平，掌握交货时间，尽量减少配送延迟情况，以确保公司信用度。

$$配送延迟率 = \frac{配送延迟车次}{配送总车次}$$

如果配送延迟率过高，应进一步分析其可能的原因，寻求改善措施。如果是由于配送设备的故障导致交货配发延迟而耽搁出货时间，则应就上述问题加强预防，或是将作业提前处理。如果是由于路线选择方面的问题，则可重新选择路况较为顺畅的通路，或是将出货时间提早。如果是司机本身问题，则应加强督导及训练司机。

二、内部绩效指标

内部绩效是指对配送中心内部物流绩效进行评价，主要将现在的物流作业结果与以前的作业结果或是本期的作业目标进行比较。例如运送错误率可以与上一期的实绩比较，也可以与本期的目标比较。内部评估的数据比较容易收集，所以大多数配送中心企业都进行内部绩效评估。评估的内容一般包括以下方面：顾客服务、成本、生产率、资产管理、质量。

（一）物流顾客服务评估

衡量物流顾客服务可以考查公司满足顾客需求的相对能力。

（二）物流成本评估

物流绩效最直接的反映就是完成特定物流运作目标所发生的真实成本。物流成本绩效的代表性指标是以总金额表示的销售量的百分比或每个单位数量的成本。

（三）物流生产率评估

生产率是系统用于配送该商品而投入的资源与产出服务之间的相对关系，通常用比率或指数表示。如果一个系统能清楚地评估产出和相应的投入，生产率的衡量就很简单。但是在下列情况下，评估生产率就会变得很困难：产出很难评估，且使用的投入难以与所定的时间段相匹配；投入与产出相混的类型经常变化；数据难以取得或数据不适用。

生产率指标有三种类型：静态的、动态的和替代性的。

静态的是指计算在一个特定时期内的生产率，例如，2006 年的产出与投入之比就是静态指标。动态的是指将一个时期的生产率与另一个时期的生产率相比较，结果就是动态的生产率指标。例如，2006 年的静态生产率与 2005 年的生产率相比就是动态指标。

（四）物流资产管理评估

物流资产管理评估的主要内容是为评估实现物流目标而投入的设施和设备的资本以及用于存货的流动资金的使用情况。资产评估着重对存货等流动资本周转，以及固定资产的投资报酬率等方面进行评估。

（五）物流质量评估

物流质量评估是指向全过程的最重要的评估内容，它用来确定一系列活动的效率而不是个别的活动。但由于质量范围很广，很难评估。

当今在物流中最高质量就是"零缺陷服务"。它关注的是总体的整个物流的绩效，而非单个功能。它要求从订单进入、检查库存、拣选、装货、送货、开票、支付整个过程的每一个环节都不能出错。

三、外部绩效评估

虽然内部评估对配送中心改进绩效、激励员工很重要，但是从外部、从顾客、从优秀企业的角度对配送中心的物流绩效评估也是非常重要的，它能使配送中心获得更多的新信息。外部绩效评估包括两部分内容：一是从顾客的角度。这种评估可以通过调研或订货系统追踪获得。评估的主要内容有：库存可得性、订货完成时间、提供的信息程度、问题解决的情况等。二是确定基准与其他优秀的配送中心进行比较。现在越来越多的配送中心应用基准，将它作为公司运作与相关行业中的竞争对手或顶尖的企业相比较的一种技术。而且一些配送中心在重要的战略决策中将定基作为物流运作的工具。定基的领域有：资产管理、成本、顾客服务、生产率、质量、战略、技术、运输、仓储、订货处理等。

下面就以连锁商业企业为例，从顾客的角度分析一下配送中心外部绩效评估的具体内容。

1. 库存服务水平要求

库存服务水平是一项保证实现物流服务的基本指标，它是指当各个门店订货时，第三方物流公司所拥有的能够满足门店需求的库存能力。连锁商业公司在与一些公司合作中，其库存是由第三方物流公司负责的，第三方物流公司的库存政策直接影响到连锁商业公司的配货要求，因此首先要将与库存有关的指标列入考核的范围。

库存是物流公司的主要成本之一，因此物流公司会严格控制库存，这样就可能出现门店要货，尤其是在销售旺季出现要货要不到的现象。物流公司库存设置得越低，越有可能出现缺货。所以要考察物流公司的库存政策，对物流公司提出能够满足门店销售的服务要求，这样的库存要求可以通过设定缺货率来实现。缺货率是指一定时间内，根据第三方物流公司的库存安排，门店订货后由于物流公司缺货造成需求不能满足订货需求的比例。

缺货率的计算如下：

1）根据门店数计算，则

$$缺货率 = \frac{缺货的门店数}{门店总数}$$

2）根据商品计算，则

$$缺货率 = \frac{缺货数量}{商品需要总量}$$

3）根据商品价格计算，则

$$缺货率 = \frac{缺货商品金额}{需要商品总金额}$$

在由物流公司负责库存的情况下，建议连锁商品公司在与物流公司谈判的过程中，争取让物流公司提供零缺货服务，即承诺决不缺货。如果不成功，尽量要求低的缺货率。

2. 订货截止时间

规定一般的订单截止时间，但要要求允许额外订单。截单时间的规定是很重要的，如果没有固定的截单时间，对物流公司来说，成本会很高，相应的这些成本中的一部分就会由商业连锁公司来承担，同时损失的还有配送效率。一般在合同中规定一个基本的截单时间，在此基础上有一定范围的延缓，一旦超出规定的时间就按照紧急订单来处理，其费用与正常订单是不同的。

3. 交货时间

交货时间是从连锁商业公司的门店订货开始到物流公司将所需商品运送到达门店为止的这段时间。交货时间与连锁商业公司门店库存有着直接关系。一般来说，交货时间越短，连锁商业公司库存就越少，投资也就越少。而且从交货时间的长短还能够了解物流企业的运作效率，物流企业允诺的交货时间越短，说明物流企业的运作效率越高。因此在与物流企业谈判时，要尽量缩短交货时间，以减少连锁商业公司的库存水平，提高商品周转率，提升门店的服务水平，实现差异化经营。由于交货时间与库存投资之间的关系，所以连锁商业公司应该将这项指标作为以时间为基础的物流战略考虑的主要内容。

4. 订货单位

连锁便利公司实行的是拆零配送，但这并不意味着所有商品拆零基数都是相同的。而且物流企业为了降低成本也必然会提出最小订货单位的要求，连锁便利公司可以要求物流公司能够放宽订货的限制。

5. 送货频率

按照门店实际需要确定合适的送货频率。首先根据商品的特点确定配送频率，对于那些销量稳定、保鲜要求高的商品，应该实施一日多配，这样就可以减轻货架面积小、存放有限的压力。面对那些销量不大的干货可实行一日一配或 2～3 日一配等。其次，还可以根据业态和门店的销售情况决定配送频率。如对于便利店来说，门店的面积小，商品的品种又在 3 000 种左右，因此门店不可能大量储存商品，尤其是对那些经营好、销售大的门店就可以实行一日几次配送，对其他门店实行一日一配或几日一配的配送。这样做的好处不仅可以减轻门店库存，还可以合理安排物流公司运能，更好地为商业连锁公司服务。

6. 确定送达货物的时间范围

货物送达门店的时间对门店的运作有着直接的影响，如果该时间带变动幅度很大，就不能使门店合理安排人手，从而影响门店的正常工作。连锁商业公司应根据门店提出的送达时间要求以及配送的方便性来确定货物送达到门店的时间，以及误差范围。同时要注意要求送达门店的时间与门店的销售高峰时间错开。

7. 准时交货

目前上海连锁超市、便利店市场竞争日益激烈，各连锁公司都将商品的品质视为生存的必备条件，然而许多品质问题是由配送引起的，因此连锁公司需要对物流公司的配送品质作出明确规定，其中准时交货是配送品质的重要内容之一。准时交货以准时交货比例来进行考察，其计算公式为

$$准时交货比例 = \frac{准时交货的次数}{订货总次数}$$

8. 订货损坏情况

体现物流公司服务品质的另一个主要内容就是物流公司是否能完好地将所需商品送到门店，因此连锁商业公司要对订货的损坏情况作出规定，以订货损坏率为评判的指标，其计算公式为

$$订货损坏率 = \frac{订货商品损坏金额}{订货商品总金额}$$

9. 送货准确性

送货准确性包括两方面的内容，商品的品种准确和商品的数量准确。可以用送货商品的错误率来评价物流公司的送货准确程度。其计算公式为

$$送货商品错误率 = \frac{送错商品的金额}{订货商品总金额}$$

10. 提供紧急订货服务

提供紧急订货服务就是在连锁商业公司有紧急出货或修正数量的要求时，物流公司能够提供相应的配送服务。门店销售变化较大，经常会出现一些例外情况，需要紧急订货以满足当时的销售需要，因此物流公司是否能提供这方面的服务直接影响门店对顾客的服务。

11. 送货人员的服务态度

要求送货人员不得违规卸货、搬运，要以良好的态度配合门店营业员收货、验收。

12. 处理投诉的反应速度

要求在规定的时间内对连锁商业公司所做出的投诉给予答复。以投诉处理比例来进行考核，其计算公式为

$$投拆处理比例 = \frac{在规定时间内处理的投拆件数目}{投拆总件数}$$

13. 信息提供

物流公司不但要完成基本的配送服务，还要对连锁商业公司提供信息，这些信息包括缺货的事前通知、库存或缺货状况报告、出货统计资料等方面的信息服务。

14. 流通加工服务

由于许多连锁商业公司的店面面积较小，无法从事流通加工工作，流通加工要集中在配送中心进行，因此要求物流公司能够提供贴标签、分装、组合、包装等服务。

15. 交接地点协议

由于连锁商业公司的门店位于不同的地理位置，因此连锁商业公司要在与物流公司合作之前确定好交货地点。目前采用的主要的交货地点有车上交货、店外走廊交货、店内通道交货、店内小仓交货、货架上整理交货。

车上交货是指物流公司将商品送至门店最近的可停车的地方，在车上与门店营业员进行货物交接，营业员自行负责将商品搬运至店内。

店外走廊交货是指物流公司工作人员将商品送至门店外的走廊处，在走廊与门店营业员进行货物交接，营业员自行负责将货物搬运至店内。

店内走廊交货是指物流公司工作人员将商品搬运至店内，在店内与门店营业员进行货物交接。

店内小仓交货是指物流公司工作人员要负责将商品搬运至门店的小仓内，在小仓内与门店营业员进行货物交接。

货架上整理交货是指物流公司工作人员不但要将商品搬运至门店内，还要负责商品的上架整理工作，然后与门店营业员进行货物交接。

采用不同的交货地点除了提供的服务不同以外，还涉及风险转移的问题，例

如如果采用店内小仓交货，商品在跨入小仓门槛之前发生的货损都要由物流公司来负责。由于连锁公司的一些门店的地理位置不利于车辆接近，因此连锁公司要尽量争取有利于门店收货的交货地点协议，这样还可以减轻搬运中的货损风险。

16. 退货管理

退货管理是连锁商业公司物流配送体系的一个组成环节，虽然大多数供应商都有退货承诺，但是退货不是供应商直接从门店收集，而是由物流公司来负责。目前的情况是由于各方面对退货的不重视，已经使退货管理成为物流配送管理的盲点，造成退货区不断扩大、商品杂乱堆放、货物损坏、货物失窃等现象严重，难以明确责任归属。同时由于退货的收集运送也是要收取费用的，因此退货管理的好坏不但直接影响到连锁商业公司的配送成本，也影响到连锁商业公司对供应商的评估，所以要对退货管理作出明确规定，分清责任归属。

首先对退货的责任归属进行确认，不属于连锁商业公司负责的不应收取退货费。退货的原因主要有五种：一是搬运中的损坏；二是商品过期退回；三是瑕疵品的收回；四是商品送错退回；五是滞销品的清场。其次要求物流公司对退货进行分类管理；最后要求物流公司详细记录有关退货、调换信息，并将这些信息反馈给连锁商业公司。

17. 废弃物处理

要求物流公司能够提供免费的回收服务。许多商品采用整箱配送，所以主要的废弃物是纸板箱，纸板箱的回收也是连锁商业公司的利润来源之一，因此要求物流公司提供以纸板箱为主的废弃物的回收处理。

练 习 题

1. 现代配送成本的含义是什么？
2. 配送成本的"二律背反"的含义是什么？
3. 影响现代配送成本的因素有哪些？
4. 如何才能做到成本合理化？
5. 怎样评估配送中心的管理绩效？

案 例 分 析

沃尔玛配送成本管理

沃尔玛进入中国已有十几年，截至 2007 年 5 月，其在中国发展了 187 家分店。

业内人士认为，沃尔玛能发展到今天这般规模，很大程度与它强大的物流系统分不开。作为大卖场，沃尔玛是如何采用物流配送中心节省成本的呢？

1. 年物流投资 1000 多亿美元

众所周知，沃尔玛的业务之所以能够迅速增长，正是因为沃尔玛在节省成本以及在物流运送、配送系统方面取得了一些成就。事实上，物流运输和配送系统是沃尔玛的焦点业务。据资料显示，沃尔玛近年来每年在物流方面的投资都在1000 多亿美元以上，而且投资额正随着业务的增长不断增长。

2. "无缝点对点"系统降成本

为做到在物流方面降低成本，沃尔玛建立了一个"无缝点对点"的物流系统，能够为商店和顾客提供最迅速的服务。

这种"无缝"指的是产品从工厂到商店的货架这一链条尽可能平滑，使整个供应链达到一种非常顺畅的链接，尽可能提供给顾客所需要的服务，同时也可以降低成本。物流业务要求比较复杂，如有时可能会有一些产品出现破损，因此在包装方面就需要有一些对产品特别的运销能力。因为对沃尔玛来说，能够提供更多的产品种类与优质的产品是非常重要的。

3. 供货商只需将货送到配送中心

物流的循环是一个圆圈。如果物流循环是比较成功的，那么在消费者买了东西之后，这个系统就开始自动地进行供货。这个系统当中的可变性使得卖方和买方（工厂与商场）可以对这些顾客所买的东西和定单进行及时地补货。这个系统应当是与配送中心联系在一起的。这个配送中心实际上是一个中枢，将供货方的产品提供给商场，从而减少供货商许多成本。

据了解，沃尔玛降低配送成本的一个方法就是与供货商一起来分担。比如，供货商们可以送货到沃尔玛的配送中心，也可以直接送到商店。但如果供货商们采用沃尔玛的配送中心的配送方式，就可以节省很多钱，且可以把省下来的这部分利润，让利于消费者。这些供货商们也可以为沃尔玛分担一些建立配送中心的费用，如此沃尔玛可从整个供应链中，将配送中心的成本费用节省下来。

4. 确保商品与发货单一致

据介绍，沃尔玛的物流部门可进行全天候的运作。在此过程中，沃尔玛采用一些包括零售技术在内的最尖端技术。沃尔玛进行物流业务的指导原则，是把所有的物流过程集中到一个伞形结构之下。在供应链中，每一个供应者都是这个链中的一个环节，沃尔玛必须要使整个供应链成为一个非常平稳、光滑的过程，一个顺畅的过程。这样，沃尔玛的运输、配送以及对于订单与购买的处理等所有的过程，都是一个完整的网络当中的一部分，这样就可以大大降低成本。如在沃尔玛的物流当中非常重要的一点是要确保商店所得到的产品与发货单上完全一致。因此沃尔玛必须有一套非常精确的系统，才可确保整个物流配送过程中不会出现任何差错。这样，商店把整个卡车当中的货品卸下来就可以了，而不用把每个产品检查一遍。因为他们相信送来的产品是没有任何失误的，这样就可以节省很多检验产品的时间。

5. 降低供货商成本

目前沃尔玛在中国的每一个商店都有补货系统。它使得沃尔玛在任何一个时间点都可以知道，现在商店当中有多少货品，有多少货品正在运输过程当中，有多少是在配送中心等。同时它也使沃尔玛了解到，某种货品上周卖了多少，去年卖了多少，而且可以预测将来可以卖多少。因为沃尔玛所有的货品都有一个统一的产品代码，在中国叫 EAN 数码。沃尔玛可以对这些代码进行扫描和阅读。此外，沃尔玛还有一个非常好的系统——零售链接，可以让供货商们直接进入到这一系统，了解他们的产品卖得怎么样。根据沃尔玛每天卖的情况，他们可以对将来卖货进行预测，以决定他们的生产情况，这样也可以降低他们的产品成本。

据了解，沃尔玛所有的系统都是基于 UNIX 系统的一个配送系统，并采用传送带、产品代码，以及自动补货系统和激光识别系统，所有的这些加在一起为沃尔玛节省了相当多的成本。

思考题

结合本案分析沃尔玛是如何进行配送成本管理的。从本案来看，沃尔玛的配送成本管理有何特色？

第十章 配送中心经营策略与客户服务

理解配送中心市场定位的概念，掌握市场定位的步骤和策略；熟悉配送中心的经营策略、服务策略，并能运用到实践操作中。

第一节 配送中心的市场定位

一、配送中心的市场定位及其意义

（一）市场定位的概念

市场定位就是确立企业产品在目标市场上的位置，以形成企业的鲜明特色。这里所说的"位"，不是地理位置，而是产品在消费者感觉中所处的地位。具体来说就是企业及其产品在消费者心目中的形象。要使产品或者服务在消费者心目中留下深刻的印象，并且使这种产品或者服务成为消费者购买产品的主要动因，就要求企业的产品必须具有不同于其他企业产品的鲜明个性和特色，而且这种特色确实能够满足消费者的某种特殊需要。

（二）市场定位的意义

第一，市场定位有利于树立企业及其产品的市场特色，使其在消费者心目中有一个与众不同的独特形象，形成一种特殊的偏爱，从而在激烈的市场竞争中处于有利的地位。如上海济洪蔬菜配送中心有限公司几十年如一日，坚持以新鲜蔬菜为主的销售业态为核心，发挥企业在流通领域中的"集成效应"，突出企业平抑蔬菜价格和社会职能，打造"安全放心"的菜篮子，为农民生产的蔬菜提供便捷的流通渠道，赢得了农民和消费者的好评，企业在获得了经济效益的同时也取得了社会效益。企业从最初的农贸市场不足一平方米的摊位经营姜葱买卖，逐渐发展"绿色蔬菜基地"、"市场销售网络"、"净菜加工配送"，形成具有规模的产业体系。

第二，市场定位是企业制定市场营销组合策略的基础，能使企业根据市场定位设计与之相适应的市场营销组合。如蓉都农产品交易会展有限公司的市场定位为确定项目为西部最具规模的农产品交易物流配送中心（农产品集散、价格形成和信息传递中心）。根据该定位，蓉都农产品交易会展有限公司最具震撼性的优势就是概念优势、价格优势以及与竞争对手的销售时间差优势。在此基础上，确定的广告总概念就是围绕着"传统农产品交易市场升级版，现代农产品交易市场的标准版"做文章，对消费者的观念施加影响，引导和影响他们对农产品市场的看法、偏爱和最终的选择。

二、配送中心市场定位的步骤

企业的市场定位一般要包括以下三个步骤：

（一）确认潜在的竞争优势

企业进行市场定位时，首先必须在充分研究竞争对手和自身资源积累的基础上，明确自己的竞争优势所在，这样才能充分发挥自身的优势，形成不亚于竞争对手的鲜明特色。

首先，要研究竞争对手的定位情况。要了解竞争对手正在提供什么样的产品或服务，在消费者心目中的形象如何，并估测其产品或服务成本和经营情况。对竞争对手的研究，不仅要研究竞争对手的现状，还要深入研究竞争对手潜在的竞争优势。

其次，要研究消费者对产品或服务的评价标准。也就是要研究消费者需求的核心，即消费者在购买此类产品或服务时，最关注的因素是什么？是产品或服务的价格、还是产品或服务的质量？在消费者最关注的环节上创造自己的特色，往往最容易使消费者留下深刻的印象。企业如果能比竞争对手更了解消费者的需要，就能针对消费者需求的核心有效地创造出自己的特色。

再次，要研究企业自身的资源积累情况。市场定位的目标，应当是企业力所能及可以实现的，因此在研究竞争对手的同时还要研究企业自身。企业要做出判断，根据企业目前资源积累的情况，有可能在哪些方面创造出自己的特色，与竞争对手相比，哪些方面更具有优势。

（二）选择相对竞争优势

相对竞争优势是指凌驾于竞争对手之上，足以克敌制胜的比较优势。在充分研究竞争对手及自身条件的基础上，企业将进一步确定自己的竞争优势所在来进行市场定位。

相对竞争优势通常来源两个方面：一是价格优势；一是产品的差别化优势。价格优势就是产品的价格比竞争对手的价格更能吸引消费者购买；产品差别化优势就是在产品的功能、质量、造型、服务等产品属性的某一个方面或某几个方面区别于竞争对手的产品，能够为消费者提供更大的满足，从而吸引消费者购买。价格优势来自于成本优势，如果企业拥有低成本的融资渠道，或有稳定低廉的投入要素的供给源，或有劳动力成本优势、高效率的生产设备、管理体制和分销渠道或规模经济方面的优势等。在降低成本方面比竞争对手有更大的优势的话，企业可以选择"廉价"作为自己的特色。如果企业在产品创新和技术创新方面比竞争对手有更大的优势，能够在产品属性方面创造出更有吸引力的特色；如能够针对不同的客户开发出功能更完善的产品或服务，则可在产品或服务差别化方面形成自己的特色。

（三）显示竞争优势

企业的相对竞争优势如果仅仅只是自己知道还不足以形成企业的特色，所谓企业特色必须是被客户所认可、所接受的。要使企业的相对竞争优势成为企业及其产品或服务的特色，就必须让客户也知道企业的优势所在，而让客户了解企业竞争优势所在的最好方法就是把竞争优势体现在产品或服务上，成为产品或服务优势。如成本优势必须体现在产品比其他企业的产品的价格更能为消费者所接受；差别化优势必须体现在产品或服务比其他企业的产品能够为消费者提供更大的满足。

三、配送中心市场定位的策略

市场定位策略实际上是企业在目标市场上与竞争对手开展竞争的一种竞争策略。定位策略不同，竞争态势也不一样。

（一）市场定位策略

从理论上讲，配送中心可以选择的市场定位策略主要有以下三种：

1. 寻找市场空隙策略

所谓市场空隙是指市场上尚未得到满足的那部分市场需求，寻找市场空隙策略就是企业将自己的产品定位在目标市场上的市场空隙部分，因此，也可称为"拾遗补缺"策略。企业通过发现新的市场机会首先进入这部分市场，既能够避开与竞争对手的直接竞争，又能够占据有利的市场地位，成为该市场上的领先者。如日本的大和运输公司在 20 世纪 70 年代末开创的速递业务就是一个很好的例子。当时，日本的运输市场上各种运输服务已相当发达，但为一般家庭服务的小件商品运输因其繁琐且利润低而被许多大企业不屑。大和运输公司便看中了这一市场空隙，率先开发了这一市场，通过各种宣传手段让顾客了解这种服务，并采取许多有效的措施方便顾客。短短数年，到 1988 年，仅大和运输一家就运送了近 3 亿件包裹，位居第二的日本通运公司也运送了近 2 亿件，目前已发展成为企业及家庭日常生活中不可缺少的一种运输服务，形成了一个非常庞大的运输市场，且大和运输公司则成为这一市场的领先者。而一旦成为第一以后，就会给消费者留下深刻的印象，很难从记忆中抹去。就像人人都知道珠穆拉玛峰是世界第一高峰，而第二高峰是什么名字，知道的人就不多了一样。采用寻找市场空隙战略的通常是一些资源积累优势较小，难以与大企业开展正面竞争的弱小企业，但是通过寻找和开发市场空隙能为企业今后的发展奠定很好的基础，有很多企业就是通过这种策略由小企业迅速发展成为市场领先者企业的。

企业选择寻找市场空隙策略，必须建立在对市场充分调查研究的基础上，如为什么会有此市场空隙的存在？是因为竞争对手没有发现、或者是无暇顾及还是因为该市场确实没有发展潜力？如果确实是因为信息的差异而没有被竞争对手发现，而该市场空隙又有很好的市场前景，有开发价值的话，企业还必须考虑以自己的资源积累有没有足够的能力去开发这一市场空隙，能不能为自己带来满意的经济效益。如果盲目地去开发所谓的市场空隙有时则可能得不偿失。

2. 追随市场领先者策略

所谓市场领先者策略，指将企业和产品定位在市场领先者之后的策略。如果把一个市场上的企业和产品在消费者心目中的地位想象为一个系列的话，那么，追随市场领先者策略就是把自己定位在第二个层次上，与领先者和平共处，只是紧紧跟随领先企业之后而不去刺激他。

采用这种策略有很多好处：首先，可以借鉴领先企业的产品、经验，节约大量的研究开发费用；其次，有利于企业在模仿的基础上，利用新科技创造改进新型产品。比起一个全新产品的开发，改进产品则要容易得多。追随企业只要将领先企业花了大量人力物力开发的新产品稍加改进，就可能比领先企业的产品更受市场欢迎；再次，领先企业首先唤起了市场需求，对于追随企业来说可以节约消费者对产品的认知时间；最后，由于领先企业首先唤起了市场需求，追随企业可以更大的规模投入生产，从而获得规模经济。

3. 市场挑战者策略

所谓市场挑战者策略，顾名思义就是要向位居前列的竞争对手发起挑战，取而代之。从企业与竞争对手的关系来看，采用第一种策略的企业是通过开辟新市场来回避竞争对手；采用第二种策略的企业是紧随其后而不刺激竞争对手；而采用市场挑战者策略的企业则要向竞争对手发起挑战，进而取代竞争对手的领先地位，是一种竞争性很强的市场定位策略。

采用这种策略的企业通常是在目标市场上进一步发展的空间已经很小，又难以向其他的细分市场或其他行业发展，只能通过在原有的目标市场抢占竞争对手市场份额的方法来谋求进一步的发展，而且企业又拥有较雄厚的资源积累，有足够的信息战胜竞争对手。

市场挑战者策略是一种风险较大的策略，因它面对的是实力不相上下甚至更强的竞争对手，要战胜这样的竞争对手，企业的产品必须具有鲜明的特色，在某些方面要明显优于竞争对手的产品，而且要通过强有力的广告宣传等手段使消费者认可这些特色。像这样一些位居前列的大企业之间的竞争必将是非常残酷的，企业还必须拥有足够的经济实力来支持这种竞争。

（二）市场定位

根据上述策略企业可以从三个方面进行定位：

1. 配送中心的功能定位

一般来说，配送中心的功能定位是根据其开展的配送服务的内容和相应的配送作业环节为基础来进行的，根据配送作业的基本环节和作业流程，配送中心一般具有采购、储存、加工、分拣、配货、配送运输等多项功能。但不同类型的配送中心其核心功能有所不同，因此，在配送中心的建设和规划中，从设施建设到平面布局，以及组织管理等方面也会产生差异。

对于储存型配送中心来说，其功能以储存为主，以尽可能降低其服务对象的库存为主要目标，须具有较强的库存调节能力，因此，在建设中应规划较大规模的仓储空间和设施；流通型配送中心则以快速转运为核心，大批进货，快速分装或组配，并及时地分发到各客户指定的地点，所以在建设中应配备适应货物高速流转的设施；加工型配送中心以对商品进行如拆包、分解、整理、再包装等流通加工为主，在规划建设中应适应加工的需要，配备必要的加工设施、场地，引进相应的加工技术；专业型配送中心主要针对商品特性、体现处理专项商品的技术与特色，因此在建设中必须配置特定商品的处理设施，开发适用特定商品的物流技术。

因此，在进行配送中心系统规划前，应根据市场物流服务的需求不同，科学决策配送中心类型，做好配送中心建设前的功能定位工作，以便以后配送业务的正常开展。可以说，配送中心的功能定位基本上确定了配送中心的业务市场范围。

2. 配送商品的定位

一般配送中心能处理的商品种类是有一定限制的。比如，目前有专门的服装配送中心、电器配送中心、食品配送中心、干货配送中心、生鲜商品配送中心、图书配送中心等，有些甚至是专门处理某一更小类别商品的配送中心。由于不同的商品配送所需的配送作业场地、设施设备是不一样的，作业流程也有很大区别。因此，试图建立一个满足所有商品物流需要的配送中心是不实际的。一个配送中心没有必要也不可能配备能处理所有商品的物流设施和设备。设施设备的配置除了要考虑需求外，还要考虑物流的平均价格及作业批量等因素。

大多数情况下，配送商品定位主要是根据企业使命、市场需求来确定的，对于一般商业连锁体系来说，通常以经营一般消费品为主，其配送中心主要是负责连锁体系内大部分商品的内部供应配送，并以统一采购、统一库存、统一配送形成规模效应，获得规模经济效益，最终形成销售商品的低价优势；一些由传统批发机构改组而形成的配送中心，通常以其批发经营的传统商品为主，开展专业配送业务，其品种较为单一，批量较大。

配送中心配送商品的类型通常在配送中心规划时须与配送中心的功能结合在一起考虑。

3. 配送区域的定位

配送区域是指配送中心辐射的范围，即以某一点为核心建立配送中心，其配送的距离和区域的大小不仅关系到配送中心的投资规模，也影响到配送中心的运作方式。

通常对于连锁商业体系来说，配送中心的辐射区域和配送能力取决于其零售店铺的分布范围和数量的多少。连锁商业体系组建配送中心的方法，可以按照适当比例，来确定配送中心的位置、规模与数量。对于生产企业的自营供应配送，配送中心数量有限，一般配送区域也主要在生产厂区。生产企业的销售配送，首先要根据客户分布的远近、销售量的大小及其运行的成本来综合考虑是自营还是外包，如是自营配送中心，然后再考虑配送服务区域的大小，分别决策配送中心的级别与规模。

配送中心的服务对象所形成的区域是选择任一种配送中心区位的前提和基础。一般配送中心建设规模越大，经营能力越强，其辐射范围越广，服务的范围也就越大。在配送中心的区位选择中，除了考虑配送的商品种类与数量外，交通运输条件、用地条件等问题也应该详细分析和论证，以确定配送的区域和范围。

第二节　配送中心的经营策略

一、超大型配送中心经营策略——综合物流

超大型配送中心不但经营配送业务，还提供多种物流服务。其物流功能整合性高，服务范围广，依托完善的设施、设备以及管理、信息、人才等优势作为核心竞争力，为大型客户提供包括配送在内的综合物流服务。综合物流的优势使各物流环节相互衔接，有利于提高物流系统的效益，降低物流成本。超大型的配送中心通过实现物流服务供给使经营资源共有化，极大地降低成本，获取利润，但是企业组织的巨大化也存在间接成本增加，费用高的风险。

二、专业型配送中心经营策略——系统化物流

专业型配送中心大体上有两个含义：一是配送对象、配送技术，是属于某一

专业范畴，在某一专业范畴有一定的综合性，综合某一专业的多种物资进行配送。例如多数制造业的销售配送中心，我国目前在石家庄、上海等地建的配送中心大多采用这一形式。二是以配送为专业化职能，基本不从事经营的服务型配送中心，如美国的马特公司配送中心。

专业型配送中心专业化程度高，但服务范围相对较窄的企业。此类企业依托自身资源优势，对于市场需求变化采取特定市场系统化物流的策略，通过限定服务对象、细分市场、突出物流服务特色追求企业的效益。例如以拓展铁路货运市场为目标的中铁快运和以拓展航空货运为目标的中国国际航空公司等企业以特定货物为对象构建特定的运输系统，实施系统化物流服务。通过推进货物的分拣、追踪系统，提供高效、迅速的输送服务，同时从集货到送达等物流活动全部由物流企业承担，实现一体化的服务。一般专业型物流企业在不断拓展市场深度的同时，活用既存经营资源，实施多角化战略，分散对特定市场依存的风险。

三、代理型配送中心经营策略——柔性化物流

与专业型相对的是代理型物流企业，其本身没有足够的固定资产，但仍承接物流业务，借助外界力量完成整个物流过程。这种配送中心不向固定化、专业化方向发展，而向能随时变化、对用户要求有很强的适应性、不固定产需关系、不断向前发展配送用户和改变配送用户的方向发展。货运代理或小型的运输、仓储企业转型组建的配送中心多属于此类。由于本身不拥有资源，因而其根据客户不同要求租用适当的设施、设备完成业务，也有代理型企业选择适合的其他物流企业将物流业务再次外包，自己只进行沟通、整合的工作，这种虚拟经营的模式可以提供灵活的、柔性的物流配送服务。由于灵活多变，可以为客户提供个性化的物流配送服务，并且物流成本相对较小，代理型配送中心具有相当广阔的物流市场。但是由于不具有资产，可能产生物流服务不稳定，代理型企业一般具有有效的物流流程管理体系、完善的信息系统以及良好的企业间的关系。

四、缝隙型配送中心经营战略——差别化、低成本物流

对于经营资源数量少，服务范围狭小的缝隙型配送中心，一般选择在局部领域差别化、低成本的经营策略，以求得生存与发展。对于提供单一服务的运输、仓储的小型企业，通过加强内部管理降低物流成本，实行弹性化的价格策略来吸引客户。如配送业务选择配送时间段报价和根据配送货物的批量和配送距离的动态报价相结合的方法。配送业务突出特色，实施方便客户的差别化服务也收到了很好的效果，超市配送加上商品上架、店内清扫、理货等服务。另外高效的商品多频次、少批量配送也是配送差别化的典型代表。缝隙型配送中心为方便人们的日常生活起到了很大的作用。

第三节　配送中心的服务策略

一、配送中心服务的含义及作用

物流本身就是一种服务性活动，而运输、配送是物流功能的核心，特别是配送，它是多种物流功能的整合，所以物流服务性在配送活动中体现得最为充分。

配送服务分为基本服务和增值服务，其中基本服务是配送主体据以建立基本业务关系的客户服务方案，所有的客户在一定层次上予以同等对待；增值服务则是针对特定客户提供的特定服务，它是超出基本服务范围的附加服务。

服务是一类活动，是一种活动过程，它以必要的成本为顾客提供一定的效用价值。服务是有成本的，而且服务的成本与服务水准成正相关关系。如果某厂商愿意承担必要的资源，那么几乎任何水平的物流服务都是能达到的从当今的物流环境看，物流服务的限制主要因素不是技术，而是经济。高水平的物流服务可以形成物流服务优势或物流优势，但成本很高。所以归根结底，物流服务是服务优势和服务成本的一种平衡。服务不是越高越好，而是以用户满意为目标。但是，不同用户对服务水平的要求是不一样的，我们把支持大多数顾客从事正常生产经营和正常生活服务称为基本服务，而把针对具体用户进行的独特的、超出基本服务范围的服务称作增值服务。

配送基本服务要求配送系统具有一定的基本能力，这种能力是配送主体向用户承诺的基础，也是用户选择配送主体的依据。配送需要一定的物质条件，包括配送中心、配送网络、运输车辆、装卸搬运设备、流通加工能力、计算机信息系统以及组织管理能力。配送基本能力是这些设施、设备、网点及管理能力的综合表现，是形成物流企业竞争优势的基础。每个承担配送业务的物流企业，都应该创造条件，形成这种能力。

配送中心的增值服务具有以下作用：

1. 增加便利性

一切能够简化手续、简化操作的服务都是增值性服务。

2. 加快反应速度

快速反应已经成为物流发展的动力之一。传统的观点和做法是提高运输工具的速度或采用快速的运输方式，提高运输速度，但在需求方绝对速度的要求越来越高的情况下，由于运输速度的极限，使得运输速度限制也变成了一种约束。因此，必须想其他的办法来提高速度。现代物流的做法是优化配送系统结构和重组业务流程，重新设计适合客户的流通渠道，以此来减少物流环节，简化物流过程，提高物流系统的快速反应能力。

3. 降低物流成本

通过配送增值物流服务，可以寻找能够降低物流成本的物流解决方案。考虑的方案包括：采取共同配送，提高规模效益；实施准时制配送，降低库存费用；进行原材料、零部件与产成品的双向配送；提高运输工具的利用率。

4. 业务延伸

业务延伸是向配送或物流以外的功能延伸。向上延伸到市场调查与预测、采购及订单管理；向下延伸到物流咨询、物流系统设计、物流方案的规划与选择、库存控制决策建议、货款回收与结算、教育与培训等。

二、配送中心服务的内容

（一）配送基本服务

1. 采购服务

配送中心必须首先采购所要供应的商品，才能及时、准确地满足用户需求。配送中心应根据市场的供求变化情况，制定出科学、合理的采购计划，在制定计划时，要努力降低采购集货风险，制定合理的采购批量，由专门人员与部门组织实施计划。

2. 存货控制服务

存货量对配送中心的成本有很大的影响，但物流中心为了保持一定的客户服务水平，需要一定数量的存货。存货过高，会造成资金积压和物流成本的上升；而存货过低，会影响配送中心的客户服务水平，进而影响其竞争力。所以，物流中心必须在充分掌握客户信息的基础上，作出准确预测，严格控制存货水平。

3. 组配服务

由于每个用户企业对商品的品种、规格、数量、质量、送达时间和地点等的要求不同，配送中心就必须按用户的要求对物品进行拣选和配货。物品的组配功能是配送中心实现价值的重要功能。这是因为通过物品组配，可以减少单位物品的运输费用，减少单位品种订货成本，降低客户订货批量的限制，从而降低客户存货成本。

4. 拣选服务

拣选功能是按照客户订单要求对物品进行挑选，并放到指定地点的过程。通过拣选满足客户所需物品的数量。同时由于配送中心面对广泛的用户且用户之间存在差异性，因此，对所需货物进行规模性分离、拣选，从而满足客户订单品种及数量要求。

5. 运输服务

配送中心需要自己拥有或租赁一定规模的运输工具，具有竞争优势的配送中心不只是一个点，而是一个覆盖全国的网络，因此，配送中心首先应该负责为客户选择满足客户需要的运输方式，然后具体组织网络内部的运输作业，在规定的时间内将客户的商品运抵目的地，除了在交货点交货需要客户配合外，整个运输过程，包括最后的市内配送都应由配送中心负责组织，以尽可能方便客户。

6. 储存服务

配送中心需要有仓储设施，但客户需要的不是在配送中心储存商品，而是要通过仓储保证市场分销活动的开展，同时尽可能降低库存占压的资金，减少储存成本。因此，公共型配送中心需要配备高效率的分拣、传送、储存、拣选设备。

7. 装卸搬运服务

这是为了加快商品在配送中心的流通速度必须具备的功能，公共型的配送中心应该配备专业化的装载、卸载、提升、运送、码垛等装卸搬运机械，以提高装卸搬运作业效率，减少作业对商品造成的破损。

8. 包装功能

配送中心的包装作业目的不是要改变商品的销售包装，而在于通过对销售包装进行组合、拼配、加固，形成适于物流和配送的组合包装单元。

9. 流通加工服务

主要目的是方便生产或销售，公共配送中心常常与固定的制造商或分销商进行长期合作，为制造商或分销商完成一定的加工作业。配送中心必须具备的加工职能有贴标签、制作并粘贴条形码等。

10. 物流信息处理服务

由于配送中心现在已经离不开计算机，因此将各个物流环节各种物流作业的信息进行实时采集、分析、传递，并向货主提供各种作业明细信息及咨询信息，这是相当重要的。

（二）配送增值服务

1. 结算服务

配送中心的结算功能是配送中心对物流功能的一种延伸，配送中心的结算不仅仅只是物流费用的结算，在从事代理、配送的情况下，配送中心还要替货主向收货人结算货款等。

2. 需求预测服务

自用型配送中心经常负责根据配送中心商品进货、出货信息来预测未来一段时间内的商品进出库量，进而预测市场对商品的需求。

3. 物流系统设计咨询功能

公共型物流中心要充当货主的物流专家，因而必须为货主设计物流系统，代替货主选择和评价运输商、仓储商及其他物流服务供应商。国内有些专业物流公司正在进行这项尝试，这是一项增加服务价值、增加公共物流中心的竞争力的服务。

4. 物流教育与培训服务

配送中心的运作需要货主的支持与理解，通过向货主提供物流培训服务，可以培养货主与配送中心经营管理者的认同感，可以提高货主的物流管理水平，可以将配送中心经营管理者的要求传达给货主，也便于确立物流作业标准。

随着信息技术在世界范围的普遍应用，物流成为制约商品流通的真正瓶颈。现代配送中心应该更多地考虑如何提供增值性物流服务，这些增值性物流服务是配送中心基本功能的合理延伸，其作用主要是加快物流过程，降低物流成本，提高物流作业效率，增加物流的透明度等。

三、配送中心的具体服务策略

配送中心的服务策略是配送中心获取利润的方式，配送中心可选择的服务策略很多。这里仅介绍配送中心的增值服务策略。

1. 以顾客为核心的增值服务

这种增值服务向买卖双方提供利用第三方专业人员来配送产品的各种可供选择的方式，指的是处理客户向供应商的订货，直接送货到商店或客户家，以及按照零售店货架储备所需的明细货品规格持续提供配送服务。例如，日本大和公司为了在激烈的市场竞争中形成自己的竞争优势，开创了具有独创性的"宅急便"服务，包括百货店的进货和对家庭顾客的配送、通讯销售业者的无店铺销售支援系统、产地生产者的直接配送、专业店的订货配送、书刊杂志的家庭配送等，使"宅急便"成为多样化、小批量且定制化服务时代企业和家庭用户必不可少的物流服务。武汉物资储运总公司承担了福州、厦门一些陶瓷生产企业向武汉汉西建材市场经销商配送瓷砖的运输和配送业务，除此之外，还为陶瓷生产企业提供代收货款的业务，公司开发的计算机信息系统中还专门设计了这一代收货款的功能。

2. 以促销为核心的增值服务

以促销为核心的增值服务旨在为用户提供有利于用户营销活动的服务。物流提供者服务的对象通常是生产企业或经销商，配送增值服务是在为他们提供配送服务的同时，增加更多有利于促销的物流支持。例如，为配送商品贴标签，为储存的产品样品提供特别的介绍，为促销活动中的礼品和奖励商品设置专门的系统进行处理和托运等。保加利亚索菲亚服装配送中心，建有可保管众多服装制造企业的各种服装自动化仓库，附设了样品陈列室、批发洽谈室等。客户在陈列室看好样品，在洽谈室订好货后，配送中心就准时地把所需服装送达客户。

3. 以制造为核心地增值服务

以制造为核心的增值服务旨在为用户提供有利于生产制造的特殊服务,以制造为核心的增值服务实际是生产过程的后向或前向延伸，使通过配送为生产企业提供的原材料、燃料、零部件进入生产消耗过程时，尽可能减少准备活动和准备时间。例如，玻璃套裁、金属剪切、木材初加工等均属于这类增值服务。位于武汉经济开发区为神龙公司提供物流服务的物流公司，在为神龙公司配送零部件时，零部件进入神龙公司总装之前即拆除包装箱，并负责将这些包装箱回收。这不仅减少了汽车总装厂的生产准备活动，也净化厂现场环境，提高了生产效率。

4. 以时间为核心的增值服务

在当今的市场竞争中，时间已成为获取竞争优势的关键。以时间为核心的增值服务，其主要特征就是要消除不必要的仓库设施和重复劳动，以期最大限度地提高服务速度。

以时间为核心的增值服务涉及使用专业人员在递送以前对存货进行分类、组合和排序。现阶段，较为流行的一种形式就是准时制（JIT）供给仓库，在准时制的概念下，供应商向位于装配工厂附近的 JIT 供给仓库进行日常的配送，一旦某时某地产生了需要，供给仓库就会对多家卖主的零部件进行精确的分类、排序，然后配送到装配线上去。其目的是要在总量上最低限度地减少在装配工厂的搬运次数和检验次数。例如，Exel 公司的仓库把食品制造商的产品混合起来，按 Shaw 公司的零售食品店的要求进行精确分类，使制造商和 Shaw 公司都排除或避免了大量的库存。而美国俄亥俄州马里斯维本丰田公司也是使用这类 JIT 服务来支持其装配线的。

练 习 题

1. 简述配送中心市场定位的步骤。
2. 配送中心市场定位应采取什么策略？
3. 什么是柔性化物流？
4. 试述配送中心服务的内容和策略。

案 例 分 析

中外运为摩托罗拉提供的物流服务

中外运空运公司是中国外运集团所属的全资子公司，华北空运天津公司是华北地区具有较高声誉的大型国际、国内航空货运代理企业之一，下面是中外运空运公司（简称中外运）为摩托罗拉公司提供第三方物流服务的情况介绍。

一、摩托罗拉对物流服务要求和考核标准

1. 摩托罗拉公司的服务要求

一是要提供 24 小时的全天候准时服务。主要包括: 保证摩托罗拉公司中外业务人员、天津机场、北京机场两个办事处及双方有负责人通讯联络 24 小时畅通; 保证运输车辆 24 小时运转; 保证天津与北京机场办事处 24 小时提货、交货。

二是要求服务速度快。摩托罗拉公司对提货、操作、航班、派送都有明确的规定，时间以小时计算。

三是要求服务的安全系数高，要求对运输的全过程负全责，要保证航空公司及派送代理处理货物的各个节都不出问题，一旦某个环节出了问题，将由服务商承担责任，赔偿损失，而且当过失在到一定程度时，将被取消做业务的资格。

四是要求信息反馈快。要求公司的电脑与摩托罗拉公司联网，做到对货物的随时跟踪、查询、掌握货物运输的全过程。

五是要求服务项目多，根据摩托罗拉的公司货物流转的需要，通过发挥中外运系统的网络综合服务优势，提供包括出口运输、进口运输、国内空运、国内陆运、国际快递、国际海运和国内提货的派送等全方位的物流服务。

2. 摩托罗物质奖励公司选择中国运输代理企业的基本做法

首先，通过多种方式对备选的运输代理企业的资信、网络、业务能力等进行

周密的调查，并给初选的企业少量业务试运行，以实际考察这些企业服务的能力与质量，对不合格者，取消代理资格。

摩托罗拉公司对获得运输代理资格的企业进行严格的月度作业考评。主要考核内容包括运输周期，信息反馈、单证资料、财务结算、货物安全、客户投诉。

二、中外运空运公司的主要做法

1．制定科学规范的操作流程

摩托罗拉公司的货物具有科技含量高、货值高、产品更新换代快、运输风险大、货物周转以及仓储零库存的特点。为满足摩托罗拉公司的服务要求，中外运空运公司从 1996 年开始设计并不断完善业务操作规范，并纳入了公司的程序化管理。对所有业务操作都按照服务标准设定工作和管理程序进行，先后制定了出口、进口、国内空运、陆运、仓储、运输、信息查询、反馈等工作程序，每位员工、每个工作环节都按照设定的工作程序进行，使整个操作过程井然有序，提高了服务质量，减少了差错。

2．提供 24 小时的全天服务

针对客户 24 小时服务的需求，中外运实行全年 356 天的全天候工作制度，周六、周日（包括节假日）均视为正常工作日，厂家随时出货，做到随时有专人，专车提货和操作。在通信方面，相关人员从总经理到业务员实行 24 小时的通信畅通，保证了对各种突发性情况的迅速处理。

3．提供"门到门"的延伸服务

普通货物运输的标准一般是从机场到机场，由货主自己提货，而快件服务的标准是"门到门，桌到桌"，而且货物运输的全程在公司信息网络的监控之中，因此收费也较高。中外运对摩托罗拉公司的普通货物虽然是按普通货物标准收费的，但提供的却是"门到门"，库到库的快件的服务，这样既提高摩托罗拉的货物的运输及时，又保证了安全。

4．提供创新服务

中外运从货主的角度出发，推出新的更周到的服务项目，最大限度地减少货损，维护货主的信誉。

为保证摩托罗拉的公司的货物在运输中减少被盗，中外运在运输中间增加了打包，加固的环节，为防止货物被雨淋，中外运又增加了一项塑料袋包装，为保证急货按时送到货主手中。中外运还增加了手提货的运输方式，解决了客户的急、难的问题，让客户感到在最需要的时候，外运公司都能及时快速在帮助解决。

5. 充分发挥中外走马观花这的网络优势

经过近50年的建设、中外运在全国拥有了比较齐全的海、陆、空运输与仓储、码头设施，形成了遍布国内外的货运营销网络，这是中外发展物流服务的最大优势。通过中外运网络，在国内为摩托罗拉公司提供服务的网点已达 98 个城市，实现了提货、发运、对方派送全过程的定点定人，信息跟踪反馈，满足了客户的要求。

6. 对客户实行全程负责制

作为摩托罗拉公司的主要货运代理之一，中外运对运输的每一个环节负全责，即从货物由工厂提货到海，陆、空运输及国内外的异地配送等各个环节负全责。对于出现的问题，积极主动协助客户解决，并承担责任和赔偿损失，确保了货主的利益。

回顾中外运 6 年来为摩托罗拉公司的服务，从开始稀少的业务发展到面向全国服务，双方在共同的合作与发展中，建立了相互的信任和紧密的业务联系。在新的形势下，中外运和摩托罗拉正在探讨更加广泛和紧密的物流合作。

思考题

中外运公司为什么能够与摩托罗拉建立长期的合作关系？

第十一章　国内外配送中心的发展现状和趋势

学习目标与要求

　　了解美国、日本以及德国配送企业配送中心的成功案例，理解各国配送中心的差异；掌握第三方物流给我国配送中心带来的机遇和挑战，以及电子商务下的物流配送的发展。

第一节　国际配送中心的现状及发展趋势

一、美国配送中心的主要类型及其运作流程

　　美国的物流配送中心是 20 世纪六七十年代以来逐步发展形成的。众多的物流配送中心各具特色，但归纳起来主要有三种模式：一是特大型生产企业产供销一体化的配送中心；二是大型零售、连锁企业自有的配送中心；三是为广大中小型生产、零售企业服务的社会化物流配送中心。第三种模式又可分为两类，一类是没有商品所有权与经营权的纯"物流"中心，它主要是依托众多生产企业，根据生产企业的指令（订单）向零售企业配送商品；另一类是从事商品分销（代理）的配送中心，它主要依托零售企业，根据零售企业的订单组织订货与配送。

　　（一）干货物流公司 DSC

　　该公司成立于 1960 年，开始只是一家普通的仓储企业，从 1969 年起将各地的干货仓库改作运输和配送公司，并于 1981 年签订了第一份配送合同。从此，公司的配送中心及配送业务发展到全美国，公司名称也由原来的干货储存公司变更为干货物流公司。这从一个侧面反映出美国物流观念变化与物流业发展的轨迹。该公司现有 35 个配送中心，100 万米^{2}仓库，2000 名员工，每年配送商品在 540 万吨以上，是美国大型专业物流企业之一。公司的主要业务是将 300 多家工厂生产的商品配送给美国各地 7000 多家零售企业，其中 16 家工厂的商品由该公司独家配送。公司对配送的商品没有所有权与经营权，主要是为工厂服务，工厂汇总后通知公司送货，送给谁由工厂决定，具体送货时间由各配送中心与零售商协商确定。货款由零售商与工厂结算，配送中心向工厂收取相应的物流费用。所有环节包括存货、处理订单和配送商品都由以卫星通讯为载体的电脑网络跟踪控制。

该公司的 Melrose Park 配送中心，地处芝加哥西部的一个郊区，到附近的机场及三条高速公路只需几分钟，主要为美国中西部的零售商配送商品。该中心拥有一个占地 13 万米^{2}的立体仓库。仓库两侧有 342 个供卡车装卸货物的库门，有先进的安全控制及自动化喷淋系统，以及装有可视屏（电脑终端）的叉车，但没有自动分拣设施。通常的作业流程为：装满工厂货物的卡车从库房一侧卸货，然后根据商品的品类、生产厂家等资料，由工人刷涂该中心自编的仅供储存、发货之用的条形码，再用叉车送到指定的货架（由电脑终端给出）；接到配送货物的指令后，由人工拣选商品，送到库房的另一侧装入卡车。该中心负责人说，货物进出库最理想的情况是白天进晚上出，但实际上做不到。据统计，该中心储存的包装食品 1 年周转 12 次（即最多存放 30 天），储存的其他干货周转 7.5 次（即存放 49 天）。

（二）食品配送公司 Valley F.D.

它是一家具有批发（分销）功能的配送公司，在国内拥有 30 家配送中心，主要分布在东部地区，公司总部也设在东部，因此东部地区的配送中心由公司总部统一经营（统一采购、统一调度配送）。Valley F.D.所属的位于加州地区的一个配送中心，有占地 1 万米^{2}的立体仓库、38 辆运货卡车以及维修车间、加油站等，由于远离公司总部而实行独立经营，其主要业务是根据市场调查的情况从生产企业进货（买断或代理），再根据零售企业的订单组织商品配送，货款结算时间对工厂是 21～30 天，对零售企业是 7 天。该中心仓库内没有自动分拣设备，商品进出及储存也没有实行电脑管理，使用的叉车也是普通型，没有安装可视屏，从分拣至拣选都是手工操作，由工人现场手写代码，分区存放。该公司于 1996 年底实行电脑管理，达到前述干货公司的水平。

值得一提的是该中心货运卡车的管理。中心负责人说，卡车调度的原则是尽可能多得利用社会卡车，只有为了降低成本时才用自有卡车，中心的 38 辆卡车由专门机构统一调度使用，并且通过公共电脑网络与货主、专业运输公司、卡车协会等组织保持联系，及时沟通货源与卡车流向的信息，以保证卡车回程运输的货源，避免卡车空驶。

（三）沃尔玛连锁公司的配送中心

作为美国最大的连锁公司，沃尔玛在全美设有 30 个配送中心，这些配送中心只为公司所属的连锁店配送商品，不接受其他商店的订单，也不实行独立核算。连锁店铺将订单传递给邻近的配送中心，配送中心汇总后报公司总部，商品由公司总部向工厂统一采购，店铺将货款汇至总部，由总部与工厂结算，配送中心不负责货款结算。

沃尔玛连锁公司下属的 Potterville 配送中心，拥有 1.1 万米^{2}的立体仓库，位于加州地区，为周围 4 个州的 77 家店铺配送商品，每天进出库的商品达 15～20 万箱（件）。该中心的自动化设施齐备，除了公司总部与各配送中心以及配送中心内部实行电脑管理外，库房内从货物入库时的分拣、刷码到进入指定的货架，从订单处理、拣选商品、传送到指定的库房门待装卡车，全部是自动化操作。这是前述干货公司与食品配送公司所没有的，代表了目前美国物流管理的最高水平。

二、日本物流企业配送中心的类型及案例

（一）日本配送中心的类型与管理

日本随着连锁超市经营的快速发展，对社会化配送组织提出更高的要求，其发展趋势是系统内自建的配送中心逐步缩小，而商品配送社会化，物流设施共同享用、物流配送共同化日益明显，主要有以下三种运作类型：

1. 大型商业企业自设的配送中心

一般由资金雄厚的商业销售公司或连锁超市公司投资建设，主要为本系统内的零售店铺配送，同时也受理社会中小零售店的商品配送业务。配送的商品主要有食品、酒类、生鲜品、香烟、衣物、日用品等。

2. 批发商投资、小型零售商加盟组建的配送中心

为了与大型连锁超市公司竞争，由一些小型零售企业和连锁超市加盟合作、自愿组合而成，接受批发商投资建设配送中心的进货与配送。这种以批发商为龙头，由零售商加盟的配送中心，实际是商品的社会化配送。这样的配送形式，既可解决小型零售商因规模小、资金少而难以实现低成本经营的问题，也提高了批发商自身在市场的占有率，同时实现了物流设施充分利用的社会效益。

3. 物流企业接受委托，为连锁超市服务的配送中心

这种类型是物流企业在完成对本系统的店铺配送外，主要以大量的小型便利店或 7～11 个商店为配送对象，受其委托，相互之间以合同为约束手段，开展稳定的业务合作。

上述三种类型的配送中心，实际上不同程度地承担社会配送功能，并且还有进一步扩大配送范围的发展趋势。

（二）日产丰田汽车销售公司

日产丰田汽车销售公司是以自动化仓库为主体的配送中心，该中心占地 13 500 米^2、高 25 米，共有 15 个巷道、库存 37 674 个货位，保管由该工厂自己生产、包装好的汽车维修配件，并按订货要求发送到各用户。

三、德国物流企业配送中心的案例

（一）丽德公司仓库配送中心

位于内卡斯沃尔姆的丽德公司仓库配送中心，是德国丽德（Li Di）连锁店的仓库配送中心之一。丽德公司在每个地区都有这样一个仓库作为当地连锁店的配送中心，负责向所辖地区的连锁店配送食品。

该配送中心配送的食品，由丽德公司自制的占 40%，其余向专业食品厂订购。该中心在经济上实行独立核算，它的仓储面积为 7000 米 ^{2}，设有 9000 个货位，库存商品每年周转 20 次左右，每月出库商品金额达 2000 万马克，货损价值 3000 马克，货损率只有 0.05%。仓库内采用五层高架货仓，每个货位都有各自的编号，垂直的五层放置同样商品的集装单元托盘，其中最下面的一层是供配货使用，其他四层作为商品配货备用。全库由信息管理系统实行统一指挥，每天电脑显示需进的货、需进多少以及货物什么时间到达。由于食品的时效性强，电脑还出示一份报告，列出将要到保质期的商品名称及位置，提醒工作人员尽早出库。在进货时，电脑打印出标签，贴在集装单元托盘上，标签上有货位号、小包装数量及其他相关的信息。电脑通过库内及铲车上安装的红外线发射、接收装置等，通知负责货物进出库的职工，什么货在哪个库门进库，应放在什么位置；什么货在什么位置需要出库，出哪个库门，以及哪种配货商品已经用完，是从什么位置取下的应予以补充等。

丽德公司仓库配送中心的配货职工根据订单的要求进行配装，将货物集装单元放在指定的位置。配货职工每个工作日的基本工作量是 200 个小包装，但平均都能完成 1000 个小包装的配货量。该中心负责向 80 个食品店供货，每个食品店在报订单后 30 个小时内便可收到所需的商品。该中心还拥有自己的车队，其运量占总量的 70%，对一些单程运输的商品则委托其他专业运输公司或第三方物流企业去完成。

（二）维尔特公司配送中心

维尔特集团是一家物流配送私人公司，总部设在斯图加特。它建于 1945 年，目前在全球有 40 余家分公司，每家公司都有一个配送中心。

维尔特公司配送中心的主要特点：一是经营商品的种类较多，主要经营的商品有电子组件、各类五金、电动工具、粘合剂等；二是订购批量大，根据市场情况，从世界各地大批量订购各类型商品，其中从我国订购的有电动工具、五金等；三是重视本公司的形象宣传，按照客户对各种产品的需求订单，对订购来的产品重新包装并组配成各种包装单元，贴上该公司的商标送到客户手中；四是送达速度快，从客户发出订单，到货物运至客户手中，一般只需要 2 天时间，急件可在 36 小时内送到，且不另收费；五是自动化水平高，可以用机器人运输车运输的货物全都用机器人运输车来运输，这种机器人价值120万美元，其工作效率相当于8个工人的工作量，整进整出的集装单元托盘集中储存在五层高架的无人全自动库内，每小时可处理集装单元托盘52个，零散品种的运输全都通过有7公里长的传送带来完成，整个工作流程全都是在中央计算机指挥下进行的。该仓库有员工600余人，每天配7.5万种商品，每个配货的工作台每20分钟由电脑传送一份配货单，传送带根据电脑的指令将不同品种的商品送到需要该品种商品的配送员工的工作台前，配送员工依据配货单进行包装，并贴上客户的地址，传送到下道工序。货物配好后，公司的车队负责按时送到客户的手中。

四、配送中心发展的国际比较及启示

（一）配送中心的国际比较

在市场经济日益发展、消费品日趋丰富的今天，物流配送中心的建设与发展在我国已成为历史的必然。同时，由于物流业的经营活动可以为社会财富的积累提供"第三利润源"，国内外均对配送中心的建设和发展给予了高度重视。目前，世界上发达国家和我国配送中心的发展因各国国情的差异而各具特点，因此，进行国际比较研究，探索世界各国配送中心建设与发展的共性与个性，将有益于我国配送中心的发展。现运用比较分析法，对当今世界发达国家和中国的配送中心进行分析比较，归纳各国配送中心在产生原因、特色功能、网点布局、设施设备、管理特点和发展趋势等几个方面的特点，提出我国配送中心的发展建议。美国、日本、加拿大和我国上海、台湾配送中心的特点比较分析结果见表11-1。

表11-1 各国配送中心的特点比较

项目 \ 国家（地区）	日 本	美 国	加 拿 大	中 国 上 海	中 国 台 湾
产生原因	消费市场发达，多批次小批量，仓库周转加快，物流成本上升，城市交通阻塞，环境污染等				
特色功能	战略功能，控制功能，应变功能	客户服务功能	批发商、零售商服务功能		
网点布局	合理选址，规模适中，自动分拣，无线通信	立体仓库，环保设施，机械化与半自动化设备	大型单层、自动分拣、自动打包	立体货架高架叉车	中小规模，平房仓库，本土化设备
管理特点	网络管理，严格的规章制度	网络化信息处理系统、明确的服务范围和区域	电脑管理，条码技术	开发中的电脑管理与条码技术	结合本土特点吸收国外经验，重视人才培养
发展趋势	无纸化、无人化	全球化战略区域性贸易		多功能化、信息化、优质服务	从整合到聚集

1. 产生原因

从表 11-1 可以看出，尽管各国国情不同，但配送中心的产生原因却具有共性：随着商品消费市场的不断发达，仓储周转速度的逐渐加快，过去大批量的货物运输改为多批次少批量，以致造成物流成本上升、城市交通堵塞和环境污染等一些问题，为此需采取"配送中心"这种新型高效率的物流活动方式。

该分析结果对我国配送中心的建设和发展特别具有参考意义。这主要是因为我国各地经济发展水平参差不齐，配送中心的经营环境也不一致，有些地区还不具备建设配送中心的条件，但根据该分析结果可以推定：一旦上述情况出现，就可以考虑配送中心的建立问题。

2. 配送中心的特色功能

通常，配送中心应具备的基本功能为：进货和商检功能、保管和库存控制功能、受理订货功能、出库（分拣、配货、包装）功能、流通加工功能、送货功能、信息处理功能。

从上表可见，发达国家的配送中心除具备基本功能外，为了适应各自的需求特点，还特设了其他专项功能。

日本配送中心的主要特色功能如下：

1）强化供货枢纽的战略功能。例如，提高商品质量，增加花色品种，增加供货频率等。

2）控制物流成本的功能。例如，将广大中小企业组织起来，推进综合物流管理等。

3）增强配送中心的应变能力。配送中心的物流量需随经营规模的发展不断变化，因此确保在较长一段时间内物流中心能满足企业发展需要的应变能力，在日本受到充分重视。

美国配送中心的特色功能是顾客服务功能，即对客户提出的各种要求都考虑提供令人满意的服务。例如，有的配送中心一开始提供的是区域性服务，即在一个城市的范围内提供服务。但发展到现在，它已能提供长距离的服务，而且能提供越来越多的服务项目。

加拿大配送中心的特色功能是为批发商和零售商服务。

然而，我国的配送中心却只具有基本功能。中国的配送中心要适应市场经济的发展和消费水平的提高及变化，必须在完善配送中心基本功能的基础上，发展适合我国国情的特色功能，以建设具有中国特色的配送中心。

3. 网点布局和设施设备

日本、美国、加拿大等发达国家的配送中心在网点布局、设施设备方面各有优势，其中有很多可以为我国借鉴的经验。

日本的配送中心大都选址合理，规模适中，并采用先进的自动分拣系统和无线通信设备。日本的配送中心多选在商业经营中心附近，尽量靠近公路、海港，以便能迅速调运商品。为了减少车辆进出配送中心的噪音污染，配送中心一般设在工业区域及专用区域内。此外，日本的配送中心还根据需要，采用适应不同商品特点的适度集中与分散的规模；其先进的自动分拣系统和无线电设备则节约了大量劳动成本，并保证提供优质商品。

美国主要采用立体仓库以节约地价支出；配送中心的设施设备大都是机械化、半自动化的，并不盲目采用全自动设备；同时，还注意采用环保型设施设备，例如使用蓄电池叉车以减少环境污染。

加拿大因为地域广阔、人口密度较低，故大都采用大型单层仓库，并具有自动分拣、自动打包等先进设备设施。

我国台湾地区的配送中心多为中小规模、平房仓库，并采用适合本地区特点的设施设备。

与发达国家和台湾地区相比，上海无论在网点布局和设施设备方面还都存在很大差距。尽管目前上海也采用了立体仓库、高架叉车等较先进的设备，但要向台湾地区学习，不要盲目追求高（立体仓库）、大（规模）、洋（设备），而是要结合国情以及各地区的物流需求特点，借鉴发达国家和地区的先进经验，加强配送中心选址、布局的合理化，逐步实现设备的自动化和现代化。

4. 配送中心的管理特点

在这方面，日本、加拿大、美国有着共同的特点，即均实现了比较成熟的电脑网络化管理，不但使商品配送及时准确，保证商品流通经营活动的正常运转，还可节约劳动力成本。

此外，日本特别实行了严格的规章制度，使物流作业准确有序地进行，真正体现了优质服务。而美国则实行明确的服务范围和区域，更高效、更准确地为客户服务。

中国台湾地区创造了自己的"本土化物流"。他们认为"自动化"不是万灵丹，单纯地引进技术和日本的那一套，而是融合这些国家实现物流现代化的经验，科技含量相当高；不求千篇一律，而是根据自己的需求出发，缺什么就充实什么。另外，台湾地区还非常重视物流人才的培养，他们认为物流现代化不仅在于逐步实现物流设施的现代化，更重要的在于人才素质的提高。

我国大陆配送中心的发展刚刚起步，总体水平比较低，硬件软件都比较落后。为了弥补这一不足，大陆应学习台湾地区，结合我国国情，吸取国外的先进技术和管理经验，同时注重物流人才培养，提高我国物流队伍的素质。

5. 各国配送中心的发展趋势

日本的物流业借助高新技术的介入，目前正在发生一场静悄悄的革命：电脑的普遍使用和自动化分拣系统、无人驾驶叉车等，构成了日本物流业的无纸化和无人化的发展趋势；把物流配送和自动化、计算机化结合在一起，是日本物流业发展的新方向。

美国以其雄厚的经济实力和物流理论方面的专长，目前正在策划物流的全球化战略，并且在不同地区形成了以美国为中心的自由贸易区。

目前，我国台湾地区的发展趋势为从整合到聚集，其物流界人士认为，过去企业营运的策略，可分为发展与联合等阶段。在初期是凭靠自己的力量与外部竞争，在发展的阶段是通过互助合作与其他企业竞争，在联合的阶段是通过资源共享的结盟来与其他企业竞争，也就是使自己的竞争对手通过聚集成为自己的一部分。

我国大陆配送中心的建设和发展，要从社会经济发展和商品物流的全局出发，以稳定、丰富、优质的货源供应为基础，贯彻合理化、系统化、标准化、现代化的发展战略，逐步实现配送中心的多功能化、信息化和优质服务。

(二) 发达国家和地区发展配送中心对我国的启示

1. 美国物流配送业的发展给我们的启示

1）要从现代供应链的角度全面认识物流配送的作用，同时发展生活资料的配送与生产资料配送。现代供应链以原材料供应为起点，以商品送达消费者为终点，物流的作用贯穿全过程，这中间既包括生产资料配送，也包括产成品配送。20世纪90年代初，我国原物资部、商业部分别推动生产资料与生活资料配送工作。近年来随着连锁商业的发展，商品配送开始引起重视，主要发展了连锁企业内部的配送中心。从美国的情况看，原材料与商品都在搞配送，并且商品配送主要由第三方进行。国家有关主管部门应该将生活资料配送制与生产资料配送制放在同等重要的位置，统筹兼顾，采取得力措施同时推进。

2）要从建立健全社会主义市场经济条件下商品流通体系的要求出发，认清发展商品物流配送中心的战略意义，推动社会化物流配送中心的建设。从美国的情况看，多数商品流通通过独立的"批发一配送"企业即社会化的物流配送中心完成。大型连锁企业有自己的配送中心，而中小型生产、零售企业的商品由社会化配送中心配送。我们的连锁企业应该走出认识误区，避免"小而全"；流通主管部门应该将发展商品物流配送中心作为商品流通改革、搞活国有商业企业、重振国有商业雄风、建立健全新的商品流通体系的一件大事来抓，调整现有流通企业的组织结构与经营结构，充分发挥现有批发、储运企业的作用，盘活存量资产，发展社会化的物流配送中心。

3）要从市场需要出发，找准企业定位，发展完善商品代理与配送功能，逐步实现传统储运业向现代物流业、传统批发业向现代批发业的转变。美国社会化物流配送中心的模式主要有两种，一种是依托生产企业、不具有批发职能的物流配送中心；一种是主要依托零售企业、具有批发职能的物流配送中心。不论何种模式，与传统的储运、批发企业相比，都具有几个重要特征：一是根据市场和零售商的订单组织采购与配送，商店需要什么就送什么；二是与生产、零售企业的关系日趋稳定化，有长期配送契约；三是服务周到、系统、经济，为生产与零售企业节约成本；四是众多配送中心组成一个完善网络体系，具有整体优势与规模效益。我国传统储运、批发企业要向现代配送中心转变，就必须在这四个方面下工夫，从自身条件与市场需求出发，逐步发展。

4）要从我国生产力水平的实际出发，逐步实现物流管理与技术的现代化。像美国这样的发达国家，物流管理与技术也不都是自动化，我国流通企业就更不宜盲目追求先进的洋设备。我国现有储运、批发企业要首先立足于现有设施，在完善功能、发展稳定与生产、零售企业关系、逐步开展商品代理配送业务的基础上，根据需要逐步配套建设相应设施。有条件的企业可首先考虑发展电脑网络化管理，将企业内部管理及与生产、零售企业的信息传递纳入电脑网络；需要新建仓库的，不宜再建一般的平房仓和楼房仓，应该建设 10 米左右高的立体仓库；装备自动化的分拣设施要慎之又慎。

2. 日本物流配送业的管理特点及给我们的启示

日本的配送中心由于实现较为成熟的电脑管理，建立严格的规章制度和配备比较先进的物流设施，确保商品配送过程的准确、及时，真正起到了降低流通成本，加速流转速度，提高经济效益的作用。其管理特点如下。

1）普遍实现电脑网络管理，使商品配送及时准确，保证经营正常运行。由于采用计算机联网订货、记账、分拣、配货等，使得整个物流过程衔接紧密、准确、合理，零售商店的货架存量压缩到最小限度，且缺货率低，要货周期短，给企业带来了可观的经济效益。

2）严格的规章制度使商品配送作业准确有序地进行，真正体现了优质服务。一整套严格的规章制度使配送中心的各个环节作业安排严格按规定时间完成，一般保鲜程度要求高的食品今天订货明天送到；其他如香烟、可乐、百货等，今天订货后天送到。如送货途中因意外不能准时到达，必须马上与总部联系，总部采取紧急措施，确保履行合同。

3）先进的物流设施，节约了劳动力成本，并保证提供优质的商品。日本配送中心的物流设施都比较先进，一是自动化程度高，节约人力；二是对冷藏保鲜控制温度要求高，保证商品新鲜。收货发货按相应电钮，电脑会自动记录，并将信息分别送至统计、结算、配车等有关部门。温控高架仓库的冷冻库和冷藏库设计科学合理，钢制货架底座设有可移动的轨道，使用方便，大大提高了冷库面积的利用率。此外，送货冷藏车可同时容纳三种需不同温度要求的商品，并在整个物流过程都能控制温度。

3. 德国配送中心经营情况给我们的启示

加快物流企业配送中心的建设是提高物流业经济效益的有效途径。随着贸易的全球化，需要组织实施全球化物流，有时需要全球性的采购和配送，从客观上要求必须加快物流企业配送中心的建设，提高其组织化程度。德国一些物流企业不断提高物流组织化程度和水平，应用物流设施技术，细化物流管理与分工，从而推动了企业不断发展。

现代物流管理与配送技术是提高物流企业经济效益和物流组织化程度的基本手段。现代物流离不开电脑、网络等技术的支撑。因此，物流信息管理系统及网络化建设是企业技术改革的核心。德国企业在高新技术的应用与推广方面，促进了物流业组织化程度的提高和作业过程的优化，从而降低库存，节约了开支和物流成本，实现准确、合理、有效的配送。

物流企业的配送中心发展不应固定一种模式。德国物流企业是国有与私有、专一性商品配送企业与综合性商品配送企业并存，这样，有助于企业优势互补，共同促进物流业的发展。

第二节　我国配送中心的现状

一、传统物流业的现状

（一）仓储业举步维艰

长期以来，在我国国民经济宏观调控中，仓储领域的建设发展缺乏长期战略，形成了多系统、多部门各据一方的局面，造成了无规则、重复建设的现象，不仅造成了社会资源的巨大浪费，而且建设的仓库在整体布局上明显不合理，隶属于不同部门、不同企业的仓库都不大，相互间也难以有效调节，仓库整体利用率都低。

有关资料表明，在仓库定额上，日本每平方米储存商品 1.37 吨，而我国日用品每平方米仅 0.8 吨，实际使用指标还低。另外，仓储隶属多头、布局分散，也造成社会产品在流通领域各储存环节大量积存，因此形成社会流动资金的严重占压，引致银行沉重的利息包袱，压垮了相当数量的生产、批发企业。多家储存在人力、物力上的浪费更是难以估计。

我国使用的仓库，多为平房仓库、半地下室仓库以及露天仓库。这些仓库不仅占地面积大、土地资源浪费严重，而且由于采用的多是简易的垛式堆码，给保管和养护带来诸多不便，加上仓储管理水平低、专业技术人员少、技术落后等原因，在库商品因挤压、霉腐、过期等，而损失严重。

以现代化、自动化为特征的配送中心，以其及时、准确、稳妥、高效的配送，从其诞生之初就担负起了这样的使命：提高生产资料、生活资料的保证程度，减少生产企业和流通企业对于库存的需求，以谋求最大限度地降低社会总库存并使之趋于最低化，减少存储环节的损耗和损失。实践证明，专业化、社会化配送中心的建立，对于传统仓储业来说，将是一次彻底的革命。

（二）运输业好事多磨

作为物流业的另一支柱的运输业，在我国也同仓储业一样，历尽坎坷。宏观上的轻视、失控，形成了运输业的诸侯割据局面。各系统、各部门相互独立，自成体系，造成商品运输批量小、待运期长，运输设备利用率低，运力浪费严重。在铁路、水路、公路等运输方式之间，同样存在着相互分离、自成体系的问题。目前普遍存在运输环节多、商品在途时间长、承托运手续繁杂、占压资金多、装卸搬运环节多、商品损失严重、运输费用偏高等问题。

从城市交通的角度来看，全国各大中城市交通越来越拥挤，因此，开展广泛的社会化配送业务，不失为明智之举。配送中心的合理规划、发展，则是保证配送合理、高效的根本前提。

二、配送中心的展望

我国未来的配送发展总的趋势是社会化、专业化，并且配送中心的布局上也将形成区域性布局的发展趋势，这种发展趋势将在很大程度上促进中国流通领域的物流走向合理化，也将在很大程度上影响制造商和各级供货商的销售体制和物流线路、业务流程的调整，特别是现代化、社会化的配送中心的建立，必将在我国物流管理方面起到示范和促进作用，并推动我国流通业的发展和生产企业竞争力的提升。从长远看，我们物流配送发展前景是非常可观的。

从近期来看，尽管存在上述问题的制约，难以迅速发展，但在一些产业领域中将会保持良好的发展进程与势头，主要在以下领域：第一，在外资企业中，发展物流和配送的市场要求仍将保持快速发展的势头；第二，在市场竞争中规模逐步扩大的民族优势企业，发展物流和配送的市场要求开始萌芽并快速成长；第三，以中小型零售企业为服务对象的社会化物流配送中心和正在快速发展的连锁商业企业内部的物流配送事业开始起步并进入规范发展阶段。

从整个国际物流的发展来看，经历了以企业自我服务为中心的企业内资源的节约和优化配置的过程，政府、零售业、批发业以及生产厂家积极投身于实现物流共同化，推动共同配送之中。基于这一设想，大型的专业化、社会化、国际化商品配送中心将是配送中心发展的必然趋势。

短期内商品配送中心将朝着以下几个方向发展：

1）企业集团内部配送中心将会在激烈的市场竞争中优胜劣汰。大量的规模小、设施欠缺、技术与管理较差的配送中心,在为企业内部实施商品配送的过程中,不能体现价格、质量、服务水平等方面的优势,必然走向消亡;少数大型的、具有较高组织化程度和现代化水平的企业配送中心,将通过其规模优势的充分发挥,不断得以发展和完善,最终部分或完全走向社会化。

2)专业批发企业、储运企业发展建设的配送中心由于其一开始就面向社会,开展全方位的共同配送,同时在设施、技术和管理方面都有着明显的优势,从而易于开拓市场,提高并巩固其配送商品的市场占有率,并通过扩大代理权,实现契约化配送,逐步走向规范化、专业化;但也会有一部分因为市场定位错误或经营管理不善而解体。

3)多个系统、企业乃至地区各自的商品配送中心,从突破自身制约条件、维持和开拓市场、最大限度地创造效益和获得发展的思路出发,携起手来,开展交叉配送;或者多个系统、企业或地区联合共建配送中心,实现集约化配送,"以市场换市场",优势互补,资源共享,最终构造出辐射全社会的配送网络,形成"物畅其流"的世界。

三、第三方物流为配送中心带来新的机遇和挑战

目前我国的物流还处于起步阶段,随着物流业在我国经济中的地位日益提高,我国发展物流业也成当务之急。第三方物流概念的出现,为生产经营者提供了开放的、良好的物流服务体系,也为配送中心提供了新的发展机遇,即通过物流活动的管理和组织,将物流服务作为一种资源,提供给需要的企业。

（一）第三方物流概念给配送中心带来新的机遇

1. 物流需求的产生为配送中心的发展提供了机会

企业的物流服务需求是配送中心提供物流服务的基础。业务外包等管理概念的应用,会使更多企业接收和应用第三方物流。过去,流通企业不直接进行贸易活动,与生产经营企业共同分享商品利润,容易与生产经营企业产生利益矛盾。一旦条件允许,生产经营企业就跳过流通企业直接进行交易。表面上看,生产经营企业可从中收回一部分利润,实际上这些企业付出的物流成本之高难以计算。第三方物流的出现,是企业从大而全的误区中解脱出来,寻求专业化的第三方物流企业来管理其物流活动,由此产生了物流服务需求。配送中心以其专业化的管理、优良的设施设备、高效的服务,成为提供需求的首选企业。

2. 高品质的物流服务为配送中心带来更多的机遇

当生产经营企业产生物流服务需求时,配送中心应迅速准确地提供物流的设计、管理、组织、协调、实施、沟通等第三方物流服务。此时配送中心与生产经

营企业共同分享的乃是第三方物流服务带来的物流成本节约的一部分，易与生产企业达成共识和合作，而良好的共识和合作则是形成供应链高效工作的首要条件。满意的物流服务供给，会促进更多物流需求的产生，这是一个良性循环的过程。

3. 信息技术的应用将为第三方物流提供良好的发展环境

作为第三方，需与委托方和相关方面保持密切联系，共享需求和物流信息，高科技信息技术的广泛应用为其打下了良好的工作基础。供应链理论的推广，使接受物流服务的各方都认识到第三方物流带来的好处，同时认识到协调和合作的重要性，支持第三方物流的发展。

（二）配送中心面临的挑战

作为物流服务的提供者，配送中心面临着巨大的挑战。

1）在思想上，与第三方物流概念还存在着一定的差距。以往的物流，主要强调通过内部信息的利用和共享，达成高效的物流，赚取利润。而第三方物流，则更强调提供最有利于用户的服务，强调与供应链中其他成员的联系和合作，认为第三方物流企业的利润来自于委托物流成本节约的一部分，两者间的利益是一致的。目前大多数物流企业还没有形成这样的管理策略，在认识上还没有意识到第三方物流或合同制物流应该成为企业生存和发展的基石。同时，生产经营企业的管理人员也没有充分认识到业务外包管理策略对于改善其物流体系、提高其竞争力的重要意义。

2）在人员素质上，物流业将朝着信息化、自动化、网络化的方向发展，第三方物流是高新技术支持下的管理策略，它要求物流工作人员掌握计算机知识、网络知识、自动化技术，掌握物流优化管理的理论和方法。但是，目前我国的物流企业工作人员的业务素质较低，难以达到第三方物流概念要求的提供综合物流业务的要求。

3）在硬件设施设备方面，我国配送中心的设施设备普遍比较落后，未达到第三方物流的条件，智能化、自动化仓库较少，尤其是自动化技术和计算机网络技术，还不能保证随时随地的资产可见，也不能形成对物流服务需求全面及时地了解，难以达到对物流过程合理、有效的控制，难以满足货主企业的要求。

4）在管理水平上，第三方物流不但对物流企业自身的管理能力有很高的要求，还要求企业有在复杂情况下的管理和协调能力。而我国的很多企业还停留在经验管理、粗放管理阶段，未能解决好先进管理思想、管理方法、管理技术的实际应用问题；另一方面，由于技术、设备等条件的落后，致使管理水平难以上台阶。

5）信息技术上，第三方物流要求能及时获取各成员的信息，适时和适量的安排供应和存货。我国的网络普及情况较差，EDI 技术还很落后，难以实现不同计算机系统之间数据的传递和交换，影响配送中心与用户各方的沟通和协作，阻碍物流服务质量的提高。

（三）应用第三方物流概念发展我国配送中心的策略

综上所述，为了加快我国配送中心向第三方物流基地转化，拓展物流服务市场需求，应从以下几个方面着手准备应对策略。

1）加强配送中心是提供第三方物流服务的物流基地的认识，要求配送中心以建立供应链为目的，并以供应链其他成员的利益为出发点，从供应链的角度理解和管理物流。同时，积极加大物流意识，特别是第三方物流概念的宣传普及工作，让更多的生产经营者理解"第三方物流"、"合同制物流"，力戒"外部资源"的管理策略，刺激第三方物流的市场需求。

2）加强对专业物流人员的专业知识的培训，培养他们对信息技术等高科技信息知识的学习、掌握和运用的能力，为将来的物流现代化打下坚实的人才基础。

3）作为连接供应和消费方面的枢纽，要求配送中心必须具备先进的自动化设备。这些设备应该从配送中心延伸到供应链的末端，除了传统的物流自动化技术以外，要加强对物流过程资产可见性系统的研究、开发和利用。

4）在物流管理活动中，要破除旧的管理思想的束缚，加强高科技在管理实践中的运用，增强物流活动的可控性，切实提高物流管理水平。

5）在信息化技术上，加强配送中心的信息网络建设、管理信息系统的建设、EDI 的建设、条形码的建设、自动化设施体系的建设，为形成开放、合作的物流体系打好基础。特别重要的是，信息技术的应用范围需扩大到供应链的整个范围，否则，配送中心的信息网络只是服务于供应链的一部分，不可能发挥整体效能。

第三方物流概念在国外已被广泛接受，并在实施中取得了良好的效果。在我国物流业蓬勃发展的今天，这一概念为配送中心带来了新的机遇。

第三节　促进我国物流配送事业发展的措施

为促进物流配送事业的发展，我国从以下几个方面开展建设工作：

一、充分发挥政府的宏观管理调控作用

积极推进企业改革和市场体系的发展，为物流配送的发展创造更加良好的外部环境，从无序的物流配送走向有序的现代物流配送。

二、加强物流和配送的教育培训

一是要在高等教育的学科设置中给予物流教育一定的地位，恢复物流专业；二是鼓励多层次、多方面的物流教育和培训。

针对我国物流方面专业人才缺乏，物流在职人员的总体水平较低的情况。我们应培养一支专门从事电子商务物流信息管理的高素质专业人才队伍。一方面，培养专业化、高素质的物流经营管理技术人才。职业教育是培养物流和配送人才的最重要和最经济的方式，许多国家的物流从业人员必须接受职业教育，获得从业资格后，才能从事物流和配送方面的工作。我国应建立完善的物流教育和培训体制，形成较合理的物流人才教育培训系统，在大学和学院设置物流管理专业，并广泛地为工商管理各专业的学生开设物流课程，形成一定规模的研究生教育系统。另一方面，物流系统的运作需要电子商务经营者的支持与理解，通过向电子商务经营者提供培训服务，可以培养它与物流中心经营管理者的认同感，可以提高电子商务经营者的物流管理水平，可以将物流中心经营管理者的要求传达给电子商务经营者，也便于确立物流作业标准。

三、加快物流和配送领域的信息化建设

电子商务环境下的网络物流有以下特点：物流节点普遍实行信息化管理；整个系统具有无限的开放性；信息流在整个物流过程中起引导和整合作用；系统具有明显的规模优势。在网络物流系统中，起决定作用的不再是物流设施或者设备的处理能力，而是物流信息系统，即在物流过程中进行信息采集、管理、分析和调度，并根据反馈情况及时进行调整的软系统。推进物流配送领域信息系统建设，促进与电子商务的结合，将充分发挥信息技术优势，从根本上提升物流业竞争力。

目前我们的主要任务应该是加快物流领域信息网络建设。采用政府推动、市场运作的方式投资建设全国物流多媒体信息高速公路，将物流技术与数字化技术、网络技术嫁接，抢占该领域的全球制高点；建立多个全国性的物流信息平台，加强完善物流实物网和虚拟网，充分发挥网络优势，组建网上物资贸易和物资配送服务市场，提高全国范围内物流信息的搜集、处理和服务能力，缩短物流信息交换与作业时间；推进 EDI 项目建设，建立全国交通通信服务专网系统，采用先进的数字编码、调制和时分多址技术，并集成现代数字蜂窝移动通信、计算机网络和数字通信技术，与智能应用系统互联；运用全程物流理念，完善大交通管理体制，充分发挥海、陆、空立体交通网络的功能，基本建成以现代综合交通体系为主的运输平台，以邮电通讯及网络技术为主的信息平台，形成以运输商品配送和电子商务为支撑的现代物流业。

四、鼓励第三方物流发展

从国外物流企业功能发展来看，物流业所提供的服务内容已远远超过传统的仓储、分拣和运送等物流服务，第三方物流企业发展迅速。由于不断缩减供应链成本的需要，美国的制造商和零售商们要求物流公司做得更多一些，物流企业提供的仓储、分拣设施、维修服务、电子跟踪和其他具有附加值的服务日益增加。

新加坡环球公司亚太地区总裁保罗·格雷厄姆称，物流服务商正在变为客户服务中心、加工和维修中心、信息处理中心和金融中心。第三方物流企业借助信息技术提供越来越多的物流服务，能够对市场变化做出迅速响应。鼓励第三方物流发展，提高物流企业的专业化、社会化水平，延伸服务领域，建立功能齐全、布局合理、层次鲜明的综合物流体系已是全球物流业发展潮流所在，也是我国物流业发展的重要方向。

随着社会分工的不断细化和专业化程度的不断提高，第三方物流服务将借助电子商务的发展，在发展形式、速度和范围上有更大的突破。作为一种战略概念，供应链也是一种产品，而且是可增值的产品，其目的不仅是降低成本，更重要的是提供用户期望以外的增值服务，如配货、配送和各类提高附加值的流通加工服务项目，以及其他按客户的需求提供的服务。电子商务涉及到企业流程的再造和资源的重新配置，因此在进行物流信息系统需求分析时，需综合考虑合同、保险、单证、语言等诸多因素。具体来说，电子商务环境下的第三方物流企业应做好以下工作：综合应用电子信息技术，从顾客需求出发，开展第三方物流流程重新设计，注重综合集成管理，重视联运代理的组织功能，为"全能"型企业提供电子商务环境下的物流流程再造，为供应商、消费者提供灵活高效的物流服务。技术创新内容包括：在物流服务项目、组织结构、运行机制、服务规范质量等方面的技术创新，突出有吸引力的新物流服务项目；物流系统要素技术创新的商业化，通过技术创新提高服务活动效率，并取得满意回报；技术创新内容与创新活动之间的协同，使人员素质、组织结构、物流过程、管理水平得到发展。

五、构筑全国范围内有效协作的综合现代物流系统

通过电子商务最新现代技术实现物流管理信息化。物流信息化表现为物流信息收集的数据库化和代码化；物流信息处理的电子化和计算机化。因此要用电子商务推广物流管理的四大新技术：条码技术（通过扫描对信息实现自动控制技术）、EDI 技术（电子数据的交换和自动处理）、GIS 技术（通过地理信息系统实现物流配送的最佳模型）、GPS 技术（通过全球卫星定位系统实现物流配置国际化）。以上四大新技术的结合，将在物流供应链上建立一个高新的供应链集成系统，物流信息能在开放供应链中实现物流的及时、准确的配置，是建立综合现代物流系统的基础。

物流活动跨地区、跨部门、跨行业，物流系统是一项庞大的社会系统工程，有必要从全国物流业整体发展、提高全社会物流效率的角度出发，打破传统物流业各自为政、条块分割的局面，实现物流业的空间优化整合，构筑全国范围内有效协作的综合现代物流系统。

综上所述，目前我国配送业的发展还有一些不尽如人意的地方，但是，我们同时又可以看到电子商务给予物流更大发展空间的条件，我们有理由相信只要我们认真学习和研究，结合我国国情，制定可行措施和有力对策，大胆探索，就能加快我国配送业的发展，使其有一个广阔的发展空间。

练 习 题

1. 发达国家配送中心各自有什么特点？
2. 发达国家配送中心的发展对我国配送中心的发展有哪些启示作用？
3. 现阶段制约我国配送中心发展的主要问题有哪些？
4. 第三方物流给我国配送中心带来了哪些机遇和挑战？
5. 电子商务对物流配送有哪些冲击和影响？

案 例 分 析

海福发展（深圳）有限公司的配送体系

坐落在深圳福田保税区的海福发展（深圳）有限公司为高科技电子产品生产企业进行料件配送，这种方式就是现代物流的一种——第三方物流。

该公司承接了国际著名电子企业 IBM 公司在我国境内生产厂的电子料件配送业务，为此他们按 IBM 的要求开发了一套严密控制作业流程和管理物流信息的电子网络系统。在这个电子网络系统的支持下，将 IBM 分布在全球各地区 140 余家供应商的料件通过海、陆、空物流网络有机地联系在一起。其装着料件的集装箱运达香港机场或码头后，由公司配送中心进行报关、接运，并负责质检、分拆、选货、配套、集成、结算、制单、信息传递、运输、装卸等项作业环节，将上千种电子料件在 24 小时内安全、准确地完成从香港到保税区再到 IBM 工厂生产线的物流过程，保证 IBM 生产厂在料件零库存状态下生产。另外还要把不合格的料件在规定的时间内准确无误地退给 IBM 的各供应商，与此同时还要完成 IBM、海福、供应商三者之间的费用结算。

2001 年 3 月，海福公司又与日本美能达公司签订了提供配送服务的业务。这项服务与前者的不同之处在于，前者是多家供应商向 IBM 生产厂一家供货；后者是供应商不仅向美能达本部供货，还要向美能达分布在国内外的几十家分部供货，所有这些料件的集散、选配货、信息传递、运输、报关都要由海福的配送中心来完成。

从海福的物流业务来看有两个形式、一个特点。形式一是 IBM 式，完成多个供货商对一个需方生产线的配送活动，即"多对一"物流；形式二是美能达式，承担多个供货商对一个需方的多个分供点的配送物流业务，即"多对多"。一个特点是零关税配送，因为这是在保税区业务范围内进行，来料进入（包括废品退回）及成品出口都是在不上关税的条件下完成的。这对保税区严格货品进出口管理和杜绝走私逃税起了很大作用，值得推荐。

开业四年来，海福发展（深圳）有限公司以年均 30%以上的发展速度增长，1998 年共完成了 4.3 亿美元的进出口物流额，获得了良好的经济效益。

思考题

1. 海福发展（深圳）有限公司是如何组织货源并完成对 IBM 和美能达产品配送的？
2. 海福发展（深圳）有限公司配送业务存在的经济意义是什么？

参 考 文 献

白世贞，言木. 2005. 现代配送管理. 北京：中国物资出版社

陈修齐等. 2004. 物流配送管理. 北京：电子工业出版社

黄福华. 2002. 现代物流运作管理精要. 广州：广东旅游出版社

贾争现. 2004. 物流配送中心规划与设计. 北京：机械工业出版社

姜大立. 2004. 现代物流装备. 北京：首都经济贸易大学出版社

李长江. 2002. 配送中心设计与运作. 北京：中国物质出版社

李万秋. 2003. 配送中心运作与管理. 北京：清华大学出版社

立言，张铎. 2002. 物流配送. 北京：清华大学出版社

林立千. 2003. 设施规划与物流中心设计. 北京：清华大学出版社

刘斌. 2002. 物流配送营运与管理. 上海：立信会计出版社

刘喜峰. 2006. 连锁企业配送中心建设的探讨. 成都：西南交通大学硕士学位论文

李永生，郑文岭. 2005. 仓储与配送管理. 北京：机械工业出版社

马士华. 2000. 供应链管理. 北京：机械工业出版社

汝宜红，田源，徐杰. 2002. 配送中心规划. 北京：北方交通大学出版社

汝宜红. 2002. 配送中心规划. 北京：北方交通大学出版社

孙宏岭. 2002. 高效率配送中心的设计与经营. 北京：中国物资出版社

王婷. 2004. 物流操作实务. 北京：机械工业出版社

许胜余. 2002. 物流配送中心管理. 成都：四川人民出版社

赵家俊，于宝琴. 2004. 现代物流配送管理. 北京：北京大学出版社

朱华. 2003. 配送中心管理与运作. 北京：高等教育出版社

...